昭和二十年

第12巻　木戸幸一の選択

鳥居 民

草思社文庫

昭和二十年　第12巻　木戸幸一の選択　目次

第35章 この一年半を回顧して（六月十四日）

第35章

この一年半を回顧して（六月十四日）

一　昨年に戻って――グルーのシカゴ演説

今日は六月十四日だ。

梅雨に入っている。夜半に降っていた雨は夜明け前に止んだ。高曇りだ。

昼前、高木惣吉は海軍大臣室に向かう。[1] 海軍省と軍令部の赤煉瓦、三階建ての庁舎は五月二十五日夜に焼かれてしまって、海軍大臣室は同じ構内の最深部、日比谷公園側にあるコンクリート造りの海軍航空本部内に移っている。

高木惣吉は駆逐艦の艦長タイプからはほど遠い学者肌の男だ。「田舎侍」ではなく、いわゆる「赤煉瓦」の住人なのだが、軍令部第一部と海軍省軍務局、そして連合艦隊司令部とのあいだを行き来して高い地位へと進んでくるような生粋のエリートではない。昭和十七年に舞鶴鎮守府の参謀長だったときを除いて、ずっと海軍中央、「赤煉瓦」内にはいるものの、本流からは外れ、その主たる任務は渉外である。海軍の立場、主張の支持を外に求めて、外務省、内務省、陸軍省の幹部、国会議員、大学教授、新聞社の論説委員との接触をつづけてきた。昨年、昭和十九年には東条内閣を打倒しようとする重臣、海軍長老、国会議員、反東条の閣僚をひとつにつなげる黒衣《くろご》として活躍した。

つづいて発足した小磯内閣に米内《よない》光政が海軍大臣として加わり、かれが八月に海軍兵学校の校長だった井上成美《しげよし》を次官にした。井上は各局長からの報告を聞き、書類を調べ、もはや戦いはどうにもならぬと覚悟を決め、米内に相談し、高木に「戦いの後始末を研究」するようにと命じた。

それから九カ月あとの現在、海軍大臣の米内光政、着任して二週間になるだけの軍令部総長の豊田副武《そえむ》は、軍令部第一部にもはやなんの期待もかけていない。かれらは海軍大学校研究部員といった肩書の高木の報告に耳を傾けている。現在の高木がしていることは、宮廷高官、重臣、外務省や陸軍の幹部からこのさきのかれらの見通しを尋ね、起きるかもしれない出来事のかれらの予見に耳を傾け、どのように戦争終結にもっていくのか、かれらの考えを聞いている。この任務をかれに与えたのは、繰り返すことになるが、いまかれが会おうとする海軍大臣、米内光政である(2)。

米内は高木に椅子に座れと言う。高木は米内が珍しく穏やかな表情をかれに向けてみせたことで、なにかよいことが起きたにちがいないと体をのりだす。

昨日、十三日に内大臣と話し合ったと米内は語りはじめた。そのとき内大臣はつぎのように喋ったのだと言った。内大臣はある人からつぎのように言われたのだという。

「時局収拾、転換の問題は、陸軍、海軍から切り出させることは無理だ、政治家が悪者にならなければいけない」

米内は内大臣が語った話をさらにつづけ、その「ある人」が立ち去ったあと、なんだ、「悪者」にならなければいけない「政治家」とは私のことを指していたのかと木戸内大臣は気づいたというのだ。

米内はそう語って、恐らく含み笑いをしたにちがいない。高木はなぜ大臣が笑うのか理解できなかったし、内大臣が語ったという話ももうひとつはっきりとしなかった。

高木に米内の言葉が理解できなかったのは、米内と前宮内大臣の松平恒雄が組んで、木戸を内大臣の椅子から逐おうとした試みが二週間ほど前にあったのを知らなかったからである。松平がやったこと、木戸の対応はこのさきで記すことになろうが、「悪者」の説明はしておこう。「悪者にならなければならない」と木戸に向かって言った「ある人」とは松平恒雄のことだった。松平が宮内大臣辞任の挨拶のために木戸を訪ねて、言った言葉だった。本土において戦いをおこなうという政府と統帥部が決めた基本国策を覆さなければならない、そのためにはだれかが「悪者」にならねばならないという意味だった。そこで宮廷を去る松平がその最後の機会に木戸に言おうとしたことは、なぜ私があなたを内大臣の椅子から逐おうとしたか、その理由は、わかっているだろう、内大臣の椅子に居座ってみせたからには、「悪者」になる決意をしてのことだろうなという詰責だった。

米内は高木に話をつづけた。内大臣がソ連に戦争の終結の仲介を求める案をつくり、お上にその「時局収拾案」と呼んだところの終戦計画を提出し、お上は賛成されたのだという。

高木はその「収拾案」の内容を聞き、よかったと思い、やっと内大臣も決断できたのかとうなずき、大臣の顔が厳しくないのも当然だと納得する。

米内はさらに話をつづけ、内大臣はこのあと総理と陸相にその「時局収拾案」を説明する予定だと語ったのだという。高木は少々不安になる。かれは阿南《あなみ》陸相が徹底抗戦の構えを口にしていることを懸念している。不安はもうひとつある。内大臣の案が「名誉ある講和」と記しているというのも、そんな虫のいいことを望めるはずもなく、このさき面倒を引き起こすことにならないかと気がかりだ。

さて、内大臣、木戸幸一が戦争を終わらせなければならないと行動にでたいきさつ、そして天皇が考えていること、総理大臣、外務大臣、陸軍大臣、海軍大臣、参謀総長、軍令部総長が考えていること、さらに今日、六月十四日の宮廷内の出来事を語らなければならない。


だが、もう一度、ここで一年前を振り返りたい。

アメリカ大統領、ルーズベルトが自国の揺るぎない勝利にはっきり自信を抱くようになったのとまさに同じとき、東アジアの将来に不安を抱くようになった。そこで日本にたいして戦争終結のためにどのような外交工作を開始したか、そして日本の政府、軍の首脳や重臣たちはどのような対応を考えたか、つづいてルーズベルトの死があって、副大統領のトルーマンが新大統領となって、かれの部下たちにもその理由がなぜなのか、はっきり把握できない変化が起き、日本との戦争の終結を急がなくなり、つづいての日本側のさまざまな混乱について、これまで八巻で、九巻、十巻、十一巻でそのときそのときに記してきた論述をもう一度、ここにまとめて記述したい。

そしてこの巻のなかでも繰り返しが多くなることを最初に記しておきたい。

いまから一年前、昨十九年五月、政府、軍、宮廷の幹部たちのなかに、ある考えが密かに芽生えた。この戦争をどのようにして終わらせたらよいのか、その道を指し示す人が現れたからだ。

じつはそれまでそのような道はなかった。こういうことだ。昭和十八年一月、ルーズベルトが日本、ドイツにたいして無条件降伏を唱えたことから、なんらかの交渉によって、戦争を終結させたいと願う人たちの思いが断ち切られた。

ところが、昨年五月はじめ、同盟通信の海外ニュース版を読み、サンフランシスコのラジオ放送の要約、リスボンの公使館からの外交電報、それらの写しに目を通してきた人たちは、無条件降伏の基本原則が公けのものとなっていたにもかかわらず、その原則を緩め、降伏を受諾可能なものにしようとするあるアメリカ人の登場したことを知った。

あるアメリカ人とはジョゼフ・グルーである。

かれは戦争がはじまるまでの十年にわたって駐日大使をつづけ、昭和十七年六月に横浜港から交換船と呼ばれた浅間丸で帰国していた。グルーと親しくしていた人びと、かれと面識があった人たち、かれが日米戦争を避けようと努力していたことを知っていた人びと、それこそ八人の首相、十人の外相、半ダースほどの宮廷の高官、そして財界の幹部たち、さらに天皇、皇太后、何人かの皇族と華族たちが、かれとの十年の縁も終わったのだという感慨に浸ったのである。

樺山愛輔《かばやまあいすけ》がそう思い、松平恒雄がそう感じたにちがいない。樺山は少年時代のボストン留学にはじまり、アメリカへ行ったことが十六回にも及び、日米協会を創設し、陸軍、右翼勢力から親米的と睨まれていた(3)。松平恒雄は駐米大使、駐英大使を歴任し、宮内大臣をつづけ、これまた陸軍、右翼勢力から親英米派の巨頭と非難されていた。

樺山愛輔がこれはなんだと考え、松平恒雄が待てよと思ったのは、昨年五月より前、昭和十八年末のグルーの演説だった。すでにその年、この戦争の行く末にたいする大きな不安を胸に秘め、それを人に語ることも、尋ねることもできないでいる政府や宮廷の高官は少なくなかった。

たとえば内大臣の木戸幸一はどうであったか。かれが不眠症に陥ったのは、その昭和十八年の後半だった(4)。眠れない夜がつづいたのはかれだけのはずはなかった。天皇が同じときに不眠に悩み、首相の東条英機、参謀総長の杉山元《はじめ》、軍令部総長の永野修身《おさみ》にしても、枕に頭をつけるやすぐに眠りに入るというわけにはいかなかったにちがいない。

昭和十八年九月はじめに、イタリアが降伏してしまった。残るドイツ、そして日本は破滅への坂道を滑り落ちていくのではないかと思い悩む木戸やほかの人びとの胸に否応なしに浮かび、胸が締めつけられる思いとなる記憶があった。四半世紀前の大正七年十一月十一日、のちに休戦記念日と呼ばれるようになった日だった。

そのときどこにいたか、鮮やかな思い出があり、そのときの自分の役職も思いだしたのである。木戸幸一であったら、そのときにかれは農商務省の役人になって四年がたつだけだった。棉作調査のために中国の揚子江デルタ地域を回り、船で上海に戻ってきたとき、ビルというビルが青白い煙に包まれ、爆竹が鳴り響いているのにびっくりした思い出をかれは持っていた。(5) そしてかれやほかの者たちが、思いだすのは、その日より前に、ドイツ、オーストリア＝ハンガリー、そしてロシアの三人の皇帝が逃亡し、その三つの帝国が崩壊してしまったことであった。

木戸幸一は眠れないままに、祖父、孝允《たかよし》の「山堂半夜夢結びがたし」と記した文字がかれの頭から離れない夜もあったにちがいない。かれの不眠の悩みを終わらせたのは、その年十一月末から十二月はじめにかけてのギルバート諸島沖、そしてブーゲンビル島沖の航空戦の大きな勝利だったのかもしれない。だが、双方の戦いで十数隻の敵正規空母を沈めたというのは、はたして本当のことだったのであろうかと一カ月足らずのちには木戸も首をかしげることになったはずだった。

木戸の不眠を再発させない出来事がその年の末に起きた。十二月二十九日、グルーがシカゴのある集まりで演説した。同盟通信、日本放送協会、外務省の担当者、そして前に記したとおり、樺山愛輔、松平恒雄がその演説に注目した。その演説の要約、あるいはその全文はグルーとかつて親しかった人びとの手に渡った。グルーが帰国して一年半がたつだけで、かれとの縁は切れないのだとかれらは知ったのである。

グルーはその演説で、第一次大戦の休戦調印日、十一月十一日にパリにいたのだと述べ、だれもが戦争が終わったことを喜び、人類は永遠に戦争と訣別できると皆が信じたのだと語り、どうして人びとのそのような希望が潰されてしまったかを説明し、和平の日がやがて来るとの見通しがつくようになった現在、憎悪に満ちた報復、高慢、偏見を捨てなければならないと主張した。そしてグルーは、多くのアメリカ人が日本の軍国主義と結びつけて非難していた日本の神道と天皇を擁護したのである。

同盟通信や外務省からその外電の写しを読んだ人、その説明を耳にした人たちは、日記にも、手記にもなにも残していないが、グルーがすでにアメリカの勝利を確信していることに驚くより、まずはほっとした気持ちになったのである。

グルーはその演説をつぎのように結んでいた。「好ましい条件が与えられたとき、日本人が一層近代的、民主的な形の立憲君主制を発展させることになっても、私はなるほどとうなずくだけだ」

そしてその言葉はジョージ・サンソムの文章からの引用だと述べていた。グルーを承知していた人たちはいずれもサンソムを知っていた。かれは英国の外交官だった。学者外交官で、日本の歴史に詳しく、なによりも日本の理解者だった。

サンソムはグルーよりはずっと昔、明治三十七年に長崎に上陸してから、何回か英国に戻りはしたものの、昭和十五年まで日本に勤務した。日本各地に赴任し、そのあいだには「日本文化史」をはじめ、日本についての研究書を発表し、日本での最後のポストは商務参事官、そして戦争がはじまってからは、駐米英国大使館の公使であり、英国外務省と英米合同参謀本部とのあいだの連絡官となっている。サンソムはグルーが戦後の対日政策の企画者になることを望んできたのだし、グルーはサンソムの日本論に敬意を払ってきている。グルーは現在、六十五歳、サンソムは六十一歳である(6)。

そして昨十九年の一月末、敵の太平洋艦隊がマーシャル群島に侵攻した。古在由重《こざいよししげ》は二月二日の日記に「新聞は『元寇以来』の一大危局だという。たしかにそうだ」と記した。二カ月前のブーゲンビル島沖の航空戦の大勝利の喜びはとうに消えていた。だが、一般市民にとって、「元寇以来」と言われても、まだはるかかなたの遠い戦場の話だった。古在は「たしかにそうだ」と書きはしたものの、なんの実感もなかった。

古在由重は東京帝大の哲学科を卒業した。マルキストであり、マルクス主義に傾倒する仲間の研究者たちとともに、定期刊行の「唯物論研究」を刊行し、共産党への協力活動をつづけていた。昭和十三年にはその集まりを解散せざるをえなくなり、そのあとメンバーは捕らえられ、古在も逮捕され、巣鴨の拘置所に入れられ、昭和十五年に釈放された。裁判の判決は執行猶予つきだった。そのあとずっと古在は上智大学でカトリック辞典編集の仕事をしてきている。妻と三人の娘がいる。四十四歳になる。

かれが日記に欠かさず記してきたのは、ヨーロッパの戦場のことであり、「赤軍」の前進のニュースであり、攻略した都市の名前である。かれだけではない、豊多摩刑務所に収監されている共産党員、あるいは以前にはプロレタリア作家と呼ばれた文筆家たちは、「赤軍」が北から南までの長い戦線で進撃をつづけていることがなによりも嬉しいのである。

古在のことに戻れば、常人とはいささか異なったこの楽しみと定期的に特高警察官がかれの家を訪ねてくることを除けば、かれも普通の市民なのである。「『元寇以来』の一大危局」は新聞の見出しだけのことであり、毎日の生活にはまだ余裕があった。古在ががっかりしたのは越後湯沢の岩原にスキーに行けなかったことだった。昨年二月十日には汽車の切符が買えず、一週間あとに延ばしたのだが、十七日には風邪をひいてしまい、行くことができなかった。(7)

古在は気づかなかったし、なにもわからなかったが、二月の一カ月のあいだにマーシャル群島の六百万平方キロメートルにも及ぶ広大な水域は敵の手に渡ってしまい、そのあいだには連合艦隊の太平洋の中心基地であったトラック島が二日間にわたって完膚なきまでに叩かれることになった。真珠湾攻撃の仇を返されたのだった。

霞ヶ関の赤煉瓦の海軍軍人はだれもが胸のつぶれる思いだった。アメリカとの戦いがはじまって二年と三カ月がたって、完全に敵側に攻撃の主導権を握られてしまった。押し返すことはおろか、立ち直ることのできる見込みもなくなった。

市谷の陸軍の幹部はどうかといえば、海軍はすでに戦う力を失ってしまったのか、もはや形勢を逆転できる見込みはないのかと血の気が引ける思いとなった。そして政府と宮廷の幹部は、アッツ島の守備隊の玉砕から十カ月、ニューギニア、ソロモン群島のどこの戦場でも大きな犠牲を払いながら、後退をつづけていたのだが、太平洋正面の戦いでもこれまた勝つことができないのか、いったい、どうなってしまうのだろうと不安はふくらむばかりとなった。

東条英機が陸軍大臣のまま、参謀総長を兼任することになり、海軍側も海軍大臣、嶋田繁太郎が軍令部総長を兼任することになったのは、この大きな衝撃が原因だった。戦勢を挽回するためには、国政と統帥を一体とすることが不可欠とやっと気づいてのことだった。それからわずか五カ月あとには内大臣、木戸幸一が東条英機に向かって、「作戦は片手間」では駄目だと不満を語り、元に戻させたことは付け加えておこう。

ルーズベルトとグルー

トラックが昨十九年二月に攻撃され、そのあと三月末にはパラオ諸島が攻撃された。その直前に連合艦隊司令長官の古賀峯一《みねいち》がパラオからフィリピンに脱出しようとして、その搭乗機が遭難した。アメリカとの戦いをはじめて、あろうことか一年足らずのあいだに二人の連合艦隊司令長官を失ってしまった。その一カ月あとの五月はじめ、前に記したとおり、政府、陸海軍、宮廷の幹部たちはべつの驚きにぶつかった。

グルーが国務省の対日政策を担当する局長のポストに就いたというのだ。グルーのシカゴ演説のあと、アメリカの新聞、ラジオでかれの主張を激しく批判、非難する新聞社説、学者や評論家の論評がでたということを知って、日本の男を去勢してしまえと説く議員は別格としても、日本憎し、日本を徹底的に叩きのめせと考えている人が絶対多数なのだ、グルーの考えはアメリカではごくごく少数の意見なのだ、かれのシカゴ演説は過去の人間の世迷い言として片づけられたのだとがっかりするのと同時に、それが当たり前なのだと諦めたあとのことだった。

日本にたいして軟弱な態度をとっていると袋叩きにあったばかりの前駐日大使が対日問題の責任者になったのはなぜであろうと思案することになった。しかも、グルーの赤坂の大使館にいたかれの信頼する部下たちが再びかれのもとに結集し、アメリカの週刊誌が東京大使館の復活と伝えた。

それればかりか、その二週間あとにグルーの「滞日十年」という題の著書が発刊された。その本についての書評がアメリカの各新聞に一斉に載せられ、なぜか今回は好意的な扱いだった。アメリカの放送、リスボンの公使館からの電報でその要約を読んだ人びとは、それがアメリカ人向けというより、日本人に向けたものだと気づくことになった。

その本はグルーの日本駐在大使時代の日記の抜粋を掲載していた。日本と日本人にたいして敵意を見せた箇所がない、皮肉めいたところのない、つねにアメリカと日本との友好を考えていたことが読者にもよくわかる日記であり、昭和七年から十七年までの日本の現代史となっていた。そして、アメリカ側はこの戦いを引き起こした責任者をだれと見ているのかを明らかにし、この戦争を犠牲少なく終わらせるにはどうしたらよいのかを日本人に示していた。

そうした事実を知った人が思いだしたのは、昭和十二年に支那事変がはじまったとき、いや、その前から、陸軍長官のスティムソンが日本には「軍国主義者」と「平和主義者」の二派があり、後者が前者を抑えることができれば、侵略行動はやむだろうと主張していたことであったにちがいない。スティムソンはアメリカ政府高官のなかで、ただひとり、戦前の日本を三回も訪れたことがあり、首相だった田中義一《ぎいち》、海軍大臣の岡田啓介と会談したこともあった。かれはなかなかの日本通であったことから、駐日大使だったグルーの東京からの報告に目を通していたし、即座に理解できたし、うなずいてもいたのである。「軍国主義者」と「平和主義者」に分けて説いていたのが、グルーの「滞日十年」であった。

ところで、外務省の幹部をはじめ、政府首脳、重臣たちは、もうひとつの事実に首をひねったはずだった。日本・中国部門の責任者だったスタンレー・ホーンベックを辞めさせ、どうしてグルーをもってきたのであろうかということだ。

ホーンベックは日本嫌い、中国贔屓であり、日本にたいして妥協をするな、融和策をとるなとつねに主張し、それがずっとルーズベルトの政策となってきていたのは、情報通なら、だれもが承知していたことだった。国務省入りする前に、中国の杭州《こうしゅう》、奉天で教鞭をとったことのあるホーンベックは、昭和五年以来、国務省の極東部門を十五年近く支配し、蔣介石政府の駐米大使、そしてワシントンに長逗留する蔣の親族の高官、宋《そう》子文《しぶん》や孔祥熙《こうしょうき》と親密な関係を結んでいた。

外務省の局長、課長が探りえていたかどうか、昭和十六年の七月、八月に日米のあいだで起きた重大事にはすべてグルーとホーンベックが絡んでいた。ホーンベックが日本にたいして経済封鎖を望み、駐日大使のグルーはそれに反対し、グルーがルーズベルト・近衛会談によって日米間の懸案の解決を望んだときには、ホーンベックがその開催に反対したのだった。

ホーンベックに向かって、日本にたいして「力の外交」を執るようにつねに説いていたのは、かれの友人である蔣介石の国民政府の代表だった。だが、なによりも肝心なことは、大統領ルーズベルトが、対日経済封鎖の可否であれ、日米首脳会談開催の是非であれ、決まってホーンベックの側に立っていたという事実だった。

グルーは一九四三年、昭和十八年末のシカゴの演説のなかで「和平が近づいている現在」と言った。それから五カ月あと、それこそ、ルーズベルト、そしてホーンベックが念願していた蔣介石の中国を世界の大国にしようとする計画の実現が近づいているときになって、どうしてルーズベルトはホーンベックをグルーと対立する地位に残すというかれのお好みの技法を使うこともなく、事実上、一挙に罷免してしまったのか。

国務省内のつまらない内輪喧嘩が原因だ、そこでグルーの起用になったのだといった噂が伝えられた。それが本当の話なら、順序は逆だったのであろう。ルーズベルトがグルーの起用を決意したあと、ホーンベックを追い出す口実づくりの小細工を国務省内のだれかにやらせたのである。

そしてグルーの「滞日十年」という題の著書のまことに手際のよい発刊に首をかしげた同盟通信の記者や外務省のアメリカ担当の省員は、その著書の序文に過去十年間の「オリジナル・ダイアリー」のごく一部分を選んだと記してあるのに気づき、その前年の十二月末にグルーがシカゴ演説をおこなったときには、すでにその刊行の準備が進められていたのだと気づいたはずである。

グルーのシカゴ演説にはじまり、国務省の東アジア部門を長く支配していた責任者の事実上の追放、代わってグルーの登場、かれの対日政策を明示した著書の公刊、ひとつにつながるこれらの出来事はいったい、なにを明らかにしているのか。

ルーズベルトが日本を一日も早く降伏させねばならないと考えてのことなのは間違いなかった。アメリカ統合参謀本部の軍事計画はヨーロッパの戦いを終わらせるのがさきと決めていた。そのあと日本を降伏させるのに一年半はかかると見ているようだった。ドイツ降伏のあと一年、できれば半年あと、いや、ドイツ降伏の一カ月あとに日本との戦いを終わりにさせたい。ルーズベルトはこう考えたのであろう。そのためには、対日強硬派として鳴らし、日本人に警戒され、嫌われているホーンベックでは駄目だ、寛容な対日講和を説いてきたグルーでなければならない。こういうことにちがいない。外務省員、同盟通信の記者たちはこう判断した。

そこで肝心な疑問、なぜルーズベルトは日本との戦いを早く終わらせなければならないと考えたのか。かれはこの四月十二日に死去するまで、自分がした重大な決定の説明をしたことはなかった。なぜグルーを起用したのかを部下に洩らすことはなかったし、日本との戦いを早く終わらせたいのだと海軍統帥部総長に言わなかったし、なぜ早く戦争を終わらせたいのか、その理由を側近に明かすこともなかった。

日本側はどう考えたのか。グルーの登場を見て、アメリカは日本との戦争を一日も早く終わらせたいのだとは、当然ながら外務大臣、次官、首相、宮廷の高官たち、だれもが考えたことであった。アメリカはマキン、タラワにはじまる戦いで死傷者が急増したことに大きなショックを受けてのことだとかれらは思った。

リスボン、ストックホルムからの外交電報を読んでいた人がそう考えたのは無理からぬ次第だった。昭和十八年十一月末、タラワがアメリカ軍に奪われた直後のことであったが、アメリカのニュース映画がタラワの海岸に散らばるアメリカ海兵隊員の戦死者を写しだした。激しい爆撃と艦砲射撃によって、椰子丸太で囲った地下壕に潜む守備隊員は全滅したであろうと思い込み、珊瑚礁から海岸までの五百メートルの距離の浅い水面を渡っていた五千人の兵士たちが突如、機銃弾を浴びせられ、その三分の一が死傷したのだった。その恐ろしい、悲惨な映像はアメリカ国民を驚かせ、怒らせ、悲しませ、新聞、放送がその感情を増幅させて伝えた。

タラワがルーズベルトをして、対日戦を早く終了させようと決意させ、そこでかれは自分が一年半前に北アフリカのカサブランカで唱えた無条件降伏の声明を手直ししたことを日本にそっと知らせてきているのだ。日本側ではだれもがこう解釈した。

付け加えるなら、ニュース映画がそれまでに載せたことのなかった戦死者の映像を国民の目に触れるようにしろとそのとき命じたのはルーズベルトだった[8]。一回限りだった。

タラワの戦いは、アメリカが建造、編成した大艦隊が多数の輸送船と上陸用舟艇を伴い、中部太平洋を横断、進撃を開始するにあたっての最初の作戦であり、その衝撃度の高いニュース映画の上映は、言わずとしれて国民の敵愾心を極度に高めようとしてのことであり、国民の士気を維持するのに巧みなルーズベルトがその面目を発揮したものだった。

ところで、タラワの惨劇とグルーの登場はなんのつながりもなかった。ルーズベルトがやったことを振り返ろう。昭和十八年、一九四三年の十一月、かれはカイロに行き、チャーチル、そしてはじめて蔣介石と会談した。カイロは蔣介石を世界の四大国のひとつの代表とするお披露目の場であった。ルーズベルトは帰国する蔣介石夫妻を見送ったあと、テヘランでスターリンと会談し、そのあと再びカイロに戻って、十二月六日に将軍と外交官の二人の報告を聞いた。ジョン・スティルウェルとジョン・デーヴィスはかれらの任地の重慶からルーズベルトに呼ばれてきた。ルーズベルトは自分が抱くようになっていた疑問をスティルウェルに問うた。「蔣介石はずっともつと思うか」

スティルウェルは恐ろしい答えをした。日本軍のつぎの攻撃があれば、蔣介石は倒されるかもしれない。そしてルーズベルトはデーヴィスからも、蔣の国民政府が脆弱であり、その士気は低いこと、それと比べて中国共産党の統治は成功しており、その士気は高いと聞かされた。

ルーズベルトは母方の一族が中国貿易を家業とする家庭に育ち、親族の何人もがつねに中国の貿易港に駐在していたから、幼いときから邸内にある中国の絵画、切手、家具に親しんでいたのだが、いつか中国に感傷的な親愛感を持つようになっていた。(9) そしてかれは中国の実状をはっきり摑もうとする努力も怠らなかった。かれが承知したのは、日本との戦いが長引けば長引くほど、国民政府の力は弱まり、それに引き換え、延安の共産党勢力は力を増すということだった。そこで懸念しなければならなかったのは、日本が降伏したあとに、自分の力に自信を持つようになっている毛沢東は蔣介石の軍事圧力にたいして武力で応じることになる懸念だった。蔣介石は武力を使って、共産党を粉砕しようとしても、その戦いが二年、三年とつづくことになりかねなかった。そしてソ連が満洲、華北、新疆省で中国の共産党勢力を支援するようになるにちがいなかった。そうなってしまったら、ルーズベルトは自分が想い描き、スターリンとチャーチルから不承不承ながらも賛成を得たばかりの大構想、アメリカ、ソ連、英国にもう一国、中国を加えて、四大国が協力して世界の平和を維持しようとする計画は霧散してしまい、ソ連との関係も悪化し、ソ連との「大同盟」もまた瓦解してしまうということだった。

日本との戦争を早く終わらせることはなによりも必要だ。ルーズベルトはこう考えたのである。そこで邪魔になるのが、日本にたいして「無条件降伏」を公式に声明してしまっていたことだった。

昭和十八年、一九四三年の一月に北アフリカのカサブランカでルーズベルトはチャーチルと会談したあとの記者会見で、日本、ドイツにたいする「無条件降伏」の原則を発表していた。これについても、ルーズベルトはなんの説明もしなかった。グラント将軍を思いだしてのことだとごまかした。南北戦争に際して、北軍のその将軍が唱えた言葉が「無条件降伏」だった。そこで、ルーズベルトはほんの思いつきを口にしただけであろうと新聞記者や評論家に言われることになった

「無条件降伏」を唱えたのは、決してその場の思いつきではなかった。ソ連との「大同盟」を戦争終了のあともずっとつづけたいと願うルーズベルトの思いがあってのことであり、ドイツや日本と妥協講和、単独講和をしないと公約して、スターリンの西側資本主義諸国にたいする根深い猜疑心を除去しようと望んでのことだった。

だが、「偉大なる友邦」ソ連との「大同盟」を戦後も維持しようと望むのであれば、日本にたいする「無条件降伏」の手直しが是が非でも必要となった。ルーズベルトはカイロからワシントンに戻る昭和十八年十二月の上旬に決意を固めたのであろう。同じ十二月末のグルーのシカゴ演説は、間違いなくルーズベルトと旧友グルーとの協議のあとでおこなわれたものだったにちがいない。そしてルーズベルトはグルーに向かって、国民に向けての啓蒙工作が必要だ、それは同時に日本に向けての教化工作になると説き、十年間の駐日大使時代の経験を記しての日本論の発刊を勧めたのではなかったか。

そしてカイロでスティルウェルの不吉な予測を聞いてから五カ月あとの四月、日本軍

が河南省で大攻勢を開始するや否や、蔣介石子飼いの将軍、湯恩伯《とうおんぱく》と蔣鼎文《しょうていぶん》が指揮する四十万以上の大軍がたちまち自己崩壊してしまったと知ったとき、ルーズベルトはただちに行動にでたのである。

昨年に戻って——近衛文麿と吉田茂

日本に戻る。グルーはどうして登場したのであろう、グルーはなにをするのだろうかといった論議は密室のなかでしかできなかった。陸軍がグルーの名前がでてくることに極端に神経質となったからだ。当然だった。前に触れたとおり、グルーの登場と同時に発刊されたかれの著書は、この戦いを引き起こした責任者を日本陸軍の「狂信的な軍人グループ」と名指しして、この戦争を終わりにするためには、日本の穏健的な勢力が結集すべきだと示唆していたからである。

陸軍省軍務局の課長が外務省と情報局、同盟通信社に厳しく注意を促し、敗戦主義者が策動するのを許さないと警告し、グルーの言動が噂になるようなことがあったら、とことん追及するぞ、かれの著書、その粗筋のたぐいが関係者以外に流出したことが明らかになったら、徹底して摘発するぞと凄んだことは間違いない。

このような脅しがあったからこそ、グルーの著書、「滞日十年」がどこにも出回ることなく、日記に読後評を書いた人はひとりとしていなかったのである。元外務次官、貴族院議員の天羽《あもう》英二《えいじ》や外務省出身の衆議院議員、芦田均が「滞日十年」について日記になにも書かず、戦争を終結するために日本はどのようにしたらよいのかと説くグルーの計画についてなにも知らなかった。そして天羽の外務省の部下や芦田の外務省時代の友人はグルーがやっていることを天羽や芦田に語るのを注意深く避けたのである。

東京帝大法学部教授の矢部貞治はグルーのそれ以前の著書を外務省の知人から借りたときに、グルーの「滞日十年」を借りることができなかったのだし、その、問題の本の説明を受けることもなかった。外交評論家、そして「東洋経済新報」に社説を書いていた清沢洌《きよし》もまた、外務省のだれからもグルーのその著書、それともその粗筋をまとめた文書を借りることがなかった。それでもかれは外務省の友人から借りたアメリカの週刊誌の論文がグルーを批判しているくだりを読んだことから、グルーの論文の要点はわかっていた。だが、清沢はグルーのその主張がアメリカ政府の新しい対日政策になろうとしているのだと理解、推測ができなかった。

その例外が近衛文麿と吉田茂である。この二人はグルーの著書か、その概略を外務大臣の重光葵《まもる》から受け取ったのかもしれない。あるいは放送協会に籍を置く牛場友彦が真っ先に気づき、モスクワの日本大使館に五部、できれば十部を入手するように指示する手立てを講じたのかもしれない。

そして近衛にその本を渡した人物は、付箋のついたところから読むようにと勧めたにちがいない。牛場友彦が近衛に渡したのであれば、その部分を訳した文章を添えたに相違ない。近衛の涙腺を熱くさせたであろうその箇所は昭和十六年十一月二十一日の日記だった。

「私が近衛公爵の大きな奉仕をここで語った主な理由は、かれひとりだけが日本の進路を逆に向かわせようとして、命を賭し、懸命に、勇敢に立ち向かい、もう一歩というところまでいったからである[10]」

そして近衛を驚かせたのは、かれが首相であったときに実ることなく終わった平和のための日米外交交渉のすべてがその本に記してあったことであろう。グルーのその日記のなかに出てくる名前、外相の豊田貞次郎、アメリカ局長の寺崎太郎、首相秘書官の牛場友彦、そして実名を挙げるのを避け、「日本人の友人」として記述されている吉田茂、これらの人びとがやったこと、日本のごくごくわずかな人が知るだけだった日米交渉のすべて、昭和十六年七月、八月、九月、十月までの日米間の和平にかかわる出来事、近衛とグルーの和平への必死の努力が明らかにされていた。

近衛がさらに驚くことになったであろう箇所は、昭和十六年十月十六日に「いずれ御説明できると思う国内事情のために辞職せねばならぬ」とグルーに告げたかれの手紙の全文と翌十月十七日付のグルーの返書の全文が載っていたことであろう。

そして近衛をあらためて無念の思いにさせたのは、かれがグルーとおこなった会談が詳しく記されていたことだ。近衛とグルーの秘密会談は、日本政府が首脳会談を開きたいと申し入れたのにたいし、アメリカ政府が反対を表明したその二日あとの昭和十六年九月六日の夜に開かれた(11)。近衛は伊藤文吉の邸を借りて、そこでグルーと密かに会い、ルーズベルト大統領との会談を重ねて要請し、グルーが首脳会談になおも大きな期待を懸けていたことも、グルーのその日記にすべて書かれていた。

そして近衛が考えたのはつぎのようなことのはずであった。二度にわたる日本側の申し入れを拒否し、日米間の和平への道を遮ったのは、ワシントンで東アジア問題を担当していたホーンベックだ。そのホーンベックが逐われ、グルー大使の登場となったのだ。

吉田茂にもある感慨があったはずだ。グルーが敬愛する日本人として吉田の岳父の牧野伸顕《のぶあき》と樺山愛輔の二人を挙げていた。そして吉田はといえば、駐英大使だった三年間を除いての七年間、グルーと親しくし、つねに連絡を欠かさなかった。ところが、グルーのその著書にかれの名前はなかった。当然ながら索引にもかれの名前はなかった。だが、実際には各所に出てきた。近衛には見当がついたであろうと前に述べたが、「日本人の友人」と記してあるのが自分のことだと吉田にはただちにわかったはずだ。私の名前の記述をしなかったのは、政府の役職についていない私がグルー大使と接触し、戦争を回避する努力を続けていた事実を隠し、この本が日本で読まれるようになって、日本の陸軍秘密機関の注意をひくことになるのを避けようとしたグルーの配慮なのだと吉田は気づいたにちがいなかった。

ところで、近衛と吉田はグルーの「滞日十年」を読む以前から、グルーと同じ考えを持っていたことは、記しておかねばならない。支那事変、そして大東亜戦争の開戦に関わった陸軍の将官、佐官たちが市谷台に居座っているかぎり、戦争を終わらせることはできない。戦争責任のない陸軍将官を陸軍の首脳にしなければならない。このように考えていた。グルーが説いていることを知って、いよいよこれ以外に戦いを終わりにする方法はないと二人は話し合ったにちがいない。

かれらの計画は、支那事変のはじまる一年前、昭和十一年に事実上、追放された将軍たちのなかの中心人物、真崎甚三郎と小畑敏四郎の二人を起用することだった。この二人は自分たちを追放した陸軍幹部、要するに支那事変、大東亜戦争を引き起こしてしまった将領たちを許しがたいとずっと胸に怒りを燃やしていた。そこでかれらであれば間違いなく陸軍の幹部クラスに大鉈《おおなた》を振るうことができるはずだった。昭和十一年以降、参謀本部第一部、陸軍省軍務局と満洲新京、北平《ペイピン》、南京の司令部の主要ポストを往復し、向こうで何かを引き起こせば、こちらで応援し、向こうで試みたことをこちらが真似るといった作業や工作をしながら、ともに昇進してきた連中を奇麗さっぱり現役から逐うことができ、そうすればこの戦争を終わらせるのは決して難事ではない。近衛と吉田はこのように考えた。

ところで、参謀総長、陸軍大臣をどのようにして更迭させるのか。参謀総長、陸軍大臣の交代は、陸軍大臣、参謀総長、教育総監の三長官の協議によって決める。大元帥である天皇にひとまずその候補名を内奏し、その許しを得て、つぎに正式書類の形にして上奏し、その裁可を仰ぐという形をとってきた。めったにないことだが、天皇が内奏の候補、あるいは新聞に予測記事としてでる候補に反対することもあった。

真崎甚三郎、小畑敏四郎を陸軍大臣、参謀総長にするためには、陸軍三長官、そしてかれらの部下たちにとって自分たちの仇敵である真崎、小畑の名を口にすることはありえなかったから、天皇じきじきの下命が必要だった。そこで近衛と吉田は自分たちの考えを天皇に言上するためには、内大臣を通じなければならなかった。だが、近衛と吉田はかれらの計画を内大臣に説いて、かれを説得するのは不可能なことを承知していた。昭和十一年の二・二六事件に戻らねばならない。その反乱が勃発したとき、首相は生死不明、内大臣は殺害され、侍従長は重傷を負っていた。その未曾有の危急のさなかにどうしたらよいのかと考え、天皇に助言し、その支持を得たのは、侍従武官長ではなく、内務大臣ではなく、陸軍大臣でもなかった。内大臣秘書官長という低いポストにいた、そのとき四十六歳だった木戸の決断だった。

陸軍大臣、そして陸軍将官から選ばれる軍事参議官を含め、陸軍中央の幹部たちはこの惨劇を引き起こしたクーデターの首謀者たちに同情的だった。旭川から熊本までの師団長の大半は陸軍最高幹部の意向はほぼ見当がついていたから、洞ヶ峠《ほらがとうげ》を決め込んでいた。なによりも肝心なことは、襲撃された首相の岡田啓介、蔵相の高橋是清、教育総監の渡辺錠太郎にたいして、なんの反感も、嫌悪感も持っていない、ましてや憎しみなど持つはずもない絶対多数の東京市民が、この「蹶起部隊」に拍手を送っていたという争うことのできない事実があった。

そこで叛乱部隊の願いに理解を持った将官による暫定内閣をつくることがさきであり、叛乱部隊にたいする処分はそのあとにするという陸軍大臣や軍事参議官の考えと主張は、国民大多数の支持を得られたはずであった。

木戸幸一はそのような考えとは無縁だった。叛乱部隊の鎮圧がさきであり、暫定内閣の設立を認めないという基本方針を立てた。宮内大臣が天皇にこれを言上し、天皇の態度決定となった。木戸の助言は天皇の直接の命令となった。

こうして陸軍は、叛乱部隊に強硬な姿勢で臨むべきだと説いた将官、叛乱部隊の幹部たちに仇敵と目されていた陸軍中央機関にいた佐官クラスの軍人たちの天下となった。

叛乱部隊を支持した将軍たち、暫定内閣ができたのであれば、首相となり、陸軍を新たに支配することになるのが必定だった真崎甚三郎や小畑敏四郎は現役を逐われた。当然ながらかれらは木戸を激しく憎むようになったのだし、木戸もかれらに同じ憎しみを返すことになった。

長い説明となってしまったが、昭和十九年五月のグルーの呼びかけにはじまって、近衛と吉田の計画の前にたちはだかるのは木戸だった。真崎を陸軍大臣に、小畑を参謀総長にすることは、しょせん、不可能だった。だが、近衛と吉田はやがては木戸が態度を変えることになる、変えざるをえなくなると見ていたのであろう。

その通りのことが起きた。昨十九年の六月十五日、敵艦隊が中部太平洋のマリアナ諸島を襲い、サイパン島に強襲上陸した数万の敵軍を撃滅することができず、連合艦隊による決戦が敗北に終わってしまって、重臣、閣僚、国会議員のあいだで、いったい、日本はどうなってしまうのだろうという不安が爆発し、反東条の炎が一気に噴き出し、反東条戦線が形成された。

昭和十六年十月の後継首相選定の会議で、九人の重臣たちがだれひとり推すことのなかった東条を首相に推したのが木戸だった。それから三年足らずあと、木戸は東条を非難、批判する人びとを敵に回して、東条をかばいつづけたら、自分にたいする攻撃に転化することは必定と見てとった。かれは東条を倒す先頭に立つことになった。

近衛と吉田は昨年七月に木戸がしたことを知っていた。東条英機を見捨てた木戸はつぎには真崎甚三郎と小畑敏四郎の側にも立つと思っていたのではないか。

一月に戻って――「日本処理案」の衝撃

東条内閣が昨十九年七月十八日に瓦解してしまい、ルーズベルトはそれを知って、どう考えたのであろう。グルーが東京に向かって、この戦争を終わらせるにはどのようにしたらよいのかを明示した「滞日十年」を刊行してからわずか三カ月足らずあと、マリアナ諸島失陥が日本側に与えたであろう衝撃も加わってのことであったが、グルーが日本の宮廷と重臣たちに呼びかけたとおりの展開となった。陸軍大臣ばかりでなく、参謀総長をも兼任するようになっていた首相の東条英機は失脚した。東条は現役から予備役に逐われたことから、陸軍のしかるべき地位に復帰する可能性もなくなった。陸軍中央にまだ残っているかれの部下たちもやがてすべて逐われることになろう。

ルーズベルトはグルーと顔を合わせたときに、なんと言ったのであろう。

ルーズベルトとグルーはそれぞれの親族が同じ貿易会社の株主であり、経営者だった。少年時代には、壁に架けられた絵のなかの中国の港に向かう祖父の時代の会社の帆船、クリッパーに乗ってみたいと二人はともに思ったのである。グルーが二つ年上、二人は同じ私立寄宿学校で学んだ(12)。二人は長い友人なのだが、日本にたいする見方、考え方は大きく違った。一九四一年にルーズベルトはハル、ホーンベックの側にいて、そのとき東京にいたグルーはまったく孤立していた。一九四一年夏の終わり、グルーが大きな期待を懸けたルーズベルト・近衛頂上会談を潰してしまったのも、ハルとホーンベックの二人だった。

日本との戦争がはじまって、グルーの願いはただひとつ、日本をカルタゴの道へ追い込まないことだった。ルーズベルトが求めたのは、中国で内戦が起きるのを阻止することだった。はじめてグルーとルーズベルトは意見が合致し、採るべき政策が一致した。一九四四年になってルーズベルトはホーンベックを見捨て、グルーの側についた。こうしたことはいずれも前に記した。

さて、東条内閣の瓦解のあと、ルーズベルトはグルーに向かって、「滞日十年」は見事な成功を収めたと語りかけ、これならヨーロッパの戦いが終わったすぐあとに、日本を降伏させることができるだろうと言ったにちがいない。

そこで日本側だが、マリアナ諸島を失い、連合艦隊は事実上、壊滅したのも同じことになってしまい、東条内閣のあとの小磯内閣と統帥部の主だった幹部たちはこの戦いを膠着状態にもっていけるという自信はまったくなかった。内閣発足のすぐあとの昨十九年八月に定めた「戦争指導ノ大綱」の筆頭に掲げた「徹底セル対外施策ニ依リテ世界政局ノ好転ヲ期ス」がただひとつの希望だった。

ソ連と重慶政府にたいして接近を試みようということだった。重慶政府をアメリカから切り離すことだ、ドイツとソ連との戦争を終わりにさせるのだと威勢よく語ることからはじめた。だが、「世界政局ノ好転ヲ期ス」は飾り文句であり、その言葉のうしろにあったのは、だれにも語ることのできない、そして自分自身でもしっかり考えたことのない、どうにかしてぎりぎり我慢のできる和平をかちとりたいという願いがあった。ところで、主敵アメリカに直接、降伏を申し入れるなどと言えるはずはなく、グルーの名前を出す者がいるはずもなく、グルーの和平計画の誘いなど、だれもなにも知らないといった顔をしていたのである。

首相、小磯国昭と主要閣僚たちは重慶政府との平和交渉を望んだ。ソ連にも期待を寄せた。スターリンが日本を助けてくれるのではないか、アメリカにたいして講和条件の緩和を要求してくれるものと夢見て、特使をモスクワに送りさえすればどうにかなると思った。

重慶政府との交渉はなんの進展もなかった。小磯は重慶側に評価されていると信じていた宇垣一成《かずしげ》に北京から上海、南京を訪れさせた。四月にはじまった日本軍の大規模攻勢は蔣介石の国民政府軍の士気の低さ、指揮官の腐敗ぶりを際立たせることになり、アメリカ政府は延安の共産軍に期待を懸けるようになって、いよいよ蔣政府とアメリカ政府とのあいだの摩擦、対立が大きくなっていた。陸軍と外務省は米中間のその深刻な不和につけ込もうとした。

蔣介石の側はどうであったろう。日本の誘いにのることなど考えるはずもなく、日本を誘い込むことも、試みてはならなかった。アメリカ政府との関係を修復することが第一であり、アメリカの軍人と外交官が延安の共産勢力と関係を深めているのをぶち壊すことが第二になすべきことだった。

ソ連はどうであったか。日本からの特使の派遣を断った。陸軍首脳部をはじめ、多くの人びとの甘い夢ははかなく消えてしまった。そしてスターリンが昨年十一月六日のソ連革命記念日前夜祭に米英大使を前にしての演説で、日本を「侵略国」だと言い、「侵略者にたいする徹底的な措置」をと説いた。日本とアメリカとの戦いがはじまってから最初のソ連指導者の日本にたいする非難だった。

スターリンのその演説が日本人を怯えさせたり、怒らせたりしてから二週間あとの昨年十一月末のことだった。秘かにグルーに期待を寄せていた外務省、海軍省、宮廷の人びとがなにごとかと顔を見合わせるニュースが入った。国務長官のコーデル・ハルが辞任した。次官だったエドワード・ステティニアスがその後を継いだ。そしてグルーが国務次官に昇格した。極東の問題についてはなにも知らず、関心もない新国務長官は新しくつくられる国際組織設立の準備に専心することになり、新国務次官、グルーが長官代理となった。

昨年の五月にホーンベックが免職となったことに驚いた政府、陸海軍、宮廷の幹部たちは、その七カ月あとにハルが詰め腹を切らされ[13]、事実上、グルーがその後任になったというニュースを読んで、だれもが考え込んだ。戦争がはじまるまでのアメリカの対日政策を決めるにあたって、その要所要所でホーンベックがなにをやったかを知らなかった人でも、ハルのことなら日本を戦争に追い込んだ張本人だと思っていた。かれは世界中どこの国も実際には守っていない原則や規範を日本に押しつけ、自分自身は共産主義を恐れているにもかかわらず、日本側が中国における共産主義の拡大にたいする懸念を説いても、それがどうしたと聞く耳を持たなかった。

そのハルが首を切られたのだ。アメリカ国務省の日本政策はグルーが決めることになったのだ、ルーズベルトは日本との戦争を早く終わらせたいと考えていることはもはや万々疑う余地がなかった。外務省、海軍、宮廷の幹部たちはそう思った。グルーから日本の悪玉、戦争勢力とされた陸軍の幹部たちもまた、そう思ったのである。

だが、だれひとり、こうした事実を日誌に書かなかったし、自分の見方、上司や同僚の意見を日記や覚書に記すこともなかった。

参謀本部の戦争指導班の種村佐孝《すけたか》は頭の片隅にもないことを語ってみせる修練に役立つとでも思っていたからか、どうしてグルーが国務長官代行になったのであろうと記さねばならないときに、つぎのような間の抜けた文章を綴った。「米国務長官ハルは辞職し後任はステティニアスなり、七十才余のハルより四十五才に若返りたる米指導部の意図奈辺にありや、採って以て帝国の範とするに足る(14)」

清沢洌は外務省の友人からグルーの主張について肝心な資料をまったく手にしていなかった。昨年十二月二十一日付の日記のグルーにたいする批評はいつものかれの鋭敏さを欠いていた。

「午前中、米国の国務長官の更迭について書く。『東洋経済』の社論（新年後）なり。米国が戦後、経済的帝国主義に乗り出すお膳立てである。またグルーの次官就任は、日本に対する処分案を処理せしめるためである[15]」

グルーの考え、かれがやろうとしていることを想像し、予測し、うっかり日記にそれを記してしまったのは、細川護貞だった。かれは近衛文麿、牛場友彦、そして内大臣秘書官長の松平康昌、そして海軍省軍務局第二課長から説明を受けていたし、資料も読んでいたのであろう。そしてかれも加わるわずかな人びとのあいだで、グルーの動きは多大な関心をもって論じられていたのである。細川は昨年十一月十七日につぎのように記した。

「松平内大臣秘書官長の話にては、海軍はなにか朗報ありと言い居るも、戦況には非ずと。想像には、グルーがニミッツに逢いに来て居ることと関係あるやも知れずと。又米国放送に、近衛内閣出来て和平交渉に入らんとありたるを以て、用心すべしと官長より注意ありたりと[16]」

ニミッツとはチェスター・ニミッツ海軍大将のことである。太平洋艦隊司令長官であり、司令部は真珠湾にあった。海軍省軍務局第二課長兼調査課長の矢牧章がまず気づいたのであろう。昭和十七年六月から今年の二月までそのポストにいた矢牧は海軍の渉外部門を担当していた。昭和十七年、十八年はともかく、昨年後半からかれの考えることはどのようにして戦争を終結させるかということだった。かれが知り、松平康昌にすぐに告げたのは、グルーが国務次官になって最初の仕事は、真珠湾に赴き、太平洋艦隊司令長官と会談することだと語ったアメリカの放送だった。

じつはグルーの国務次官就任はアメリカ上院の承認が遅れて、十二月になった。そこでグルーが実際にハワイへ行ったのは十二月の末だった。グルーとニミッツが語り合った内容は報道されなかったが、十一月に矢牧章と松平康昌が想像した通りの「朗報」だった。

グルーはニミッツに向かって、日本降伏のあと、日本の占領地域が無秩序になるのを防ぐためにも、そして一日も早く和平を招来するためにも、天皇が重要になると説き、ニミッツは新国務長官代理の主張に賛成し、私の考えも同じだと言ったのである[17]。

さて、グルーがワシントンに戻り、国務長官に太平洋艦隊司令長官も日本の天皇の擁護に賛成したと報告した。ステティニアスとグルーはともに日本占領の最高責任者はニミッツになるとそのときに信じていたのだし、ニミッツの艦隊が日本本土を完全に封鎖した段階で、日本は降伏するとかれらは予測していたのである。

ニミッツ、グルー、ステティニアスのあいだで、対日政策について基本的な了解ができてから半月のちのことだった。今年一月の中旬、サンフランシスコのラジオ放送が伝えてきたニュースは外務省、日本放送協会海外局の関係者を震え上がらせた。

東アジア地域を研究する半官半民のシンクタンクの大会が開かれ、アメリカ人、英国人の研究者、そしてアメリカ政府の役人も加わって、戦後の日本をどのようにするかを討議したというのだ。

リスボンの日本公使館からの電報が大会で論じられた問題を詳しく伝えてきた。日本の領土を日清戦争前に戻すことにはじまって、日本の完全占領、陸軍の解体、海軍艦船の没収、戦争責任者の処罰、軍需工場の撤去、さらに「天皇を廃する」までの項目があった。

もちろん、新聞に載せはしなかったし、ラジオで放送されることもなく、この日本処分計画を承知することになったのは、グルーの対日構想を知悉《ちしつ》していたのと同じ人たちだった。

どういうことであろうかとかれらは困惑した。「和解の平和」が求められるすべもないことは承知していたが、グルーの登場がかれらを安堵させ、皇室の安泰は保証されたと思うようになっていた。そこへ恐ろしいかぎりの要求がでてきたのだ。

かれらのなかにはその大会が開かれたのがホットスプリングスだと知って、大きく嘆息した者もいたにちがいない。戦争がはじまったあとに交換船で昭和十七年八月下旬に帰国した人たちだ。ホットスプリングスはアメリカ東部、ヴァージニア州にある小さな温泉保養地だ。ワシントン、ニューヨーク、その他の都市に駐在していた大使館員や領事館員が家族とともにそこのホテルに収容された。ホテルのプールでの水泳、毎夜が最後はブリッジで終わるカード遊びだった。あれからわずか二年八カ月がたつだけで、あの同じホテルで、降伏した日本をどのように始末するのかを論議することになったのかとしばらくは思いに沈んだ外務省員がいたのである。

そしてそのうちのひとり、ワシントンにいたときには大使館参事官、現在、情報局第三部長の井口貞夫は思いだすことがあったはずだ。帰国する交換船の船旅のあいだ、朝日や毎日、同盟通信の記者たちと語り合って、この戦争はどのような形で終わるのだろうかという話になった。戦後の日本の首相は岡野進か野村吉三郎だろうといったおかしな論議になった。交換船に乗る直前に、かれらは日本海軍がミッドウェー沖で正規空母四隻を失ったという恐ろしいニュースを新聞で読んだ。開戦わずか半年あとにそのような惨敗を喫したという事実はかれらの胸中の大きな鉛の球となっていた。どうにか引き分けに持ち込むことができないだろうかとだれもが思っていた。ある程度の不利な条件を甘受し、早く講和ができれば、軍部出身で、アメリカにも受けのよい野村大使あたりが首相になるだろう、講和が遅れて、国内が乱れて収拾がつかなくなれば、延安にいるという共産主義者の岡野進という男が首相になってしまうのではないか⑱、そんな情けない話をしていたのだった。

余計なことを付け加えよう。どうやらアメリカにいた外交官や新聞記者ははるか遠く、中国の奥地にいるという岡野進という通称で呼ばれている野坂参三が手ごわい人物のように思えたようだ。だが、日本でもうしばらくあとに語られるようになるのは、またべつの名前である。帰国を拒否してシカゴに残った社会主義者、大山郁夫である。ところが、交換船のなかでは、大山が戦後に日本の総理になるのではないかと語る人はいなかった。政治家としての資質をまったく欠く、教壇の善人だと承知していたからであろう。

さて、昭和二十年一月半ばにホットスプリングスの論議の模様を知った外務省の省員たちが承知していたのは、グルーが国務次官に就任したときから、いや、その前の一昨年末のかれがシカゴ演説をしたときから、かれの日本にたいする見方、かれの対日構想を非難攻撃するアメリカ人が少なからずいたことだった。良い日本人などいるはずはない、良い日本人は死んだ日本人だといったお決まりの罵詈雑言を日本に浴びせる連中の巻き返しがはじまったのだと思った。

かれらは中国贔屓の者が大部分であり、それこそ失脚してしまったが、ホーンベックのように中国シンパであり、日本嫌いは当たり前といった人たちであり、かつては蔣介石を支持していたかれらはいつか延安を支援すべきだと説くようになり、毛沢東贔屓になっていた。かれらは日本にたいして宥和的なグルーの構想を潰してしまうつもりだった。かれらの背後にはグルーを逐って、自分が国務次官になろうと思っている者もいた。

井口は野村大使が首相となる見込みはいよいよ薄いと嘆息し、岡野進が日本のスターリンになるのだろうかと思ったのかもしれない。

ところで、この日本処分計画を知った人びとは、どうして反グルー勢力が力を強めることになったのかと考え、その原因をレイテ島の戦いがあまりにも早く終わってしまったからだと思ったことは間違いない。

レイテの戦いは増援軍を送り込んでの決戦だった。そのような戦いができたのはガダルカナルの戦い以来だった。二年前のガダルカナルの戦いは、後手、後手とまわりながらも、陸軍部隊の輸送をつづけ、海軍部隊もまた、その水域で戦い、半年にわたって頑張りつづけた。ところが、レイテの戦いは「神機到来」だと参謀本部の幹部が説き、首相は「天王山」だと放送で繰り返したのだが、昨十九年十月中旬にはじまった地上戦は十一月中旬までの一カ月余で終わってしまった。

アメリカ側はフィリピン群島の大きな島の戦いでいとも容易に勝利を収めてしまったことで、日本の戦力の実態のほどを知ってしまい、日本に譲歩する必要はまったくないという声が強まり、オーウェン・ラティモアをはじめとする太平洋問題調査会に巣くう日本に憎しみを抱いた連中が一気に力を盛り返したのだ。ホットスプリングスで起きたことを知った外務省や首相官邸、宮廷の高官たちはこう思ったのである。

近衛文麿、高松宮もホットスプリングスで起きたことを知った。つぎのように考えたのではないか。陸海軍がレイテの戦いのような一方的な負け戦をずるずるとつづけていくことになれば、アメリカの反グルー勢力は力を強めるばかりだ、やがてグルーとかれの勢力は国務省から逐われることにもなる。

近衛と高松宮とのあいだには意思の疎通があった。もっとも、二人は直接には顔を合わせないようにしてきた。近衛は自分が和平の主張をしていることを陸軍側に知られていると承知していたから、皇弟であり、海軍将校である高松宮と会うことは、陸軍の疑心をそそるだけだと考えてのことだ。そこで近衛の側近の細川護貞が高松宮と定期的に会うようにしてきた。

近衛が高松宮の考えをつねに把握しようとし、自分の考えをつねに高松宮に伝えようとしてきたのは、つぎのような考えを持っているからだ。

戦争終結に先立ち、天皇の退位、皇太子への譲位は避けられないのではないか。近衛の頭にあったのは、第一次大戦終結時のドイツ皇帝、ヴィルヘルム二世の退位、オランダ亡命のことだった。近衛の外交顧問である伊藤述史《のぶふみ》、牛場友彦が説いていたことでもあったにちがいない。そこで近衛は高松宮が少年である新天皇の摂政にならねばならないと考えてきた。

ホットスプリングス大会で論じられた対日占領計画を知り、高松宮と近衛はいよいよ猶予はできないと考えた。それとも高松宮が考えたことだったのかもしれない。大転換を近衛文麿公からお上に奏上してもらわねばならないと考えた。

ところが、それが簡単にはいかなかった。天皇は自分を輔弼《ほひつ》、輔翼する各国務大臣と統帥部の首脳の内奏、上奏を聞くという規制と秩序を守ってきた。それ以外の人に助言を求める習慣はなかった。そこで天皇の知識、情報の不足を補うのは、「常侍輔弼」の任務を持つ内大臣、木戸幸一となる。こうして天皇の理解と考えは木戸の理解と考えと同じとなっている。

そこで木戸のことになるが、かれは近衛の考えを承知していた。戦争終結のためには、陸軍の最高首脳陣を入れ換えなければならない、支那事変、そして大東亜戦争となんのかかわりもない、昭和十一年に二・二六事件に絡んで現役を逐われた真崎甚三郎、小畑敏四郎を復活させ、陸軍大臣、参謀総長にしなければならないという構想だった。

木戸は近衛のその計画に同意の余地はなかった。前に記したとおり、木戸は昭和十一年に追放した将軍たちを激しく嫌悪していた。もちろん、近衛はそうしたことをすべて承知していた。だが、天皇とその後継ぎの皇太子を中国奥地に放逐してしまえといった主張がアメリカで論じられるようになっているときに、木戸がかれ個人の好悪を振りかざしていることはできなくなるだろう、かれは昨年七月には盟友であったはずの東条英機を容赦なく見捨てたではないか。前にも記したことだが、こう思っていたのである。

高松宮はつぎのように考えた。近衛公をお召しになったらどうかと母君からお上に説いていただくことにしよう。

高松宮は自身が大宮御所を訪ねるのを避けたのであろう。皇太后宛てに、アメリカで日本の皇室を憎悪する勢力が力を増していることを記し、自分の考えを綴った手紙を書き、妃の喜久子に託したのではなかったか。それが一月十八日だったのであろう。

皇太后、戦争を終わらせることはできないのかと問う

そこで皇太后のことを語らねばならない。皇太后はその少し前から、ひとり胸を痛めていた。「この戦争は負けです」といきなり言われ、そのための準備をしなければならないと説かれたばかりだったからである。

日本が負けてしまうとは大多数の人びとにとって、思いもしないことであり、敗北だ、降伏だといった言葉を口にすることはありえなかった。あろうことか、皇太后に向かって、それをはっきり言上したのは当然ながら普通の人物ではなかった。静岡県三島の龍澤寺住職、山本玄峰《げんぽう》だった⑲。昨年の末、大正天皇命日の十二月二十五日に八王子の多摩陵に参向されたあとのことではなかったか、皇太后は沼津に行き、御用邸に一泊か、二泊した。そのときに皇太后は山本玄峰を招いたのであろう。

山本玄峰はこの一月はじめに安田銀行の神奈川支店長の岩佐凱実《よしざね》に向かって、「この戦争は負けですよ」と語った。「負ける覚悟はできています」と岩佐は夢中で答えはしたものの、[20]だれもが口にするのを避け、耳にしたことのない、人びとの思考から欠落しているその恐ろしい言葉を聞いて、かれの心拍数は異常に増えたのである。

山本玄峰は現在、七十九歳になる。人を心服させる力を持っていたからであろう、中部地方のいくつかの寺院を復興させ、布団一枚、鍋ひとつない、荒廃し尽くしていた龍澤寺の面目を一新させたのも、かれの力だった。かれのもとには過激な考えを持った海軍士官が参禅したことがあり、現在は元共産党指導者だった田中清玄が出獄してかれの寺で修行しているように、あるいはまた岩佐凱実がかれの人格に傾倒しているように、皇太后もまた山本の人物に惚れていたのではないか。

皇太后が昨年末に沼津に行かれたことを天皇は知らなかった。あとでそれを知った天皇は、空襲がはじまっているというときに、どうしてそんな危険なことをしたのかと、大宮御所の関係者を激しく叱った。B29による空襲がはじまり、中島飛行機の武蔵製作所と三菱重工業の名古屋の発動機製作所がそれぞれ五回、六回と爆撃されていたときだった。想像するのだが、皇太后は山本に会うためにわざわざ沼津に赴いたのではなかったか。それは山本がぜひともお耳に入れたいことがあると皇太后に伝えたからではなかったか。

山本はどうして日本の敗北は近いと皇太后、そして岩佐凱実に語ることになったのであろう。山本は少なからぬ高名な政治家との交遊がある。だが、そのときに枢密院議長だった鈴木貫太郎がかれにそうした話をしたのではなく、枢密顧問官の伊沢多喜男が喋ったはずもない。寺崎太郎からその説明を受けたのである。

寺崎太郎は外務省員だ。寺崎は現在、四十八歳になる。付け加えるなら、前に記した井口貞夫は四十五歳だ。山本玄峰と似て、寺崎太郎もまた外務省のほかの局長や課長とは一桁も二桁も違っている。かれの国際情勢の見方は的確である。加えて自負と自己主張があり、形式主義を軽蔑し、上にへつらうことなく、大酒飲みで、喧嘩早い。およそ役人離れのした人物である。かれは昭和十六年に外務省アメリカ局長だった。グルーの著書「滞日十年」のなかに、首相、近衛、外相、豊田貞次郎とともに、かれの名前がでてくることは前に記した。米英両国と協調しなければならないと考える外務省内の少数派であり、アメリカと戦争をするなど論外と考えていた。かれの上司、大臣の松岡洋右《ようすけ》は自分がドイツ、イタリア、ソ連を訪問しているあいだに対米交渉が進められたことに腹を立て、帰国してからは交渉の妨害をするだけだった。そこで寺崎は首相の近衛に協力して、日米交渉の進展に努めた。アメリカとの戦争の回避を願っていた海軍次官の沢本頼雄は、寺崎の努力を知っていたから、七月十日の日記に「嗚呼、寺崎擁護の要あり[21]」と書いたのだった。

首相の近衛が松岡を閣外に逐い、外相と商工相に対米交渉の妥結を望む海軍出身者を置いた。そして寺崎は元英国大使だった吉田茂がアメリカとの戦争回避を望んでいることを承知していたから、かれに多くの秘密情報を伝え、かれとグルーとの裏面の交渉に期待を懸けた。また寺崎は右翼勢力の反米感情の昂進を阻止しようとして、かれの父の代から親しくしていた右翼の総帥である頭山満に対米交渉を成功させなければいけないことを理解してもらうために、その経過を伝え、近衛首相がアメリカまで行き、ルーズベルト大統領と会見する計画を進めているといったことを告げもした。だが、首脳会談の開催をアメリカ側が拒否したことから、平和のための譲歩を決意するかどうかを国内で決めねばならなくなり、振り出しに戻った。

海軍次官の沢本頼雄の上司である大臣の及川古志郎が海軍は日米戦争を避けたいとついに口にすることができなかった。そしてもうひとり、内大臣の木戸幸一が首相と外相にまったく協力しなかった。たかだか外務省の一局長にすぎない寺崎がどれだけ頑張っても、どうにもなるはずがなかった。戦争の回避はついにできず、近衛内閣が昭和十六年十月に総辞職したとき、かれは「近衛内閣に殉じ、官を去った[22]」。山本玄峰の三島の龍澤寺で参禅するようになったのは、この戦争がはじまってからのことであり、小田原に住まいを移してのちのことだ。

山本玄峰の問いに答え、寺崎太郎がこのさきの見通しを語って、この戦争はまもなく終わる、終わりにしなければいけないと説いたのであろう。寺崎はどんな説明をしたのだろう。飛行機もなければ、戦車もない、そして燃料がない。竹槍で戦うことができないことは参謀総長から小隊長までが承知している。老幼男女が山に逃げ、餓死することになるような戦いをつづけることはできないし、そのような戦いをつづけたら、日本の再建は不可能になる。こんな具合に語ったのであろうか。そして寺崎は玄峰和尚が皇太后に信頼されているという事実に少なからぬ期待を懸けたのではなかったか。寺崎は日記には山本玄峰のことを「和尚」と記すだけで、姓も名前も書かなかった。

秩父宮、高松宮、三笠宮が天皇に異議を申し立てるのは難しくても、皇太后が天皇に戦争を終わりにしなければならないのではないかと問いかけたのであれば、天皇は真剣に対応されると寺崎は考えたのであろう。山本は寺崎の説明に納得した。玄峰は沼津の御用邸に赴き、皇太后にこれを言上したのである。

皇太后はそれからずっと山本老師の言葉を繰り返し考えていたのであろう。じつを言えば、皇太后はこの戦争は負けて終わるのではないかという懸念をずっと持っていた。イタリアが降伏したあと、それこそ木戸幸一に眠れない夜がつづいていたとき、昭和十八年九月であったか、皇太后は表宮殿を訪れたことがあった。千種《ちぐさ》の間から広い濡れ縁にでて、皇太后は中庭のさきの豊明殿をしばらく見ていた。正殿は謁見所、鳳凰の間は内謁見所、饗宴の間が豊明殿であり、新年宴会にはじまる三大節の祝宴を筆頭に、かずかずの御宴がそこで開かれたのだった。じっと動かないでいる皇太后に横にいた者たちがなにごとであろうと顔を見合わせるようになったとき、「惜しいもんやね」とはっきり独り言を京ことばで洩らした。侍従の入江相政がその意味することに気づいたのは、正殿、豊明殿をはじめ、明治宮殿のすべてが灰になった五月二十五日の夜のあとだった。(23)

皇太后は毎朝一時間ほど先帝の画像のある一室に座って、大事なことを「奉告」するお勤めを欠かさなかった。皇太后は玄峰老師のこの戦争を終わらせなければならないと語った言葉を先帝に奉告したことは間違いない。

そこへ高松宮からの手紙である。その内容は前に想像して記した。戦争を早くやめなければ、累は皇室にも及ぶ。政府と軍、そして内大臣はお上に真実を言上してきていない。お上は牧野伸顕伯爵、近衛文麿公爵を召されて、この二人の重臣の考えを聞かれるべきである。

皇太后はどうして牧野伯と近衛公の参内を高松宮が望んでいるのか即座に理解できたはずである。この先で述べる機会があるだろうが、皇太后はグルーの著作「滞日十年」のなかの自分についての記述の部分に目を通していたはずだし、それればかりでなく、グルーが日本の政治家のなかで牧野と近衛に敬意を払っているという記述のあることも承知していたはずだからだ。どうあっても、牧野伯、近衛公の考えをお上に聞いて頂けるようにしなければならない。皇太后もそう思った。

ところで、皇太后は府中の問題には口出ししないという不文律を守ってきた。昔はそうではなかった。こういうことだった。皇太后がまだ皇后だったときに、病弱だった大正天皇に代わって、輔弼の責任を持った首相、閣僚の報告を受けていた。元老の山県有朋が懸念し、「近頃、なにもかも皇后に申し上げる。将来、意外な弊が生じるかもしれず、憂慮している」と語った。山県、そしてもうひとりの元老の西園寺公望《きんもち》が恐れたのは、皇后、やがては皇太后となる女性が政治に口をだし、隣国の西太后のような独裁者となることだった(24)。

山県や西園寺は、五摂家のひとつ、九条家の姫君なのだと皇后を甘く見ていたのが、元老の言いなりにならず、明瞭、断固たる態度で病身の天皇をかばい、天皇の代わりを毅然として務めようとすることから、皇后を強く警戒するようになったのである。

こうして大正時代が終わったあと、元老たちはしっかり連合戦線を張った。皇太后は首相、内務大臣から、「政治向きのことなら、おうかがいできない」と何回も言われ、気性は激しく、歯に衣着せずに語るのが習慣であった皇太后ははらわたが煮えくり返る思いを重ねたにちがいなかった。やがて皇太后は宮中と府中の別を守ることが、年若い天皇のためにも大事なのだと思うようになり、自戒に努めることになった。

皇太后のこの一月のことになる。皇太后はつぎのように思ったのであろう。アメリカ側が「日本の皇室の破壊」を説くようになっているのであれば、もはやこれは宮中の問題、それは府中の問題だと区別することはできなくなっている。高松宮の手紙を読んでから十日ほどあとの一月二十八日、行動にでた。皇太后は皇后付きの女官長、保科武子を呼び、日本はどうなってしまうのか心配でならない、この戦争をどのように終わらせるつもりなのか、お上にうかがってほしいと述べたのである。

そしてつぎのような提案をしたのではなかったか。牧野伸顕伯爵は長いあいだお上にお仕えし、元老、重臣といってもよい存在である、近衛文麿公爵は皇室にもっとも近い重臣である。この二人の考えをお聞きになられるようにお上に申し上げてほしい。そして皇族方の考えもお聞きになられたらどうか。

皇太后が投げつけた爆弾は宮廷を大きく揺らした。「いつまで戦いをつづけるのか」といった質問は、だれひとり、口にしたことのない、口にできない問いだった。それを口にしたのは大宮さまだ(25)。

翌一月二十九日、天皇は内大臣を呼んだ。つぎに内大臣は宮内大臣と協議することになった(26)。

内大臣、木戸幸一は不快感を隠すのに懸命だったのであろう。皇太后は私を呼び、私の考えを聞くということをせず、お上に牧野と近衛の考えを聞いたらいかがかと申し上げた。私を嫌っている高松宮が皇太后にそのように勧めたにちがいない。

木戸はなぜ高松宮が自分を嫌っているのかをはっきり承知していたはずだ。思いださないようにしてきたにちがいないが、忘れることはできなかったはずだ。昭和十六年十一月三十日、高松宮は参内して、お上に海軍の本心はアメリカとの戦争を避けたいと望んでいると言上した。高松宮はだれが説いたと言わなかった。総長と大臣、そして内大臣以外の情報を持たない天皇には皆目見当がつかなかったであろうが、木戸はたちどころに想像できたはずだった。連合艦隊司令長官、山本五十六のぎりぎり最後の訴えだった。ところが、木戸は考えられるかぎり最低最悪の助言を天皇にした。軍令部総長と海軍大臣が天皇の問いにどのように答えざるをえないかをはっきり承知していながら、軍令部総長と海軍大臣をお召しになり、もう一度、戦争に自信はあるのかどうか尋ねられたらいかがと言上したのである。

山本五十六がなにをしたか、高松宮がなにをしたか、木戸幸一がなにをしたのかは、このあとで詳述する機会があろう。

高松宮が忘れず、木戸が忘れるはずもなく、高松宮が木戸にたいする憎しみを胸の底に秘めれば、木戸は高松宮にたいする嫌悪を胸中に隠してきたはずであり、それでも二人が顔を合わせたときにはなにくわぬ顔をしてきたのだし、他人にたいしても、そのような感情を明かさないように努めてきたのである。考えてみれば、近衛と木戸とのあいだの腐れ縁と言ってもいいような深い関係がまったく同じなのである。

木戸が天皇から皇太后の爆弾発言を聞いた翌日の一月三十日、木戸は近衛の訪問を受けた。近衛はまずはつぎのように言ったのではないか。ホットスプリングスで起きていることから明らかにされたように、容易ならざる事態になった。グルー反対勢力が攻撃にでてきている。このさき戦いをつづけていけば、グルーの力は弱まるばかりだ。

そして近衛はつづけてつぎのように語った。若槻礼次郎、岡田啓介、平沼騏一郎の三人の重臣と協議してのことだが、陛下はこの戦争の見通しについて統帥部総長からこれまでのような形式を離れて、偽りのない本心を確かめられる必要がある(27)。

木戸は近衛の話を聞きながら、大宮御所の進言と近衛を中心とする重臣たちの上申とのあいだにつながりがあるのだと感づいたのであろう。なんであれ、近衛の主張を斥けねばならなかった。それはできないとにべもなかった。

木戸は近衛には言わなかったのであろうが、ホットスプリングスからの恐ろしい雷鳴のあと、すでに政府、統帥部、そして天皇の方針は決まっていた。政府と軍は「もう一回の勝利」を合言葉にするようになっていた。

こういうことだった。木戸は天皇への上奏、内奏を終えたあとにかれの執務室に立ち寄った政府高官、軍首脳と反グルー勢力の大宣伝の問題について語り合ったはずだ。グルーが国務省を支配するようになったすぐあとに反グルー勢力が結集する事態となったのはなぜなのかということの解釈、解明、そしてその対策を求めたのである。

前に見たとおり、レイテ島の戦いがあまりにも簡単に終わってしまったことから、日本を憎悪する反グルー勢力は居丈高になっているのだとだれもが言ったはずだ。木戸もうなずいたのであろう。アメリカ内のグルーを嫌っている連中が息を吹き返したのだ、日本に温和政策を採るぞと告げて、日本を降伏に導く必要はまったくない、グルー路線は屑籠に捨ててしまえということになったのだ。木戸の執務室で話す人もこのように語ったのであろう。

反グルー勢力を抑えるためには、「もう一回の戦果」が是が非でも必要だとだれもが思い、そう語った。木戸もまた、天皇にそのように言上したのではなかったか。天皇は参謀総長に新たな作戦をおこなってはどうかと言ったのだし、軍令部総長は天皇に新作戦の敢行を言上したのである。

天皇が参謀総長に問いかけたのは雲南作戦であり、軍令部総長が天皇、政府閣僚に説いたのは桜花作戦だった(28)。こうしたわけで、木戸幸一は天皇に向かって、統帥部総長からその偽りのない本心を聞いて頂きたいと言上するつもりなどあるはずもなかった。

木戸は近衛の提言を拒否した。では、皇太后の求めにはどう応じたらよいのか。木戸は宮内大臣、松平恒雄、侍従長、藤田尚徳《ひさのり》と協議した。皇太后の要請どおりに、近衛、牧野を参内させるようにしたならば、陸軍がそれを知って、なにごとかと神経を尖らせよう。アメリカとの戦いがはじまってから、近衛、牧野が単独で天皇に拝謁したことは一度もなかった。近衛が陸軍指導部の一新を主張していることは陸軍も知っていようし、以前に牧野を親英米派の巨頭と右翼勢力が非難をつづけたのは、陸軍が加担してのことだった。牧野と近衛が参内すれば、宮廷は「大転換」を意図しているのだと陸軍は疑心暗鬼となり、自分たちは敵意に取り囲まれているとその態度を硬化させることになってしまうにちがいない。

牧野、近衛の二人だけでなく、残り五人の重臣も上奏させればよい。木を森に隠すことにすればよい。こういうことになった。

近衛文麿が参内したのは二月十四日だった。

重臣慰労の陪食が毎年末にあったから、天皇は近衛と顔を合わせる機会はあったが、儀礼的なものであり、当たり障りのない挨拶にとどまった。

御学問所の政務室に入って、近衛が驚いたのは、すでに木戸がいたことだ。侍立するのは侍従長ではなかった。このようなことはかつてなかった。めったなことを言わせまいとして、木戸がでてきたのだと近衛は思ったのであろう。

天皇は近衛にまず椅子を勧めた。

政府の幹部、軍の代表が天皇の前に進みでて、起立しているのは絶対の不文律であり、天皇に椅子を勧められることがあれば、懸案の問題の総長の決定、大臣の解決ぶりをお上が非常に満足しているというシグナルであり、信任の厚さを示すはっきりした証拠であったから、そのあと役所に戻った総長、大臣は、部下たちに最初にそのことを語ったものだ。だが、天皇に椅子を勧められるような見事な戦果も、胸のすく解決も現在あろうはずはない。

首相時代の近衛は天皇に一礼して、かまわず椅子に座るのがいつもだった。藤原鎌足嫡流のかれは、皇室にもっとも近いという自負があって、天皇に遠慮がなかったのである。

それでも近衛は天皇と会話を交わすことになって、気まずさが先に立ったであろう。天皇も同じだったのではないか。最初のあいだは二人は視線を合わすことができなかったにちがいない。近衛を迎える前から天皇の胸にあったのは、あの年の十月の半ば、近衛の説くとおりにすべきだったという悔恨だったはずだ。そして近衛に首相をつづけるようにと言うべきだったという後悔が天皇の胸中にあったはずだ。近衛はといえば、昭和十六年十月の総辞職にいたる一部始終をだれにも明かしたことがなかっただけに、天皇と向かい合えば、改めて無念さが胸のなかで渦を巻いたにちがいない。侍立する木戸はどうであったろう。近衛公に再度、内閣をつくるように命じられることこそが望ましいと思われますと木戸は天皇に奉答しなかった。天皇と近衛、二人の顔を見たとき、かれの胸に痛みは走らなかったのであろうか。

近衛はなんとしても戦争を終結しなければならないと天皇に奏上する決意でいた。近衛は天皇に向かって、この戦いを混乱なしに終わらせるためには、昭和十二年以降の陸軍の指導者を排除するのが先決だと説かねばならなかった。それは戦争責任の問題を解決するためにも不可欠だと言上しなければならなかった。

しかし、近衛は天皇に向かって、たとえばかれがそれより三週間前に高木惣吉に説いたように、「支那事変を拡大し、対米英戦争を誘発した張本人の陸軍の幹部が残っている限り、この戦いは収拾できません(29)」とはとても言上できなかった。

近衛は天皇に向かって、共産主義の同調者、共産主義者が陸軍の中央にいるのだと説き、かれらが戦争をつづけ、拡大してきたのだと述べ、梅津美治郎《よしじろう》と名指しせず、かれの部下たちの名前も挙げなかったが、それとわかる言い方をして、かれらを更迭することからはじめなければならないと言上した。

この主張は、近衛の協力者である吉田茂、そしてかれの配下の殖田俊吉《うえだしゅんきち》がつくった手の込んだシナリオだった。

効果の乏しい暗示に頼るよりも、共産主義の脅威を説くことによって、天皇に梅津美治郎の配下、そして梅津自身にたいする警戒心、猜疑心を起こさせて、かれらの排除を求めようとしたのである。

もちろん、共産主義の脅威を説いたのは、近衛、そして吉田の本心でもあった。二人はスターリンが日本のために寛大な降伏条件をアメリカに要請してくれるなどと期待するのは妄想にすぎないと思い、やがてソ連は気息奄々《えんえん》の日本を始末するのに乗り出してきて、日本を共産主義の体制の枠組みにはめ込もうとするにちがいないと予測していた。二人はアメリカに直接、休戦を申し入れるしかないと考えてきた。そこでソ連にすべてを依存しようとしている陸軍を共産主義者の集団に操られていると非難するのはまことに理にかなっていたのである。

天皇は近衛の説くことをどう聞いたのか。天皇にとって、近衛の陸軍首脳更迭の主張ははじめて聞く話ではなかった。昭和十八年後半から、天皇は木戸から何回か近衛の考えを聞いていた。近衛は直接、天皇に言上できなかったから、木戸を通じて、天皇に説くしかなかったからである。そして木戸の天皇への説明は近衛の考えを否定するものになっていたであろうから、天皇は近衛の主張には反対だった。だが、天皇は近衛との論議を荒立てようとしなかった。近衛の真意に気づかぬふりをした。そして天皇はただちに戦争を終わりにしなければならないという近衛の主張には反対した。軍令部総長、及川古志郎が説いた桜花作戦を天皇は語ることはしなかったが、「まだ見込みがあるのだ」と語り、[30]つぎのように言った。「もう一度、戦果を挙げてからではないとなかなか話は難しいと思う」

近衛が「そういう時機がございましょうか」と答えて、[31]天皇と近衛の対話は終わった。

そこで陸軍のことになる。陸軍省軍務局員は侍従武官から宮廷で起きていることを聞いたにちがいない。資料調査部の密偵、憲兵隊の報告も受けたであろう。近衛文麿の参内、それより前の重臣、平沼騏一郎、広田弘毅《こうき》の参内、さらにそれより前の大宮御所と宮廷のあいだの異常な動きとを合わせて考え、間違いなく危険なことが起きつつあると判断したのである。

市谷台の幹部たちが懸念していた問題は昨年の五月からずっと変わりなかった。グルーの日本への和平呼びかけの謀略に宮廷が引きずり込まれるのではないかという心配だった。政府、海軍、宮廷が密かに手を握り、陸軍を悪者に仕立てることで、戦いを終わりにする陰謀が進行しているのではないかという不安だった。それこそ昨年七月には、そのような連合戦線が結成されて、東条内閣は倒された。そのとき朝日新聞記者の長谷川健一は海軍省軍務局第二課に一升瓶を抱えて駆け込み、「敵はついに倒れたぞ」と叫んだのである。

どのような対策を講じたらよいのかと陸軍省軍務局と兵務局の関係者が討議したのであろう。近衛文麿がなにを上奏したのかを探りだすことを改めて資料調査部に命じたはずだ。かれらの協議はつづき、近衛、そしてかれに同調し、かれに協力している連中は、いずれもグルーに密かに期待を寄せているのだと語って、この連中が忘れたがっている ホットスプリングスにおける論議を公開してしまうことだ、まったくなにも知らない大多数の国民にも、負けたらこうなるぞとはっきり教えてしまうことだという結論になったのであろう。軍務局長、次官もうなずいたのではないか。

近衛文麿の上奏から五日あとの二月十九日、同盟、朝日、毎日、読売、東京、日本産業経済までの六社、そして全国すべての地方新聞に「日本処理案」なるものが掲載された。朝日新聞をひろげた人はびっくりした。「全土占領、国民は奴隷、領土を略奪、工業抹殺」の見出しに息をのんだ。毎日新聞の見出しはつぎのとおりだった。「敵の痴夢、日本処理案、暴戻《ぼうれい》、わが国体の破壊を意図、国民も徹底的奴隷化」

だれもが不快感を抑えて、それを読んだ。途中でやめた人も多かったにちがいない。そしてだれもが首をかしげた。「国体を変革」するのだと説く「日本処理案」を、情報局は国民の目から隠すのが当然のはずだと思い、どうしてわざわざ新聞に発表させたのであろうかと考えたのである。陸軍がださせたのだろう、戦い抜くしかないのだ、本土死守の戦いをするのだと国民に覚悟を促そうとするものだとだれもが思った。

人びとが新聞紙面の「日本処理案」にひどく不快な気持ちにさせられることになるよりも三日前の二月十六日、朝から東京と関東の各地は敵の空母航空部隊に襲われた。翌十七日の朝からも同じ攻撃がつづいた。そして十九日午前八時、ラジオはまだ伝えていなかったが、硫黄島に敵軍が上陸した。

その朝の新聞は、「更に百二十八機撃墜、来襲機四分の一喪失」「硫黄島周辺で更に十八艦船を轟沈破、四度の接岸を撃退」といった見出しが並んでいた。だが、だれもがいつからか承知するようになっていたのは、どれだけの戦果を挙げ、どれだけか敵に大きな損害を与えても、敵の侵攻を阻止するのは不可能だということだった。

人びとが気づかなかったか、それとも考えようとしなかったのは、関東の各地域を空襲するために、鹿島灘に二日間もとどまっている敵機動部隊を攻撃する力がもはや海軍にないということであった。

前に述べたとおり、皇太后は牧野伸顕と近衛文麿のお上への上奏を望み、この二人から戦争をどのようにして終わりにさせるか、言上してもらおうとした。牧野の上奏は「日本処理案」が新聞に載せられたのと同じ二月十九日だった。牧野伸顕もその朝の新聞には目を通したのであろう。もちろん、かれは「日本処理案」については一カ月前に承知していたにちがいない。

かれは陛下のお召しがあるという通知を受け取ったとき、それより前に、女婿の吉田茂から、一日も早く戦争を終結しなければならない、そのためには陸軍首脳部の更迭が不可欠だという内容の書簡を受け取るか、かれから直接に説明を受けていたはずであった。

牧野が話を聞く相手はまたべつにいた。かれは上奏に備えて陸軍大臣の杉山元を招き、この戦争の見通しについて尋ねたのではなかったか。牧野がもっとも信頼する陸軍将官は杉山であり、かれから定期的に軍事情報を得ていた。杉山は牧野にどのように語ったのであろう。アメリカが日本本土に侵攻してくるのは今年の夏、恐らくは秋になると予測しているのだと説明したのであろう。そして本土の戦いになって、勝算があるとは言うはずもなく、本土の戦いとなる前に戦いを終わりにしなければならないと匂わせ、そのための準備は不可欠だと牧野に語ったのであろう。あまりにもしめっぽい話になってしまったと思った杉山は「もう一度、戦果を挙げて」と付け加えたかもしれない。

午後一時半、牧野の上奏がはじまった。かれはヤルタ会談の共同コミュニケについて語った。二月十一日付のコミュニケ全文の写しは外務省からかれの手元に届けられていた。かれは「デモクラシー」の文字が数多くでていることを天皇に語って、この文字は第一次大戦に際して、「カイザーの軍国主義」に反対して用いられたのだと述べ、パリ講和会議のときにも、「デモクラシーが軍国主義を根絶するが合言葉だった」と語った。かれはパリ講和会議の日本全権だった。

そして牧野はヤルタの公報がこの文字を多用しているのは、パリ講和会議の流れを汲むものだと言い、ホットスプリングスの太平洋問題調査会の大会でも日本の軍国主義が論じられたのだと語った。そして牧野は「国際会議」といった曖昧な言葉を使って、このさきに国際会議が開かれるときには、軍を代表する人とは話をしないと敵国が言うかもしれず、敵側の考えも汲みおく必要がありますと述べた。第一次大戦終了時にアメリカ大統領ウィルソンのドイツ政府への要求であったことを牧野は記憶していたのであろう。戦争を終わらせるためには、陸軍首脳陣の交代が不可欠だと説いた吉田茂、近衛文麿の主張を、牧野は牧野の考え方、言い方で述べたのである。

八十三歳になる牧野の上奏はこの話題からあの話題へととりとめなかったのだが、「なにをおいても戦況の有利なる展開が最先決であります」と語ったとき[32]、天皇は大きくうなずいたのであろうし、侍立した侍従長はしっかり、それを記述したのである。

天皇が牧野に質問をつづけようとしたとき、警戒警報が空襲警報に変わった。侍従長が天皇に近づいた。上奏は終わった。午後二時四十分だった。

この二月十九日の夜に記した市民の日記を見よう。

神西清《じんざいきよし》は四十一歳になる。妻と二人の娘とともに鎌倉二階堂に住んでいる。東亜研究所に勤め、ロシア語の資料を翻訳している。プーシキン、ツルゲーネフ、チェーホフの作品を翻訳してきたかれは、平和であったら文筆活動に専念してきたはずである。

神西は日記帳をひろげたが、多くの人と同じように、新聞で読んだはずの「日本処理案」についてなにも記さなかったし、硫黄島への敵の上陸が近いことについてなにも触れなかった。

「風邪に因る下痢、臥床　午後、據所《よんどころ》なき所用あり、二時頃出発するにB29の空襲に遭い、鶴見駅にて下車退避、子安より湾岸方面にかけ爆撃あり、黒煙沖天、東京駅に至れば既に夕六時、そのまま引返す、帰宅夜八時也、下痢不熄、悪寒有[33]」

東京帝大医学部教授の太田正雄が昼に医学部内の友人と「日本処理案」の話をした。

この日の夜、かれは日記につぎのように綴った。

「九時半より東京医学歯学専門学校にて島津校長の校葬あり列す。委員長、文部大臣、ドイツ大使館文化部長、県人総代、友人総代（武者小路）の弔辞あり。武者小路は口語体を以て縷々として舊情を叙ぶ。十一時外来。午食（山上）

二時傳研。目黒駅はものものしき人群なり。殊に中学生多し。ラヂオにて敵機の来襲伝えられたりと。

二時半ごろ警報。本館の下に至り見る。長谷川秀二、北岡及事務員等、犇《ほん》す。又庭に出でて既に頭上を去れる九機を見る。

遠く黒煙、解除ののち屋上にのぼる。石川島造船所らしきところより黒煙斜めに漏斗状に出で、卵の殻をやく時の如きにおいす。そのずっと左方（浅草辺か、築地辺？）白煙たなびく。

人びとの顔に沈痛の色あり。或人は既にあきらめている故何ともなしという。けさの新聞アメリカにて評議せられる降伏条件などの事を伝えたりという。何のつもりにてかかることを新聞に出したりやなどと問う人あり」[34]

二月に戻って――「もう一回の戦果を」と言いはしたものの

牧野伸顕の参内があった翌二月二十日午後三時、木戸幸一は大宮御所を訪ねた。近衛文麿と牧野伸顕がお上に言上した内容を皇太后に報告するためである。木戸は皇太后が近衛の戦争終結の計画をすでに高松宮から耳にしていると想像していたにちがいない。近衛公の陸軍首脳部更迭の考えはお上の賛成を得ることができなかったとはっきり語り、すべての問題が陸軍の肩にかかろうとしているときに、陸軍中央に紛争、混乱を引き起こすような人事をおこなうわけにはいかないと説明したのではないか。そして牧野伯がもう一度、戦果を挙げる必要があると主張したこと、お上がその考えに賛成であること、そして海軍がそのための準備を整えつつあることを言上したにちがいない㉟。

木戸が語り、皇太后が問い、木戸が答え、皇太后はどう思ったのであろう。

はっきりと批評するのが習慣であり、嫌いなものは嫌い、いやなことはいやだと言う皇太后の口癖は「不細工《ぶざいく》なことだね」だった。「帝政の廃止」「神社の閉鎖」「戦争犯罪人の処罰」とアメリカに言われるような哀れなさまになってしまったのも、あの年、アメリカとの戦争を避ける努力をしなかった内大臣の「不細工《ぶざいく》」さに尽きるのだと皇太后は思うようになっていたにちがいない。そこで木戸が言い訳をつづけるのを聞きながら、「不細工《ぶざいく》なことだね」と口のなかで言ったのかもしれない。それでも、皇太后は木戸が席をたつまで怒りを抑えていたにちがいない。もちろん、了解できた、頑張って頂きたいとお上にお伝えして欲しいとは言わなかったのである。

さて、反グルー勢力を抑えるためには、「もう一回の戦果」が是が非でも必要だと木戸が説き、天皇もそう主張した。ほんとうのことを言うなら、木戸にとって、天皇にとって、陸海軍首脳にとって、日々の敗北に目を閉じ、戦争を終わりにするという容易にできない決断を先延ばしにできる格好な言い訳が「もう一回の戦果」だったのである。「もう一度、戦果を挙げる」と軍令部総長の及川古志郎が、天皇をはじめ、重臣たちの耳にまで入るように説いていたのは前に触れたとおり、桜花作戦だった。そして、天皇はまたべつの「もう一度の戦果」を思い描いていた。昆明攻略だった。

及川古志郎は、桜花作戦によって敵機動部隊に大きな損害を与え、戦勢を逆転させ、マリアナ諸島まで奪還したいと天皇にも言上したことはまちがいない。桜花は月産二百基が可能だ、桜花攻撃隊を繰り出せば、サイパンまで攻略できる。及川は首相や外相にそう語った。だが、及川は本気でそうは思ってはいなかったはずだ。昨年の十月、十一月であったら、軍令部、海軍省の幹部たちは茨城の神之池の基地に行き、桜花の訓練機の滑空訓練を見学して、大きな期待を語り合ったものだ(36)。思い浮かぶ不安や懸念があっても、そのような問題は実戦に投入されるまでのあいだに解決できると思うように努めたのである。

だれもが求めていたのはいっときの気慰みだった。二年前であったら、人びとはずっと真剣だった。高炉の建設、鉄鋼の増産、アルミニウムの増産、防空戦闘機・雷電の生産、ロケット兵器・秋水の燃料の開発と生産、こういった計画にだれもが大きな期待を寄せた。だが、昨十九年の末ともなれば、つくられたのはまことにはかない計画だった。たとえば軍令部第四部長の黒島亀人[37]がつくったつぎのような計画書もそんなひとつだった。かつて連合艦隊司令長官、山本五十六の懐刀だった黒島は、山本の戦死のあとに軍令部第二部長、つづいて第四部長となっていた。ドイツからV兵器の供与を受ける。その無線操縦のロケットを本土沿岸に配備することによって、敵の機動部隊が日本本土近海に接近するのを阻止する。黒島が計画書にこのように記したのは[38]、昨十九年十二月のことだった。

ドイツからロケットの主要部分を潜水艦で運ぶことになるが、それは可能なのか。日本からドイツに派遣した最後の一隻は伊号五二潜水艦だった。アフリカ西海岸沖でドイツ潜水艦と会合、ドイツ海軍の連絡将校を乗艦させた。ところが、入港予定地のビスケー湾のドイツ海軍の潜水艦基地、ロリアン軍港がすでに連合軍の手に渡ってしまったと知って、伊号五二はベルリンに無電連絡をした。これが命取りとなった。アメリカ護衛空母搭載機の魚雷攻撃を受け、沈められた。昨年六月二十四日のことだった[39]。宇野亀雄艦長以下百六名の乗員と九名の便乗者が戦死した[40]。日本からドイツに派遣された潜水艦はすべてで五隻、往復できたのは一隻だけだった。

黒島が潜水艦によるロケット輸送の構想をたてたのは、伊号五二の消息が絶えてあとのことだった。ロケットの誘導システムとジェットエンジンの部品を日本まで運ぶという交渉がベルリンでまとまり、ドイツの潜水艦で運ぶことになった。U八六四はキール軍港を出港して、ノルウェーのベルゲン基地を経由して北海に向かおうとした。そのとき英国潜水艦による雷撃で沈められた。二月九日のことだった。七十三人の乗組員とともに、六十五トンの水銀、原爆開発の情報、そしてロケットの誘導システムも海底に沈んだ㊶。

もしU八六四がマラッカ海峡にあるドイツ潜水艦の基地、ペナンに二月末に到着できたとして、ロケットの生産を開始し、それらを本土沿岸に配備するのはいつのことになるのか。予定表をつくることはとてもできなかった。結局のところ、軍令部と海軍省の幹部たちにとって、しばらくのあいだ精神安定剤の役割を果たしたのがドイツからのロケット技術導入の計画だった。

及川古志郎が「興国兵器」と呼んだ桜花も同じだった。桜花を使用する戦いを真剣に考えなければならないときになれば、軍令部の幹部たちはその必死兵器のことには触れなくなった。

優勢な警戒電波兵器を装備した敵機動部隊にたいして、桜花の大部隊による奇襲は不可能だった。敵の空母群を大きく円形に取り囲むのが敵の駆逐艦だ。その駆逐艦の戦闘機管制士官が対空用の警戒レーダーのスクリーンに輝点を見つける。日本空軍の密集部隊が接近していると知る。方位、速力、距離を図面で調べ、電話員が艦橋を呼びだす。

艦橋指揮所の士官は空母群を取り囲む大円陣の前方の上空を旋回している直衛戦闘機のパイロットに指示を与え、どこへ向かえと命令する。日本の役に立たない無線電話とまったく異なる、空中雑音とは無縁な無線電話《トランシーバー》が大きな効力を発揮する。はるか上空に布陣して、日本の大部隊が突進してくるのを待つ。この待ち伏せ、奇襲攻撃を振り払って、桜花を吊った低速の陸攻が敵の空母に突進するのは至難の業である。

敵の直衛戦闘機が上空にいなくなる夜半、敵艦を目視で捉えることのできる月明かりのなかで、それとも夜明け前の薄明か、夕暮れどきを狙って一機ずつ侵入しなければならなかった。編隊を組み、白昼の攻撃など論外であり、隆車《りゅうしゃ》に歯向かう蟷螂《とうろう》となる。マリアナ諸島奪回など痴人の夢なのだ。

桜花がいよいよ出撃したのは三月二十一日の朝だった。鹿屋《かのや》を飛び立った桜花を携行した陸攻十五機と三十機足らずの直掩戦闘機は敵空母の直掩戦闘機隊の待ち伏せ攻撃に遭った。あっというまに全滅した。無念なことに戦果は皆無だった(42)。

もうひとつ、天皇自身が思い描いた雲南の省都、昆明を攻略する作戦はどうだったのか。

たしかに支那派遣軍麾下の第十一軍は広西省の桂林、柳州を昨年十一月に攻略していた。そしてまた、天皇は支那派遣軍総司令官の岡村寧次《やすじ》が四川進攻を繰り返し主張していたことを承知していたのであろう。侍従武官長の蓮沼蕃《しげる》は陸軍将官だから、だれの耳にも心地よい岡村将軍の重慶攻略論を何度か天皇の耳に入れていたはずである。だが、参謀本部は岡村の計画にこぞって反対だった。支那派遣軍はアメリカ軍が揚子江デルタ、山東半島に上陸することに備えなければならなかった。

そしてビルマ派遣軍と共同作戦をすればよいと天皇は語ったのだが、ビルマの第十五軍は攻勢をとるどころではなかった。崩壊寸前となり、士気阻喪していた敗残軍をやっとのことで立て直したというのが実状だった。兵員数は五万人を割り、航空機の掩護がなく、不足する兵器、弾薬の補充もできなかった。ところが、中部ビルマのイラワジ河の両岸を南下してくる装備万端整った英国の二個軍団は輸送と補給をアメリカ製のトラックとアメリカ軍輸送機に頼り、機動力を駆使して、戦車部隊を先頭に急進突破を図り、その大きな火力にものを言わせていた。こちらは退却する以外に方法はなかった。反撃などできようはずもなかった。

天皇はそれらの事実を知らなかったのか。天皇は日々、上奏される書類、説明資料のすべてに目を通す習慣はなかった。それとはべつに、天皇は個々の戦場に注意を払う気力はとうに失せていた。侍従武官長、侍従武官、そして総長の説明は天皇に「ご安心して頂く」ことをすべてに優先させていた(43)。そこで天皇はビルマの第十五軍の悲惨な状況を知らなかったのかもしれない。知りたくなければは、知らずにすむことができた。そして大規模に機械化して、機動力を持つようになった英国軍の実力のほどを天皇は耳にしたことがあったとしても、陸軍省、参謀本部の幹部たちとも同じこと、真剣に考えることを断念していたのである。

天皇は侍従武官長に昆明攻略の考えを語り、参謀総長に告げ、三月上旬には陸軍大学校の校長となったばかりの賀陽宮《かやのみや》にこの作戦を研究するようにと説いた[44]。賀陽宮は報告を引き延ばしたようであった。

そこで、天皇は三月の末になってなお、「もう一回の戦果」を求めて、昆明作戦をやるのがいちばんと考えていた。参謀本部第一部長の宮崎周一は四月二日の日誌につぎのように記した。「陛下に対する御説明、兵力養護の為所要の処置を手遅れにならぬ様、ラシオ、マンダレーは希望なるも六《むず》か敷《し》い[45]」

ビルマ公路の要衝であるラシオは三月七日に敵の手に渡った。ビルマ中央部の都市、ビルマ公路の出発点であるマンダレーでは、敵の戦車、飛行機、砲兵の包囲攻撃がつづくなかで、十日間にわたって死闘を重ねていたが、ついに三月二十日、撤退せよとの命令を受け取ったのである。

さて、「もう一回の戦果」を望むことができないでいるあいだに、敵の本土空襲の様相が変わった。東京郊外の中島の武蔵発動機工場を四回、名古屋大幸の三菱の発動機製造工場を四回、航空機製造工場にたいする昼間の爆弾攻撃をつづけていたのが、二月二十五日の神田にたいする昼間の試験的な無差別焼夷弾攻撃のあと、いよいよ本式に市街地にたいする夜間の焼き打ちをはじめた。三月十日には江東、十二日には名古屋、十四日には大阪、十七日には神戸、十九日には再び名古屋を焼き払った。

一カ月足らずのあいだにB29千六百機が一万トンの焼夷弾を四つの都市の一般市民の住む町々にばらまき落とした。十万人以上が焼き殺され、二百万人に近い人びとが家を失った。そのあいだに我が方が敵に与えた損害は、敵B29を二十四機撃墜しただけだった。(46)

外務省、軍、宮廷の幹部たちのなかには、一般住民の住まいと家財のすべてを焼き、町々を黒焦げの瓦礫だけにしてしまおうとするのは、一月にホットスプリングスに結集した反グルー勢力が力を強めていることとつながりがあるのだろうかと考えた者もいた。

実際には、国務省内のグルー派、あらかたが民間人の反グルー派、双方ともに日本の都市にたいする無差別爆撃に反対、賛成だといった発言力を持っていなかった。海軍にしたところで、太平洋艦隊司令長官のニミッツは町に火をつけて回る戦いなんかをしてと陸軍航空軍総司令官のアーノルドやかれの配下のルメイに軽蔑を隠さなかったが、陸軍航空軍がやっていることに口を挟めなかった。

アーノルドとかれの部下たちは大きな野心を持っていた。(47) 戦争が終わったら陸軍航空軍を空軍に独立させ、陸軍、海軍と対等な三軍のひとつになるつもりでいた。そこで陸軍航空軍は陸軍や海軍の補助部隊ではないと宣伝するために、毎日の新聞にB29戦略空軍の大きな戦果を載せさせようと懸命となり、日本の都市という都市、すべてを焼き打ちにするというシャーマンの戦法を踏襲していたのである。

シャーマンとはなにか。外務省の課長は知らなくても、市谷台の課長なら承知していよう。アメリカのM４戦車のことが、まず頭に浮かぶだろう。ビルマ、レイテ、ルソン、あらゆる戦場で、我が方の陣地にたいする爆撃、砲撃が終わったあとに歩兵をうしろに連れ、その装甲力と火力にものを言わせて前進してくる戦車だ。これがシャーマン戦車だ。

アメリカの戦車は将軍の名前をつけるのがしきたりだが、市谷台の軍人なら、シャーマン、その人についても知っていよう。シャーマンは八十年前の南北戦争の北軍の司令官だった。かれは十万の軍隊を率いて、南部奥深く奇襲攻撃をおこない、目に入るかぎりの農家を片端から焼いていき、すべての家畜を殺しながら進撃し、都市に攻め入れば、鉄砲を突きつけて、住民を追い払い、町のすべてを焼き払い、南部の住民の自尊心を叩き潰してやると高言した。ルメイの戦略爆撃隊にシャーマンの戦い方をそっくり真似させたのが陸軍航空軍総司令官のアーノルドなのだ。

ところで、ホットスプリングスにおける反グルー勢力の結集、その叫びが日本に与えた影響を心配する人がアメリカに現れた。言わずとしれてジョゼフ・グルーである。

三月七日、ワシントンでのことだ。国務長官代理グルーは海軍次官バイドルに会った。

日本の天皇にたいして公然と批判がでたことについて協議した。ホットスプリングスでの天皇批判の問題、それが二月の中旬に日本の新聞で大きく取り上げられたことを語ったのであろう。

ラジオ・トウキョウが放送しないニュースが日本の新聞に載ることがあるのをアメリカ側は承知していた。上海、北平で重慶の国民政府の協力者が日本の新聞を調べ、その主要な記事を重慶経由でワシントンに伝えていた。

翌三月八日、グルーは省内の幹部会議を開いた。次官補のジェームズ・ダン、次官補のディーン・アチソン、さらにチャールズ・ボーレンら、十人ほどの部下たちに向かって、グルーは前日に海軍省次官とおこなった会話の内容を告げ、それより前にキング海軍統帥部総長、ニミッツ太平洋艦隊司令長官と協議したことをも語った。日本本土で日本が降伏したあと、大陸にいる日本の軍隊、とりわけ関東軍に武器を置くように命令できる人物は天皇だけではないかと私は考えていると主張したのにたいし、海軍首脳もそう思っていると語ったとグルーは出席者に説いたのである。

そこでこの問題を国民にはっきりわからせるためになにをしたらいいかとグルーは問うた。三月二十四日に国務省持ちの放送時間があるのを利用しようということになった。グルーと次官補ダンが二つの敵国、ドイツと日本の善後処置を論じることにし、この放送のための資料の収集にとりかかることを決めた。

最後にグルーは部下たちに念を押し、慌てて天皇にたいする態度を決定してはいけないのだと説き、ホットスプリングスの反グルー勢力の主張を否定し、キング提督、ニミッツ提督も私と同じ意見であると言い、かれらの発言を放送のなかで利用することにするとも語ったのである(48)。

ところが、そのあとに海軍側が考えを変えた。沖縄作戦の準備が最高潮のときだった。十六隻の空母を中核とする第五十八機動部隊は九州攻撃のために出撃しようというときであり、沖縄を攻撃する十八万人の地上部隊を詰め込んだ輸送船の大群はサイパンとウルシーからそれぞれ出航しようというときだった。日本にたいして宥和的な態度をみせることは、兵士たちの士気に悪い影響を与える、かれらは日本の天皇に憎しみを持っている、いまこの段階で無条件降伏を緩和するような声明をだすことは、指揮官が弱気になっていると兵員たちに受け取られると説く部下たちの反対論にキングはうなずくことになったのではないか。

こうして三月二十四日の放送にグルーは出なかったのだし、ホットスプリングスでの天皇批判が日本に与えた影響を消そうとする試みはそれっきりとなった。そして沖縄の地上戦がはじまった四月には、アメリカ統合参謀本部では沖縄の戦いのあとの日本にたいする全般的な戦略の検討がおこなわれたのだが、つくられた文書のなかには、日本をして絶望的な抵抗へと追い込むべきではない、降伏条件を明示した宣言をだすべきだといったグルーの主張はどこにもなく、日本敗北のあとに起きるであろう中国大陸の内戦を阻止する考慮もどこへやら、「日本に無条件降伏をもたらすためには」「日本に無条件降伏を強いるためには」といった文字が躍ったのである。

東京ではどうであったか。一晩のうちに十万人の一般市民が焼き殺され、見渡すかぎりの焼け野原に不快な匂いが流れるようになって、外務省や宮廷でグルーに期待を懸けていた人たちは、敵は破壊のための破壊をしているのだ、日本人を殺すことだけを目標としているのだ、日本人に「無条件降伏」を押しつけようとしているだけなのだと思うようになって、だれもグルーの名前を口にしないようになった。

だが、グルーの「滞日十年」を読んだ人、かれの説いたことのなかに日本の明日への道が示されているのだと考えている人は、グルーを忘れ去ったわけではなかった。

ところで、そのときに首相だった小磯国昭は重慶の国民政府とのあいだで停戦協定を結ぶことができると思い、そして和平交渉に踏み込むことができるのではないかという期待をなおも温めていた。アメリカ側が「無条件降伏」を唱えているかぎり、外交交渉の相手となるのは重慶政府以外にないと思っていた。そして重慶政府と和平交渉をおこなうのだという主張であれば、そっと喋る必要もなく、陸軍のうるさ方も敗戦主義だと騒ぎ立てることはなかった。

小磯をはじめ、その計画の支持者たちは、前にも触れたとおり、重慶政府とアメリカとのあいだの不和、重慶政府と延安の共産勢力との抗争を見て、蔣介石を交渉の場に引き出すことができるのではないかとの望みを捨てていなかった。

　昨十九年十月には宇垣一成を北平、上海、南京に派遣して、中国人と接触させ、重慶側の反応を探らせた。だが、さっぱり反応がなかった[49]。つづいては小磯は繆斌《ミョウヒン》という南京国民政府の名ばかりの高官に期待を託した。

　外務大臣の重光葵が首相、小磯のやっていることに激しく反撥した。繆斌が日本に来たのは今年の三月だった。重光は対華政策こそは自分が取り組まねばならない、もっとも重大な仕事だと考えてきた。ところが首相が、大東亜大臣を兼任する外務大臣の自分を無視して、繆斌なる男を相手になにやらしようとしていることが許せなかった。

　ところで、重光にわかっていたことなのかどうか、そして小磯とかれの協力者、国務大臣の緒方竹虎が気づいていたのかどうか。繆斌に指示を与えていた重慶政府の秘密工作の担当官がかれに東京行きを許したのは、宇垣一成が訪中したときと違って、重慶政府とアメリカとの関係がすでにしっかりと修復できていたからだった。中国駐在米軍司令官兼蔣介石の最高軍事顧問は、蔣介石を嫌い、延安を贔屓していたスティルウェル罷免のあとアルバート・ウェデマイヤーに代っていた。かれは蔣に協力的だった。そして経済諮問使節団の団長のドナルド・ネルソンも重慶に来て、重慶政府への援助を増やそうとしていた。一月二十二日付の週刊誌「タイム」には「蔣介石が中国だ」といった見出しの記事が載ることになって、蔣を満足させることになったはずだった。

三月に繆斌を東京に行かせることにして、それが延安側に漏れ、延安政府の事実上の外務大臣である、油断も隙もない周恩来が重慶や延安駐在のアメリカの外交官や軍人に国民党は日本と和平交渉をはじめていると告げ口をして、巻き返しを図ろうとしても、もはや痛くも痒くもなかった。

いま重慶政府がやらねばならないことは、袖にしていた日本の政府と陸軍をしっかりこちら側につなぎとめ、延安と秘密の取り決めを結ばせないようにすることだった。もちろん、重慶政府の対日工作の担当官の胸中に、日本との和平協定の締結などかけらもなかった。

陸軍大臣、杉山元と外務大臣、重光葵が首相のやろうとしていることに激しく反対したのは、重慶の真の狙いがわかっていたことが理由ではなかった。繆斌を詐欺師同然な男と見ていたからだった。内大臣は重光と絶えず情報の交換をしていたから、小磯がやろうとすることには当然ながら反対だった。

そこで小磯の怒りは木戸に向けられた。かれが怒りを燃やす相手は内大臣だけではなかった。陸軍にも向けられた。かれは陸軍大臣が語る話を信じて、レイテ島の戦いに大きな期待を抱き、レイテこそ天王山だとラジオで説いた。ところが、陸軍側は決戦はルソン島でやるのだと言いだした。アメリカ軍がリンガエン湾に上陸した。新聞を読んでも、方面軍に決戦する気配がない。陸軍大臣は素知らぬ顔をしている。小磯は参謀総長に「なぜ決戦をしないのか。奉勅命令をだせぬのか」と迫った。陸軍士官学校二期下の梅津はかれの言葉を受け流した。

陸海軍は本当のことは言わない、そのときそのときに誤魔化しを並べるだけだ、もはや戦いはどうにもならない。ところが、かれがしなければならないもっとも肝心な任務である、戦争終結のための外交を進めようと思っても、これまたどうにもならなかった。小磯はまず最初に、重光が大東亜大臣を兼任しているのを外して、自分が信頼する旧友の二宮治重《はるしげ》を専任の大東亜大臣にして、対重慶外交を推進しようと考えた。ところが、木戸は重光としめしあわせ、大東亜大臣の椅子を小磯の側に渡さなかった。小磯はそのときには我慢したのだが、そのあとも重光は木戸と組んで、小磯がやろうとする対重慶外交の妨害をしてきたことに怒りを抑えきれなくなった。

統帥部総長は戦いの実態をなにひとつ私に知らせない、内大臣は私に外交をやらせようとしない、どうにでもなれと小磯は腹をくくったからこそ、かれは天皇に向かって、「側近には線の太い者をお使いにあいなられたし[50]」と言上したのである。

軍最上層の構成員となり、植民地の総督を務めたことのある日本の最上層グループに属する人物が宮中と府中の別を知らないはずがなかった。小磯は宮中の人事に口出しをすることが、天皇を不快にさせるだけでなく、木戸を信頼している天皇がそれを木戸に告げることになり、執念深い木戸がかれに仕返しを企むことになるのもわかっていたはずだ。やりたければやるがいいと小磯は捨て鉢だったのである。

木戸はどう反応したのか。自分に敵対する首相をそのままにしておくつもりはなかったし、無能な小磯を首相の椅子に置いておく必要はないと考えたのであろう。かれにとって必要なのは外相の重光だけだった。ただちに復讐にでた。天皇は小磯に批判的であったから、訳もないことだった。天皇は小磯が怪しげな男の言いなりになって南京の国民政府を潰してしまおうとするのではないかと懸念し、同盟国への信義に反するようなことをしかねない小磯に不快の念を強めていたから、木戸の助言に従った。天皇は外相、陸相、海相の三人に繆斌工作の是非を尋ねた。そのあと天皇は小磯を呼び、閣員三人は反対しているぞと告げた。紛《まご》うかたのない閣内不統一という事実を天皇にはっきり突きつけられて、小磯は総辞職することになった。

沖縄本島に敵軍が上陸したのは、小磯内閣が総辞職する四日前の四月一日だった。この政変が沖縄の将兵と住民の士気にどう影響するかといったような考慮は、内大臣、陸軍大臣、外務大臣にまったくなかった。「もう一回の戦果」を期待する声はもはやなかった。どれだけの時間を稼いでくれるのかということが沖縄の戦いに抱くかれらの関心のすべてだった。

だが、沖縄の空間と交換できる時間を買い、そのあいだに、本土防衛のために宮崎海岸の洞窟陣地の構築が進むことを内大臣が願っていたわけではなく、一人乗りの潜航艇の五島列島への配備を増やすことを外務大臣が望んでいたわけでもなかった。戦争を終結させるための外交交渉に取り組むための時間的余裕がもうしばらくあるとかれらは考えたのである。もっとはっきり言えば、ドイツが敗北し、ヨーロッパの戦いが終わったときに、沖縄の戦いがなおつづいていることを望んだのである。

三月に戻って――かなうはずのない陸海軍合同の夢

さて、沖縄本島に敵軍が上陸して、陸軍と海軍のあいだで争いが起きた。それを語らねばならないのだが、それより前に陸軍と海軍とのあいだで起きたもうひとつの争いについて述べねばなるまい。

陸軍は陸軍と海軍を統合、一元化しようとしていた。この動きは昨十九年の七月にはじまったが、この二月から大車輪の運動となった。やがては本土での決戦となる。連合艦隊はすでにないが、海軍はなおも豊富な資材、原料、兵員、そして工廠、管理工場を持っている。これらを本土決戦の準備に全面的に活用しなければならず、「軍備、戦備の一元化を図る」ことが急務だと主張した。

ところで、合同せよ、一元化を図れと命令できるのは、首相や議会であるはずはなかった。大元帥である天皇ただひとりしかいない。そこで陸軍首脳は天皇のただひとりの助言者である内大臣の支持を勝ち取ろうとし、内大臣とかれの周辺の人びとを味方に引き入れようと努め、陸軍系の皇族、そしてこれまた陸軍将官である侍従武官長から天皇に訴えさせようとした。

かれらは天皇につぎのように言上したことは間違いない。巨大な物量を投入できる敵にたいして、我が方が陸軍と海軍ばらばらに戦っていて、勝てるはずはございません。陸軍省と海軍省をひとつにして、軍部省、あるいは国防省にしなければなりません。統帥部をひとつにして、幕僚長を設ける。本土防衛のためには四十個師団から五十個師団分の武器・弾薬を補給しなければならず、海軍の艦政本部と陸軍の兵器本部をひとつにし、海軍が持っている資材を活用しなければならず、百五十万人の軍属、工員のいる海軍関係の工場は陸軍の工場と統合しなければなりません。こうしてこそ、敵上陸軍にたいする必殺の兵器、口径十二糎《サンチ》の迫撃砲一万門、重擲弾筒二万門とその弾薬をつくることが可能となります。

ところが、海軍は陸軍との統合には絶対反対だった。その反対の本当の理由を海軍軍人が天皇をはじめ、国会議員や新聞記者に語ることはまずなかったであろうから、ここで説明する必要があろう。将官から佐官クラスの海軍軍人がこの八年間を振り返ることがあったら、だれもが怒りで手が震えることになった。盧溝橋事件にはじまって、陸軍はだらしのない戦いをずるずるとつづけ、蔣介石を和平交渉に追い込むこともできないまま、アメリカにつけ込まれることになった。そして陸軍は派遣軍を撤収するという決断もできなかった。とどのつまり、陸軍の不始末を海軍が背負わざるをえなくなり、無理を承知でアメリカと戦うことになった。緒戦を除くなら、そのあと一度なりとも勝利の美酒に酔うことがなかった。多勢に無勢、いかんともしがたく負け戦をつづけ、マリアナ海戦、つづくレイテ沖海戦ですべては終わってしまった。そしていまこのときになって、あの「馬糞ども」はしたり顔で合同をしなければならないと国会議員や新聞記者に言って回り、海軍を潰しにかかっているのだ。

胸中の煮えくり返る思いを海軍次官の井上成美が部下たちにつぎのように語った。どうして陸軍は一元化、合同を説きはじめたのか。国民の陸軍にたいする反感の半分を海軍に負わせる下心があるからだ。そしてもうひとつ、国家を乗っとろうとする陸軍の野望があるのだ(51)。

もちろん、内輪で悪態をついているだけではなかった。海軍もまた、内大臣を味方につけなければならなかった。米内光政は木戸幸一に向かって、海軍の存在がなくなったなら、陸軍の暴走を抑えることができなくなると説いたであろうし、「転換」の時機を逸することになると仄めかしたにちがいない。

陸軍との統一なんてとんでもない、海軍はまだまだ大反撃できる力を持っているとの宣伝をする必要もあった。この二月に軍令部総長の及川古志郎が「もう一回の戦果」を説き、まもなく桜花作戦を開始する、戦略的反攻をおこなうのだと内閣閣員たちに語り、重臣たちにも伝わるようにした。かれは天皇にもこれを言上したであろうことは前に記した。

海軍幹部が桜花を話題にしなくなったときに、及川古志郎がこれを外に向かって説いて回ったなによりも本当の狙いは、まだまだ海軍は頼りになる存在だと政府と宮廷の幹部たちに思い込ませ、陸軍が陸軍籍の皇族すべてを動員して、いよいよ激しい攻勢をかけてきている陸海軍統一の主張に天皇が傾くのを阻止することにあった。

木戸は及川が説いた戦略的反攻に期待をかけてみたり、いや、それよりも、陸海軍が合同してこそ、「もう一回の戦果」が望めるかもしれないのだと思ってみたりしたのであろう。だが、結局は戦争終結に備えるためには、陸軍の対抗勢力としての海軍の存在は不可欠だと思い直したのではないか。天皇は木戸のその説明にうなずいたのであろう。

沖縄本島に敵軍が上陸する直前、那覇の沖合い三十キロのところにある慶良間《けらま》列島に敵軍が上陸した日、三月二十六日、天皇は陸海軍大臣から陸海軍合同についての賛否を聞くことにした。陸軍大臣は一元化に賛成すると言上し、海軍大臣は一元化には反対だと言上した。天皇はその双方の主張を聞き終えて、席を立った。天皇は自分の判断を示すことなく、陸海両大臣の意見が一致しないことを理由に、一元化は断念するしかないという解決方法に頼ったのである。

こうして陸軍系の皇族、東久邇宮、朝香宮、竹田宮を総動員して天皇に働きかけ、前線の陸軍司令官から侍従武官長へ働きかけ、武官長から天皇への言上を期待した大きな運動は、ついに木戸と天皇を説得できることなく幕を下ろした。

海軍、陸軍の高級軍人のなかには、それぞれ前に見たのと同じ光景の繰り返しだと思った者もいたはずだ。昭和十八年後半から昨十九年の二月まで、海軍は海軍航空隊の傘下に陸軍航空隊を合併、吸収してしまい、海軍を実際には航空軍にしてしまう構想の実現に懸命となった。今年の二月、海軍との合同に陸軍は天皇の決断を期待したように、昨年の一月、二月、海軍は天皇の決断に大きな期待を寄せた。だが、天皇はそのときも自身の態度決定を避け、陸海軍の話し合いに任せたから、当然ながら陸軍の反対によって、海軍航空化計画は消えてしまったのだった。

天皇と木戸は最初は力の弱い陸軍航空を海軍航空に統合し、航空機工場は海軍機の生産に集中してこそ、南太平洋の戦いに勝つことができるのだと思ったこともあったにちがいない。だが、結局は陸軍と海軍との争いに天皇がかかわらないことがなによりという木戸の助言に天皇は従ったのである。

二度が二度同じようにはじまり、同じように終わった。そして同じだったことはもうひとつあった。海軍の幹部たちは、陸軍航空を吸収合併してひとつになり、海軍を航空軍に作り替え、明日にはアメリカの空母機部隊と互角に戦ってみせるといった夢を半年にわたって持ちつづけたのであれば、陸軍の幹部たちはこれまた半年のあいだ、海軍を合併してひとつになる明日の大陸軍に希望を懸けたのであり、これによって、海軍、陸軍の幹部たちはそれぞれ昨日の災厄を忘れ、今日の不安から逃れようとしたのである。

そして海軍の陸軍航空隊合併の夢が潰えてしまったまさにそのとき、連合艦隊の決戦の場であったはずのマーシャル群島水域のすべてを戦うことなく失ってしまったばかりか、中部太平洋の日本海軍ただひとつの要衝であるトラック島が粉砕されるという憂き目に直面したのだった。そして陸軍の海軍合併の希望が消えたまさにそのときに、沖縄に敵軍が上陸したのである。

四月に戻って――決戦をしてはならない

木戸幸一、東郷茂徳《しげのり》が開始された沖縄の戦いをどのように見ていたかは前に記した。沖縄の戦いをつづけているあいだ、そして本土の戦いとなる以前にヨーロッパの戦いは終わりとなるだろう。そのときに「大転換」への糸口は摑めるのではないか。こう思っていた。

だが、それだけだった。どのようにしてアメリカに呼びかけるのか、そもそも天皇にいかに説明するのか、陸軍幹部をどう説得するのか、五里霧中といってよかった。

口にはださず、そんな素振りを見せることはなかったが、参謀総長、梅津美治郎が考えていたことも、木戸、東郷と同じだったのであろう。

梅津美治郎が望むことは、沖縄の守備隊は敵侵攻軍に出血を強い、持久の戦いをつづけることだった。間違っても、決戦をしてはならなかった。昭和十七年の夏のガダルカナルにはじまって、ソロモン諸島、東部ニューギニア、ニューブリテン島で地上戦をおこなった第一線の師団長から大隊長、中隊長、そして参謀本部、陸軍省のだれもが承知していたことだった。

さて、参謀総長は天皇に向かって、沖縄の戦いはどのような戦いになるか、その作戦計画をはっきり言上していたのか。いつもながら天皇の耳に入れるのは同じ言葉であった。陸海軍の航空部隊は敵兵員輸送船を海上でできるかぎり殲滅いたします。そして上陸した敵地上部隊にたいして守備隊は決戦を挑みます。

つぎにおこなう戦いはつねに決戦だった。持久の戦いをすると言上してはならなかった。統帥部総長は天皇に向かって、つぎの戦いは決戦をおこないますと奏上するのが決まりだった。

これについての説明をするために、昭和十八年九月三十日の御前会議で定めた「今後採ルベキ戦争指導ノ大綱」まで戻らねばなるまい。アメリカとの戦いがはじまって、二回目につくったのが「今後採ルベキ戦争指導ノ大綱」だった。戦いのすべては航空撃滅戦だと骨身にしみてわかった一年が経過し、しなければならなかったことはただひとつだった。是が非でも、航空機の生産を二倍にすることだった。そして翌十九年六月、七月までに是非とも防衛態勢を確立したいと望んだ[52]。

前に記したように、同じときに海軍が陸軍航空を吸収合併しようと計画したのも、貧しい日本が海軍航空だ陸軍航空だと贅沢を言ってはいられない、ひとつにしなければとても航空機の生産を二倍にすることはできないと思ったからだった。結局、航空一元化はできず、アメリカの航空戦力と互角に戦うことのできる航空戦力をつくることもできなかった。昭和十九年六月に、劣勢であるうえに、練度不足の空母航空隊と地上航空隊はマリアナ水域の決戦に敗れ、マリアナ諸島の守備隊は全滅して終わった。

天皇は大きな衝撃を受けた。陸軍と海軍は大慌てとなった。翌七月には「捷号《しょうごう》作戦」といった名前を付け、つぎの戦場での戦いの計画をたてることになった。フィリピン、台湾、南西諸島、九州、本州のいずれかがつぎの戦場となる。決戦を敢行すると定めた。指導要綱や作戦計画大綱、作戦指導方針には決戦の文字が躍った。

だが、決戦をして絶対に勝ち目のないことは、前に触れたとおり、ガダルカナルから東ニューギニア、ブーゲンビルで全滅に近い戦いを何回も繰り返していたのだから、決戦を呼号する「捷号作戦」が本当に決戦をすれば、どのような戦いになるか、どのように終わるかは、参謀本部、陸軍省のだれもが承知していたのである。

だからこそ、決戦をするのだと主張しながらも、昨十九年八月十九日に参謀本部が示達した「島嶼守備要領」には、「沿岸防禦ニ於ケル守備部隊」にも準用されると明示して、「後方配備」を命じ、「不準備燥急ノ大逆襲ハ昼夜ヲ問ワズ通常甚大ナル損害ヲ招キ防禦全般ノ指導ヲ危殆ニ瀕セシメル……ヲ以テ之ヲ慎ムヲ要ス」と指示していたのである。(53)

そのあと昭和十九年十月二十日、レイテ島に敵軍が上陸した。「捷号作戦」の開始となった。「島嶼守備要領」は投げ捨てられた。決戦を敢行した。悲惨な戦いとなった。制海権、制空権は敵に握られ、こちらの増援軍は海上で沈められた。そして地上の戦いは火力の差が大きすぎた。敵側はたちまちレイテ島に五つの飛行場をつくってしまった。参謀本部の作戦部員は十二月にはその決戦の収支のすさまじさを知ったはずである。こちら側の戦死者は七万人以上だった。敵が発表した敵側の戦死者はわずか三千五百人だった。

陸軍幹部以外の人びとはそのような一方的な殺戮となった戦いの実態をまったく知らなかったが、それでもレイテ決戦が呆気なく終わってしまったことに失望したからこそ、前にも記したとおり、こんな戦いぶりではアメリカに馬鹿にされるのも当たり前、だからこそホットスプリングスで反グルー勢力に逆襲されることになったのだと思ったのである。

ルソン島のリンガエン湾に敵地上軍が上陸したのは今年の一月九日だった。それよりわずか二十数日前の昨年の十二月十五日、第十四方面軍司令官、山下奉文《ともゆき》はルソン島を三つに分け、三つの山岳地帯での持久の戦いをおこなうと部下に命令した。

航空機と戦車と大砲を自在に使う敵軍と平野で決戦をおこなうことがしょせん不可能なことは、山下とかれの部下たちのすべてが承知していた。どうしてもっと早く決断し、武器、装備品、食糧を山岳地帯に移し、防衛陣地の構築に取り組まなかったのか。

レイテ島に向かわせた各師団に決戦を命じ、その死闘がつづいていたときに、方面軍司令官は決戦はしないといった命令をルソン島の麾下の集団軍にくだすことができなかったのであろう。そしてなんといっても、戦いは決戦でなければならないとする原則を第十四方面軍の上部機関である南方総軍、さらにその上の参謀本部が持ち、なによりもつぎのルソン島の戦いは当然ながら決戦を敢行するものと信じる天皇、政府、国民がいた。

こうしたわけで、マニラの方面軍司令部は、いよいよ敵軍来攻のぎりぎりのときまで、決戦を捨てると言うことができなかった。

昨年十二月二十二日に参謀本部が派遣した第一部長の宮崎周一がマニラに到着した。翌二十三日に方面軍の幹部から、ルソン島の「決戦打ち切り」を聞いて、びっくりした。

いや、驚くふりをしてみせただけのことだった。かれの本心も持久の血戦だった。長く抵抗をつづけ、敵の主力部隊をルソン島に拘束する。参謀本部作戦部内で宮崎が部下たちとひそかに語っていたのはそういう戦いだった。驚いてみせた宮崎は翌二十四日にはルソンでは決戦しないことを承認した。

ところが、その三日あとの十二月二十七日、梅津美治郎は及川古志郎と並列して天皇に向かって、「レイテ決戦を比島全域決戦に拡大」すると言上した。

すでに敵艦隊の前進基地となっているパラオ諸島内の環礁のウルシーから空母機動部隊は出撃しようとしていた。またレイテ湾に錨を下ろしていた砲撃部隊と掃海部隊も出動の準備に忙しかった。そしてマニラはてんやわんやの、情けない限りの騒ぎのさなかにあった(54)。方面軍司令部はもちろん、軍隊の大半、軍需品、食糧、そして在留日本人をルソン北部のバギオ、カガヤン河谷へ移さなければならなかった。

東京では宮崎周一の帰還報告を受けて、梅津美治郎は十二月三十日、ここでもまさに土壇場になって、三日前の上奏を取り消し、ルソン島では決戦をおこなわないと天皇に明かすことになった。「飽くまで執拗強靱なる決戦意志を以て出血作戦を指導」することにいたしますと言上した。

なんの説明も受けることのなかった首相の小磯国昭は参謀総長にどうして第十四軍は決戦をしないのかと詰問したが、相手にされなかったことは前に記した。

そこでそれから三カ月あとの沖縄の戦いのことに戻る。前に記したように、沖縄本島に敵軍が上陸して、陸軍と海軍のあいだで争いが起きた。

梅津美治郎、宮崎周一、かれらが沖縄の守備隊に望むことは敵侵攻軍に出血を強い、持久の戦いをつづけることだった。間違っても、決戦をしてはならなかった。ルソン島の戦いと同じだった。だが、沖縄の戦いも、戦いがはじまる前には、決戦を敢行するということになっていた。もちろん、決戦は建て前だけ、スローガンだけのものであり、参謀本部が沖縄の第三十二軍司令部にひとつだけ求めたのは、できるだけ長く「敵軍の航空基地の造成を妨害」せよということだった。北、中飛行場を敵が使うのを極力阻止して欲しいと望んだのである。

これは軍令部と連合艦隊がなによりも強く求める要求だったからである。敵空母機動部隊が沖縄水域にとどまることができるのは、過去の例から一週間だ、せめて十日間、飛行場を敵に使わせないようにして欲しいとこの二月、三月に繰り返し海軍側は説いていた。台北に司令部を置く陸軍航空隊の第八飛行師団も同じ要請をしていた。

じつは敵海軍は沖縄本島に上陸する前に慶良間列島の泊地を最前線の基地にしてしまうことにしていたから、この入江にタンカー、工作艦、病院船、弾薬補給船を送り込みさえすれば、空母機動部隊は二カ月でも、三カ月でも沖縄水域にとどまることができるようになる。

それはともかく、沖縄の中、北の飛行場を敵軍が占拠し、戦闘機部隊を配置してしまったら、それら戦闘機が空母機動部隊の上空を守る艦載機部隊を助けることになり、こちらの攻撃が難しくなるのは必定だった。

そこで第三十二軍のことになるが、参謀本部や総軍から北、中、二つの飛行場を守るようにと口うるさく指図されていたが、守るつもりはまったくなかった。北、中飛行場の周辺の平坦な地域に守備隊を置くとなれば、最低一個旅団が必要だった。しかも平坦な土地では、敵の戦闘機が投下するガソリン爆弾、敵の側がナパーム爆弾と呼んでいる火炎爆弾が恐ろしい。幅三十メートル、長さ四十メートルのなかにいる兵士たちを窒息、焼死させる。そのあと戦車を前面に敵軍が前進してくる。沖縄の全戦力の五分の一がたちまちのうちに失われる。飛行場の防衛は諦めるしかなかった。

そして参謀本部の側に第三十二軍に飛行場を敵に使わせないために戦えと強く押すことのできない弱みがあった。昨年十一月に参謀本部は第三十二軍の三個師団のうちの一個師団を台湾に抽出してしまい、そのあと沖縄に一個師団を派兵すると約束しながら、その約束を果たしていなかった。そんなことがあって、第三十二軍の幹部は参謀本部に向かって、北、中飛行場に守備隊を置く余裕はないと頑張った。そのかわりに、砲兵隊が北、中飛行場の滑走路に長射程砲の砲撃をつづけると約束した。

その約束を聞いて、参謀本部や陸軍省の部課員たちには思い浮かぶことがあったはずだ。ルソン島にフィリピン最大の航空基地、クラーク飛行場がある。今年の一月、たちまちアメリカ軍に占領されてしまった。ところが、作戦課員がなにも心配することはないと言い、飛行場周辺の山地に重砲が砲列を敷いているから、敵は飛行場を利用できないのだと語った。軍務課員は国会議員や新聞記者にその話をして回ったのだが、やがてそれがまったくの作り話だと語り手も聞き手も知ったのである。

第三十二軍司令部は中飛行場、北飛行場を守るつもりもなければ、飛行場を使用させないように砲撃をおこなうつもりもなかった。だが、昨年の夏から秋にかけて、前に述べた捷号作戦のための準備を開始して、沖縄に三個師団を送り込み、飛行場の整備にとりかかったときには、もちろん、第三十二軍司令部はつくられる飛行場になみなみならぬ期待を懸けていた。

沖縄の住民もその期待は同じだった。読谷村《よみたんそん》の北飛行場、小さな川を隔ててその南の北谷村《ちゃたんそん》にある中飛行場を建設したのは、現在、九州で、四国で、中国地方で簡易飛行場をつくっているのと同じように、学校生徒と家庭の主婦たちだった。弁当代わりの芋を持参して、もっこに入れた土を担ぎ、石を運んだ。沖縄に敵が本当に攻めてきても、必ずや「友軍機」がこの飛行場から飛び立ち、敵の艦船を沈めてくれると信じ、懸命に働いたのである。

ところが、参謀本部は今年二月になって沖縄の基地に特攻隊を含む第六航空軍は一隊も派遣しないと決めた。沖縄の中、北飛行場は陸軍の所管だった。

はじめからわかっていたことだった。敵側は航空戦力が絶対的に優勢だから、上陸作戦をおこなう直前にこちらの飛行場を爆撃する。そのあと上空に戦闘機を張り付け、航空制圧をおこなう。隠匿場所から戦闘機を引きだしてきて、夜のあいだに修理をした滑走路から飛び立たせようとしても舞い降りてきた敵戦闘機に狙い撃ちにされる。本土から飛行機を送り込むことも不可能となる。

飛行機を送り込むことができないのがわかっているのなら、飛行場は前もって破壊しておくべきではなかったのか。参謀本部は三月十日になって、第三十二軍にたいして伊江島の飛行場の破壊を許した。だが、北、中飛行場の破壊を許さなかった。もしかして、わずかであっても、特攻機を北と中に送り込むことになるかもしれない、いや、送り込みたいと思ってのことだったのであろう。

第三十二軍の首脳は沖縄の全飛行場を破壊したいと自分の側で主張はしたものの、沖縄最大の都市人口を抱える首里と那覇に近いもっとも重要な飛行場、北と中の飛行場の破壊はするなと指示されて、ほっとしたというのが本心だったたであろう。ルソン北部の山道を削土機で広げて戦車を前進させてくる敵だ。爆薬と人力で飛行場を破壊しても、敵は土木機械を運んでくるから、わけなく修復してしまう。自分たちが汗水たらしてつくったばかりの北と中の飛行場を自分たちの手で壊してしまうのは、敵軍上陸の直前に兵士と住民の士気を極限まで下げるだけのことで終わる。敵軍が上陸するまで、かれらの士気を維持しておくことのほうがはるかに大切だ。こう考えたはずだ。

北、中飛行場の破壊を許さなかった参謀本部はなにかしなければならなかった。慶良間列島の四つの島に敵の一個師団が上陸した三月二十六日の夕刻だった。広森達郎中尉が率いる特攻機九機が鹿児島知覧《ちらん》の基地から中飛行場に着陸した。いずれも九九式高練と呼ばれる高等練習機だ。翌朝薄明に特攻機は掩蔽壕から引きだされた。隊員たちは別れを告げ、つぎつぎと飛び立った。首里山から第三十二軍司令部の幹部数人はまだ暗い嘉手納《かでな》沖を見た。一瞬のうちに空は四方八方からの曳光弾の光条で埋まるなか、海面に赤い火が立った。敵艦船の突入に成功したのだとだれもが手を叩いた㊺。

つづいて三月二十八日の夜、中飛行場に九機が着陸した。翌朝、飛行場は敵機の襲撃を受け、四機は離陸できなかった。攻撃突入したのは五機だった。中飛行場を飛び立っての戦いはそれですべてだった。北飛行場から飛び立った飛行機はあったのかどうか。

海軍航空の攻撃もわずかだった。それでも三月三十日には特攻機一機がアメリカ第五艦隊の旗艦、インディアナポリスに突っ込んだ。突っ込む直前に投下した爆弾が甲板数層を突き抜いて爆発し、舷側に大穴を開けた。四月一日には特攻機一機が戦艦ウエストヴァージニアを襲った。

海軍航空と陸軍航空が大規模な攻撃をできなかったのは、九州と台湾の航空基地が敵の空母艦載機部隊に叩かれたことが理由だった。これも軍令部、そして参謀本部が百も承知の敵の正統的な戦いの方法だった。敵は昨年十月末のレイテ島上陸に先立ち、空母機部隊が十月十日から十五日まで沖縄、ルソン島、台湾の航空基地を攻撃した。つぎにルソン島リンガエン湾に上陸作戦をおこなう直前には、空母搭載機は台湾とルソン島の飛行場を攻撃した。二月十九日に敵が硫黄島を攻略しようとしたときには、その直前の十六日と十七日に敵空母飛行隊は関東地方の航空基地を襲った。

そして三月十八日に敵の空母飛行隊が南九州を襲い、翌十九日には瀬戸内海の呉《くれ》軍港とその周辺を襲ってきた。この九州、中国を襲ってきた空母機部隊を迎え撃とうとすれば、多くの犠牲は避けられなかった。では、全航空機を避難温存することにするか。そして敵が沖縄に上陸開始のときを待って、全航空戦力を挙げて攻撃をすることにするか。

それより一カ月前に関東地方に敵空母部隊が襲来したときに、航空戦力温存策を採り、防戦だけに努め、鹿島灘沖の敵の空母群を攻撃しなかった。にもかかわらず、その損傷は大きかった。

そこで三月十九日、二十日の敵空母機部隊が攻撃を仕掛けてきたとき、敵空母群を攻撃した。敵空母十五隻のうち七隻から八隻を撃沈破したと判断した。昨年十月、レイテ上陸作戦直前に台湾を襲った敵空母機動部隊に反撃しての台湾沖航空戦の大戦果はまったくの蜃気楼だった。この九州沖の戦いも、攻撃成果の確認は正確ではなかった。それでも五隻に手傷を負わせていたのだが、第五航空艦隊司令部は敵艦隊が深手を負って逃げているのだと読み誤った。前に記したとおり、最後のとどめを刺そうと桜花隊が出撃したのが三月二十一日の朝だった。鹿屋を飛び立った桜花を携行した陸攻十五機は直掩戦闘機とともに瞬時に全滅してしまった。

その四日あとの三月二十五日、沖縄本島にたいして敵艦艇と艦上機の砲爆撃がはじまり、翌二十六日には慶良間列島に敵軍が上陸した。そして敵空母部隊の艦上機群が三月二十八日、二十九日、再び南九州を襲った。

五航艦、第五航空艦隊は作戦機五百機を持っていた。ところが、三月十七日からの航空戦を積極的に戦ったがために、三月末に可動機は五分の一、百機ほどになってしまった。台湾にはフィリピンから撤収した第一航空艦隊、一航艦があったが、その戦力は取るに足りなかった。

東日本を守備範囲とする第三航空艦隊、三航艦と練習航空部隊を集めた第十航空艦隊、十航艦、この双方の基地航空部隊を鹿屋、串良《くしら》、出水《いずみ》、宇佐の基地に送り込み、五航艦の傘下に置くことにした。こうしたわけで、敵軍が沖縄本島の嘉手納から北谷の海岸に上陸するための掃海作業を一週間にわたってつづけたあと、四月一日に五万の兵員と砲兵隊を揚陸させたときまでに、五航艦は沖縄水域の敵艦船に大規模な戦いを仕掛けることができなかった。大々的な航空攻撃は四月五日、六日になる見込みだった。

決戦をしないと海軍が陸軍を非難

四月一日午前八時半に上陸を開始した敵地上部隊は、正面十三キロの海岸線からなんの抵抗も受けないまま前進をつづけ、午後三時までには五万人の兵員が上陸し、先鋒部隊は四キロほど進み、そのあいだにある北、中の二つの飛行場を難なく占領してしまった[56]。

ガダルカナルにはじまり、ソロモン、ニューギニアで敵軍が上陸するのは、決まって我が方の飛行場があるところだった。戦闘できる部隊を置いていなかったガダルカナルの飛行場はたちまち奪われてしまった。サイパン島では、昨年六月十五日に敵軍は上陸し、十七日にはアスリート飛行場を占領して、二十二日にはその飛行場からグラマン戦闘機が離発着をはじめた。

沖縄攻略の主力となるアメリカ陸軍第十軍の首脳は北と中の二つの飛行場を占領するのに五日はかかると見ていたことから、かれらは狐につままれたような心地だった。大きな騒ぎとなったのは東京である。

軍令部首脳が火がついたように怒れば、参謀本部幹部は慌てふためいた。翌四月二日、軍令部総長、及川古志郎は天皇に向かって、沖縄本島のこの予想外の事態を言上した。天皇はそのあと、参謀総長、梅津美治郎に向かって、「沖縄の敵上陸に対し防備はしてないのか[57]」と問うた。

翌四月三日には、北飛行場に敵海兵隊の小型の偵察機がつぎつぎと着陸し、飛び立つようになった。三月二十九日払暁に中飛行場を特攻機が攻撃のために飛び立ってからわずか五日あとに飛び立つのはアメリカ機となった。

軍令部、連合艦隊司令部、第五航空艦隊司令部はどこも騒然としていた。

天皇はこの日も梅津美治郎に同じ質問を繰り返し、軍令部は重ねて参謀本部に向かって、どうなっているのかと問い、北、中の飛行場を攻撃するように第三十二軍に命じて欲しいと説いた。連合艦隊司令部は第三十二軍に攻撃要望の具申電を発した[58]。

梅津は第一部長の宮崎周一に向かって、第三十二軍に攻撃するように指導せよと命じた。だが、宮崎は部下がつくった攻勢指導の電報を握り潰した。沖縄の虎の子の一個師団を台湾に送りだしてしまった致命的な失策がかれの胸に重くのしかかっていたからであろう。督促させるのは第三十二軍の上部機関である台北の第十方面軍司令官に任せた。第十方面軍司令官の安藤利吉は水際での決戦が守備隊のただひとつのチャンスだと説き、「後方配備」など卑怯者の戦いだと批判し、第三十二軍が敵の沖縄上陸時になにもしなかったことを激しく非難していたから攻撃せよとの訓電を直ちに沖縄に発した。

四月三日夜、沖縄の第三十二軍司令部は攻撃せざるをえなくなった。七日に全力をあげて攻撃すると定めた。だが、翌五日には断念した。決戦をしてはならない、持久の戦いをしなければならないと説く参謀の主張に司令官、参謀長はうなずくことになった。

天皇は侍従武官長、そして参謀総長にたいして、沖縄の陸軍はいつ反撃をするのかと再び問うことになった[59]。

天皇は軍令部総長からせめて十日間の飛行場の封殺を願っていたのだという話を聞いていたのであり、敵軍が沖縄に上陸した四月一日前後には大量の航空戦力を投入しての大攻勢を敢行できなかったものの、四月五日、それとも六日から連合艦隊が総攻撃をおこなうということを承知していた。

九州からの航空攻撃を開始したのは四月六日だったが、同時に海上特攻隊を沖縄に突入させることになった。翌七日の午後、赤煉瓦の海軍軍人は悲嘆を噛みしめた。海上特攻隊の攻撃は失敗に終わった。そしてその三日あとの四月九日付の新聞が一隻の戦艦の沈没を告げた。その名前はもちろん、その建造、その勇姿はついに国民に秘密にされたまま、最大最強の力と威厳を備えた戦艦は永久にその姿を絶った。

日本人も、アメリカ人も、軍艦こそが国家の命運を左右する存在なのだと子供のときから信じ、とりわけ戦艦に深い愛着を持ちつづけて育った。だが、世界の二大海軍国が戦い合って、戦艦が主役となる戦いはついになかった。このさき主役とはならない戦艦の役割をはっきり見極めたのはアメリカ側だった。新造の艦艇から成り立った敵の艦隊は、昭和十八年の末から、その中心に三隻の空母、それを三隻の戦艦が守り、さらにその外側を六隻の駆逐艦が取り巻いて進撃するといった戦法を編みだした。敵の司令官は戦艦を空母の動く楯として利用した。だが、日本海軍はそういかなかった。空母より速力の遅い戦艦は空母と一緒に行動できないことから、空母が主力となって戦う海戦に参加できなかった。

結局、戦いらしい戦いを一度もすることがないまま、沖縄の敵上陸地点への突入を果たすこともできず、その薄幸の三年四カ月の生涯を終えたのが、「一隻の戦艦の沈没」、大和の死だった。三千の将兵が運命をともにした。

赤煉瓦の海軍軍人はだれも口には出さなかったが、大和の死が国の死よりも早かったことが、大和にとって、日本にとって、そして海軍にとってせめてもの慰めだという陰鬱な思いが頭に浮かんだはずである。

その暗い思いを吹き払ったのが、その前日、四月六日からはじまった五航艦の航空攻撃だった。菊水一号作戦である。かつてない大規模な攻撃だった。四月六日には五航艦を主力とする海軍機四百機近く、それに第六航空軍と第八飛行師団の陸軍機が百三十機、総計五百三十機が出撃した。攻撃は体当たり攻撃が主体であり、三百機が特攻機だった。そのうち、海軍の特攻出撃は二百十機、そして海軍機は総計三百三十機が戻らなかった。だが、四十隻から六十隻の敵艦船を撃沈破したのだ[60]。

特攻攻撃であることから、戦果の確認、その発表が過大となるのはいたしかたがなかったが、それでもこの菊水一号作戦が敵に大きな損害を与えたのは、間違いのない事実だと軍令部、海軍省の幹部たちは思った。そのはっきりした証拠があった。B29が四月八日から鹿屋、出水、そして九州のほかの特攻隊の発進基地にたいする爆撃をはじめたことだった。

沖縄水域のアメリカの艦船の損失が大きいのであれば、そこにとどまっている空母機動部隊をもう一度、九州近海に出動させ、日本の海軍航空隊の来襲を阻止するために、鹿屋から宇佐の航空基地を攻撃しなければならないはずである。それをする余裕がないのだ。そこでアメリカの海軍首脳は陸軍航空隊に泣きついたのだ。こう思った。

軍令部、海軍省の軍人は自分たちが陸軍と仲が悪いようにアメリカ海軍とアメリカ陸軍が犬猿の仲であることを知っていた。B29爆撃兵団は陸軍麾下の陸軍航空軍の所属だ。海軍航空隊を自前で持ち、いまや十数隻の空母群、搭乗機一千機を持っている海軍は陸軍航空軍を嫌っていることは秘密でもなんでもなかった。海軍が頭を下げて、陸軍航空軍に助太刀を頼むということは、わが海軍航空の攻撃が間違いなく敵に大きな打撃を与えているからだ。軍令部と海軍省のだれもがこう思った。

そして四月九日のこと、豊田副武連合艦隊司令長官は麾下全軍に「天一号作戦を完遂せんとす」といった電報を下達した。そのなかで、「諸情報を総合するに米軍は動揺の兆ありて戦機はまさに七分三分の兼ね合いに在り[61]」と言った。

海軍航空隊を主体とする沖縄水域の敵艦船への特攻攻撃がおこなわれ、第十方面軍司令部からの攻勢の督促がつづき、参謀本部も黙っていられなくなって、攻撃せよと催促するようになった。第三十二軍首脳部は攻撃を敢行せざるをえなくなった。四月十二日の夜、全線にわたって大砲、迫撃砲の集中砲撃をしたのにつづいて、五個大隊が前進を開始した。だが、すべての火力を集めての敵軍の反撃がはじまった。敵の火砲を使わせないように紛戦に持ち込むことができないまま、大きな損害を受けて前進が阻まれた。敵の照明弾と敵軍艦からの探照灯が戦場を白昼にしてしまい、斬り込み攻撃隊は壊滅した。翌日の朝には攻撃を中止せざるをえなくなった。

じつはその四月十二日の昼間、五航艦が大規模攻撃をおこなった。四月六日の大規模攻撃につづく二回目の攻撃、菊水二号作戦だった。四百八十機が出撃した。特攻攻撃はそれこそ一度かぎり、ともに行動する戦闘機と偵察機の消耗も激しく、B29の爆撃による飛行場の破壊もつづいていたから、少数機の攻撃をつづけるにとどめて、大規模攻撃のための時間をかけての準備をしなければならなかった。四月十二日から四日をおいて四月十六日には菊水三号作戦を敢行した。五百機が出撃した。こちらの犠牲も大きかったが、敵艦船の撃沈破は菊水一号、二号作戦よりも多かった。

ニミッツはその損害の大きさに慌て、再び陸軍航空軍に要請してのことだろう。翌四月十七日の朝七時には鹿屋を中心に南九州の七つの飛行場が爆撃され、翌十八日午後二時には同じ飛行場群が再び襲われた。計二百四十機のB29が来襲し、一千百トンの爆弾を投下した(62)。

同じ四月十八日のことだ。海軍報道部長の高瀬五郎が各新聞の政治部長を招いた。「勝機は今一押しだ」と説き、今こそ沖縄決戦に飛行機を送り込まねばならない、航空機の増産に死力を尽くさねばならないと力説した。翌日、四月十九日の各新聞の社説は「絶好の機到る」「必勝の神機開く」と大書した。

同じとき、四月十七日から十八日にかけてのことではなかったか、海軍報道部員と海軍軍務局員が手分けをして、東京郊外、名古屋周辺の航空機製造工場で航空機の増産を説いて回った。

戦争がはじまってからつくられた工場では、大勢の人びとを収容できる場所はただひとつ大食堂である。一方のはしには厨房があることから、大釜で毎日つくる雑炊の味噌の匂いが残っている。その食堂に集まった従業員と勤労動員の少年たちを前に、海軍軍人は叫んだ。毎日毎夜、特攻機を操縦する青年が沖縄の海で敵の艦艇に体当たりしている。君たち、航空機増産に全力を上げてくれ。沖縄に上陸した二十万の敵軍が降伏するのももうすぐだ。

壇上の士官の顔を見つめ、ひと言も聞き逃すまいとしていた人たちの胸のつかえが瞬時に吹き飛んだ。アッツ、マキン、タラワにはじまり、守備隊の玉砕を繰り返し、どれだけか多くの犠牲を払い、我慢をしつづけてきた忍苦がついに報われるときが来たのだと思ったとき、だれもが立ち上がった。笑顔を互いに見せ合い、手を握り合い、その手を上に挙げて振り回し、目をうるませ、それを拭うこともしないまま、万歳を叫びつづけたのである。

職場に戻った人びとは興奮覚めやらないまま、作業場に残っている仲間たちに、もうじき沖縄の米軍は降伏するぞと語り、寮に戻る途中も、南の空に七日の月があって、薄明るかったことから、道で行き会う人ごとにその吉報を伝えたのである。

同じ四月十八日か、翌十九日のことではなかったか。内大臣は三週間ぶりか、「もう一回の戦果」の言葉を思いだしたはずである。異常な噂が東京中にひろまっていることを部下から聞いたのではなかったか。胸騒ぎがしたにちがいない。沖縄に上陸した「二十万のアメリカ軍」が降伏したというのだ。だが、市谷台からも、サンフランシスコ放送の傍受機関からも、そんな大勝利のニュースは入っていないことを確かめたという報告をつづけて聞いたはずだ。

外務大臣や内務大臣も部下から同じ話を聞いたのであろう。沖縄のアメリカ地上軍が二十万にものぼるというその数字にだれもが驚きながら、その二十万人が降伏したというのがもしも本当の話ならと思ったことであろう。それが事実なら「もう一度の戦果」どころではないと外務省や宮廷の幹部たちは考え、即座に思い浮かべたのはグルーのことであったにちがいない。ルーズベルトが四月十二日に急死したというニュースも頭に浮かんだはずだ。こんなことを慌ただしく考えながら、内大臣や外務大臣はやっぱり沖縄の敵軍の降伏はなかったのかと改めて思い、大きく息を吐いたのであろう。そしてだれもが全身に激しい疲れを感じたのである。

同じ噂を聞いて、ラジオのニュース番組をずっと待ち、再び同じような情報を耳にして、どうして臨時ニュースで伝えないのだろう、なにか理由があるにちがいない、だんだん不安になり、いらいらしながらも、つぎのニュースの時間を待った一般市民にとって、その疲れかたは内大臣や外務大臣の疲れとは較べものにならなかった。

植草甚一は四月二十日の日記に記した。植草は新宿伊勢丹前に並ぶ映画館のひとつの館の支配人である。「昨日四時より沖縄敵兵四個師団無条件降伏の War-time falsehood 極めて迅速かつ広範囲にひろがる。こん度はすべての人がつかれた。三、四日帝都に敵キは来ないが、疲れがぬけきらない、一寸愕いた。ポスターを描く気もしない(63)」

清沢洌は同じ四月二十日の日記につぎのように記した。「沖縄の敵が無条件降伏したという説を僕も聞き、瞭も聞いてきた。……」清沢洌は大森区調布嶺町に住む。瞭は長男である。自由学園に通っているが、授業はとっくになく、学校工場で働き、航空機の部品をつくっている。洌は日記につづけた。「名古屋でも、またたくまに沖縄の米軍が無条件降伏したという噂は拡がった。岐阜の町では提灯行列用の提灯をつくりはじめて

いると名古屋の町の噂になった」(64)

ところで、四月十八日に海軍報道部長の高瀬五郎が各新聞の政治部長に向かって、「勝機は今一押しだ」と説き、翌四月十九日にいずれの新聞の社説もが「絶好の機到る」「必勝の神機開く」と説いたことは前に記したが、その四月十八日に、鹿屋の地下の司令部にいる五航艦、第五航空艦隊長官、宇垣纏《まとめ》は日記の冒頭に、「四月十八日は余にとり面白からざる記憶多き厄日なり」(65)と記した。

昭和十八年のその日、ブーゲンビル上空で連合艦隊司令長官の山本五十六は搭乗機が撃墜されて戦死、そのとき参謀長だった宇垣の搭乗機は海上に不時着大破して、かれは重傷を負ったのだった。

それから二年あとの同じ四月十八日、宇垣は作戦方針の転換を告げられた。連合艦隊司令部は宇垣に第十航空艦隊の残りの部隊の九州進出を取り止めにすると伝え、十航艦の司令部を霞ヶ浦に戻すと告げてきた。

大規模な航空攻勢は四月十六日の菊水三号作戦で終わりということだった。このあと菊水四号、五号と名付ける作戦をおこなっても、残存の保有飛行機をやりくりしての攻撃になる。さらに大きな戦果を望むことはできない。こういうことだった。

では、「勝機は今一押しだ」と説いた海軍報道部長の高瀬五郎は連合艦隊の作戦の変更、決戦の中止を知らなかったのか。それとも航空決戦をつづけることを望む主張が軍令部と海軍省内にあって、海軍報道部長がそれを代弁したのか。

宇垣纏は日記には記さなかったが、やむをえないと諦めていたのが本心だった。十航艦を手元に置いて、第四次、第五次、第六次の菊水作戦はおこなえるだろうが、もはや戦勢を変えることはできないことを承知していた。

高瀬五郎はどう考えていたのか。もう一押しするぞとどうしても言いたかったのか。海軍が戦いらしい戦いのできるこの最後の戦いをもう少しつづけたいと願ってのことだったのか。

これが海軍の最後の戦いだ、せめてもう少しつづけたいと願ったのは、手分けをして、航空機工場の従業員を激励して回った軍務局員、だれの胸中も同じだったのであろう。かれらがはっきり知っていることがあった。四月七日に三菱の大幸、四月十二日に中島の武蔵が爆撃された。昨年の十二月以来、それぞれが七回目、八回目の爆撃を受けた末に、発動機の生産は完全に止まった。敵の爆撃部隊が日本の航空工業の心臓部を執拗に狙っていることがはっきりわかっていながら、防ぐすべがなかった。だからといって、大幸と武蔵の機械と設備を山あいに疎開させてしまえば、発動機の生産は事実上止まってしまい、疎開工場が形ばかりの操業をはじめた頃には、原料、材料、燃料がなくなっていよう。結局、爆撃されるのは覚悟の上で、このまま生産をつづけるのがもっとも効率的であり、すべてが壊滅されて終わることになっても、いたしかたないと諦め、事実、そのとおりになったのである。こうしたことのすべては、機体工場、組み立て工場を激励に行った海軍省軍務局の局員が痛いほど承知していたことだった[66]。

かれらであれ、高瀬五郎であれ、宇垣纏であれ、十航艦が健在だと主張できてこそ、まだ完全に消えたわけではない陸軍の合同論を潰し、連合艦隊を持たない海軍が独立を維持できるのだと了解していたのである。そしてかれらにもうひとつわかっていたことは、このさきで述べることになるが、つぎの本土における決戦に際して、十航艦を主体とする航空戦力にいかなる期待もかけられないということだった。

米内と井上の本当の意図

海軍中央の幹部たちがおこなっていたもうひとつのキャンペーンに戻る。

四月のはじめから、海軍は決戦を敢行している、ところが、陸軍は決戦を回避し、絶対持久主義をとっていると海軍の幹部が、外務省、内務省、宮廷の幹部、重臣、政治家たちに説いていた。国会議員や新聞記者、大学教授、工場経営者に向かっても、現在、沖縄の水域で海軍は捨て身の攻撃をつづけているのだと語って、陸軍は相変わらずゲリラ戦を指向しているのだと言い、陸軍の「作戦思想」は海軍の「作戦思想」とまったく異なるのだから、統帥をひとつにすることなど不可能なのだ、合同など不可能なのだと説いていた。

だが、大臣の米内光政と次官の井上成美が、かれらに真剣に考えてもらおうと思っていた本当の狙いはまたべつにあったのであろう。

陸軍が唱えるように本土の戦いをはじめてしまい、ルソン島、沖縄で戦っているような持久の戦いを九州、本州でするなら、どのようなことが起こるか、想像してみることだと宮廷の高官、重臣、閣僚、議員、新聞記者たちに考えさせるのが狙いだったのである。

それより前、三月二十三日に情報局が本土決戦のために「国民義勇隊」を組織すると発表し、それが翌二十四日の新聞に載った。「職域、地域毎に編成」「武装総蹶起の秋に備う」の見出しが躍り、小磯国昭首相の談話も載り、「敵が本土の一角に上陸し来たり、本土の一部が戦場と化す如きがありとしても、この備えがあれば、直ちに武器を執って……」と述べていた。「硫黄島遂に敵手へ」「壮烈全員総攻撃」の新聞見出しを読んで三日後のことであり、沖縄の戦いがまもなくはじまろうとするときだった。

その沖縄が戦場となって、沖縄の一般住民はどういうことになっているのかとはだれもの胸中に一度ならず浮かんだ疑問のはずだ。防衛召集された五十に近い男たちに渡す武器があるはずはない。弾丸、米俵を運んでいるのか。老人や女や子供は家を捨て、戦場の背後の壕や洞窟住まいをしているのか。守備隊はじりじりと後退をつづけているようだが、非戦闘員もさらに後方に下がることになっているのか。食べるものはあるのだろうか。サイパン島の民間人のように追い詰められ、最後は崖から海に飛び込み、自殺することになるのだろうか。

人びとは友人にも、妻にも語ることのできないこのような疑問になにひとつ答えることができないまま、その恐ろしい想像をつづけるのをやめにしたのである。

米内光政と井上成美は政府首脳、重臣、宮廷の高官、だれもの胸中に潜むこのような不安や懸念に火をつけようとした。陸軍は決戦をする意図は微塵もない、決戦はできないからだ。計画もなければ、成算もない持久出血の戦いを九州、関東でやることになる、一般国民はどういうことになるのか。

政府首脳、重臣、宮廷の高官にこのさきのことを真剣に考えさせることによって、本土の戦いとなる前に戦争をやめなければいけないという共通の理解をかれらに持たせようとしたのである。

ところで、沖縄の戦いはどうなっていたか。四月一日に敵軍が上陸し、北飛行場と中飛行場を犠牲なしに占領した。そのあとに第三十二軍は戦いをはじめた。主戦場は沖縄本島南部である。

第三十二軍は沖縄本島の中部、北部地域をはじめから放棄し、南の地域に縦深陣地をつくった。四月の上旬、中旬から下旬まで、最前線の陣地の長さは十キロほどになろう。三浦半島を例にとれば、相模湾側の小坪、逗子から東京湾側の六浦、金沢までの距離に等しい。少しずつ後退はしているが、その第一線から最南端の喜屋武《きやん》岬、荒崎までは二十キロほどだ。逗子、金沢から三浦半島の南端の三崎までが同じ二十キロだ。すべては三浦半島ほどの広さなのである。ここに二個師団と一個旅団を中核とする陸軍正規部隊が六万数千人、ほかに海軍の根拠地隊、そして沖縄現地召集の防衛隊、総計は十万人になる。避難民とこの地域の住民が二十六万人いる。(67)

東京と台北の上部機関からの要求に抗しきれず、四月七日に第三十二軍が攻勢をおこない、失敗に終わったことは前に記した。そのあと第三十二軍は丘と谷間で戦闘をおこない、激戦に次ぐ激戦をつづけた。

だが、敵側は無制限に砲弾を打ち込むことができたし、いよいよ危なくなれば戦車の増援を求めたから、こちらは敵軍を押し戻すことはできなかった。敵軍は一寸刻みの前進をつづけた。一日にこちらが後退する距離は百メートルだった。

四月十八日、海軍報道部長の高瀬五郎が「勝機は今一押しだ」と説き、鹿屋の第五航空艦隊長官、宇垣纏が「厄日なり」と日記に記したことは前に記したが、この日、沖縄のアメリカの第十軍は翌日の大攻勢の準備に忙しかった。一方の海岸からもう一方の海岸まで東西に伸びる前線は前に記したように十キロほど、第三十二軍の首里の地下司令部まで一番近い正面の前線から八キロの距離だった。首里の外郭陣地を一挙に突破し、日本軍の抵抗を将棋倒しに崩し、戦いを終わりにしてしまおうという作戦計画だった。

アメリカ軍は砲兵隊を増援し、あらゆる火砲を動員し、三十メートルに一門という密度で並べ、三個師団を並列しての総攻撃の準備を整えた。

翌四月十九日午前六時に大攻勢を開始した。すべての火砲が攻撃準備の砲撃をおこない、四百機に近い航空機が爆撃をした。そして戦車群を前面に押し立て歩兵部隊の前進がはじまった。だが、歩兵たちは日本軍のほとんどが無傷なことをすぐに知った。迫撃砲、機関銃、砲兵の反撃に阻まれ、十九日、翌二十日の攻撃も成果はなかった。

四月二十四日、アメリカ軍は再度、大攻勢にでた。ところが、日本軍はこれまで死守していた第一線の陣地帯から消え失せていた。第三十二軍司令部はアメリカ軍三個師団と戦いつづけた第六十二師団の損耗が激しいことから、引き下がらせたのである。

ところで、第三十二軍の幹部たちは決戦を願うようになった。すでに東京と台北からの圧力はなかった。軍司令官、牛島満と麾下の師団長、かれらの部下たちは、小出しの攻撃はたしかに失敗に終わったが、総反攻をして雌雄を決したいという考えが心の奥底にあった。敵側は、小隊、中隊、大隊がどれだけの死傷者をだしても、接岸する兵員輸送船から新しい兵士をつぎつぎと補充できる。そして敵は第一線の師団を後方にいる師団と丸ごと交代させることもできる。十九日、二十日の攻勢で損害の大きかった二つの師団を取り替えようとしていた。

もちろん、機関銃弾、迫撃砲弾がなくなれば、ただちに集積地からトラックで運んでくる。中、北飛行場と伊江島の飛行場の敵の戦闘機と観測機は増えこそすれ、減ることはない。しかも敵は占領地につぎつぎと飛行場を建設している。

九州からの空軍活動がつづくあいだに、攻撃をしたかった。一カ月の戦いで、第六十二師団の戦力は半減していた。だが、第二十四師団の損傷はわずかであり、三つの重砲兵連隊もほとんど無傷である。予備軍があり、兵士たちの士気が高く、かれらが必ず勝ってみせるといった信念を持っているあいだに、攻撃を決行したい。勇猛果敢に押し通し、混戦乱闘としてしまえば、勝機が生まれる。このように思った。

第三十二軍の総反攻は五月四日払暁、船舶工兵隊の五百人、七百人の小部隊が敵の後方地帯に上陸することからはじまった。敵の砲兵陣地、指揮所を急襲し、敵を混乱させようとした。午前五時、第二十四師団正面の敵に攻撃準備砲撃を開始した。曇り空だった。煙幕ですべては見えなくなり、敵味方の砲声だけとなり、爆発が絶え間なく大地を揺るがした。五時三十分、第二十四師団の三つの連隊は並列して攻撃前進をはじめた。

だが、我が方の砲撃は敵の火力を制圧できなかった。逆に敵の砲撃が優勢になった。炸裂する砲弾が丘の尾根を裸にした。その砲撃でできた穴に潜む兵士たちの上に爆弾の破片と土砂が降りそそいだ。

五月三日夜の九州からの陸軍航空部隊の北飛行場と中飛行場への爆撃も成功しなかった。同夜、逆上陸を敢行した小部隊も海岸から奥深く侵入できず、包囲殲滅されてしまった。第二十四師団のいくつかの大隊はアメリカ軍前線から奥深くに突入し、敵味方双方が入り混じった状態をつくり、互角の白兵戦を相手に強いて、勝利を得ようとした。だが、昼前には敵軍は態勢を立て直した。敵機の地上掃射と敵の戦車群の反撃によって、どの大隊も多くの死傷者をだし、速戦即決をめざす意図は挫かれた。北、中の飛行場を飛び立った敵の観測機が敵軍陣地を突破した大隊の上を飛び回り、海岸の少しさきにいる軍艦、それとも戦線背後の重砲陣地に砲撃の目標を教えた。

第二十四師団は五分の三の戦力となってしまった。第六十二師団はすでに触れたように四月一日以来の損耗が激しく、この攻勢でさらに犠牲が大きく、その戦力ははじめの三分の一に減少した(68)。五千人が戦死していた。正面切って向かい合っての決戦をそのまままつづけたら、全軍はつづく七十二時間のあいだに全滅してしまう。五月五日午後六時、軍司令官は各師団にたいして、攻勢の中止を命令し、旧陣地に戻るように命じた。

沖縄への敵軍上陸以来、三十三日目のはじめての第三十二軍のその攻勢は、五月六日の朝日新聞の朝刊が第一面の見出しに、「わが精鋭　各方面より果敢な反撃を開始」と掲げただけで終わった。大本営陸軍部は公式発表ができず、新聞、ラジオはその大きな犠牲を払って失敗に終わった攻勢について、そのあとなにも記さなかった。

第一部長、宮崎周一は五月五日の日誌につぎのように記したのは、あふれでる悔しさを抑え、隠しただけのことだった。

「大体の見透は如此《このごとき》ものなるべしと予察されたり(69)」

ところで、そのとき人びとが気がかりだったのは沖縄の戦況ではなかった。新聞にはラングーンとボルネオのタラカンが敵の手に奪われようとしている記事が載っていた。昭和十七年一月にマニラとボルネオの油田、製油所、積み出し港のあるタラカンを攻略、三月はじめにはビルマの首都を攻略したあの輝かしい日々を思いだす人はいなかった。一段記事に片づけられていたが、ドイツ軍が各地で降伏しているというニュースに人びとの目は吸いつけられた。

西田幾多郎《きたろう》の日記を見よう。かれは七十五歳になる。明治四十四年に処女作「善の研究」を刊行して以来、いくつもの哲学論文を発表し、いつかかれの研究は「西田哲学」と呼ばれるようになっている。日本を代表する哲学者であり、京大時代の教え子たちに囲まれて、「京都学派」と呼ばれるグループを形成している。また京大教鞭以前に学習院教授のときの教え子、そのあと京大で学ぶようになった近衛文麿、木戸幸一、原田熊雄がかれのもとで勉強会を開いた縁があって、そのあともかれらとのつきあいがある。昭和三年に大学を辞めてから、ずっと鎌倉極楽寺姥《うば》ヶ《が》谷《やつ》に住んできた。

「五月一日　16℃19℃　朝のラディオでヒムラーが英米に無条件降伏を申し込んで斥けられたという。ゲッベルスの大言壮語今、いかにせしか。ムッソリーニ敵に逮捕されたという。ドゥーチェ先生自殺が恐かったか。醜態。新聞思想界の全くの見当違い。ムッソリーニ等処刑（二十八日午後四時十分）せられたという。ミラノにさらさる。久米宿有島来訪　ペタンと対照的。ペタン元帥は裁判を受けるべくフランスへ帰った由。彼人は後に省みられるであろう。

五月二日　雨16℃18℃　久、神明町に行く。谷川、波木居へハガキ。朝永へ手紙、久米宿　昨日午後ヒトラー負傷死す。デーニッツ継ぐ⑺」

河辺虎四郎は陸軍中将だ。最優秀の成績であったことから、若いときから日本陸軍の第一の仮想敵国、ソ連に対する戦術、戦略を考究し、参謀本部にいた大尉のときにはソ連に留学し、そのあとには駐ソ武官ともなった。砲兵科出身だったが、航空に転科し、航空畑を歩んできた。昨十九年八月には航空総監部次長、この四月七日に参謀次長となった。阿南惟幾《これちか》が陸軍大臣に就任した日である。

五月三日にかれは日記につぎのように記した。

「ベルリンが遂に陥ちた。ヒトラーの戦死も確実だと見られる。夕刻有末第二部長とともにドイツ大使館に行き、参謀本部の名において、スターマー大使及びクレッチマー武官に会い、総統の死に対して弔意を表した。大使館の応接室の壁間高く、かの眼光人を射るようなヒトラーのほぼ等身大に近い写真が掲げられてあった。いつも愛想の言動溢るるス大使にも、今日は愁傷沈痛の表情が深刻である。ク中将は涙をおさえきらず、男泣きに泣いていた。

ともに戦う盟邦日本の地とはいえど、万里の異域に在って、祖国の完敗潰滅を知った彼等昨今の心情を思うとき、予もまた暗涙なしにはいられなかった。

ヒトラー自身の口から出て、直接予が聴いた『祖国には降伏なし』との言葉をいままた思い起こす。彼は遂に降ることなく、敵火の下に斃れた。この点予は彼を偉丈夫と評せぬわけには参らぬ[71]」

伊藤整は作家だ。四十歳になる。世田谷祖師《そし》谷《がや》に住む。新潮社とそのほかでいくつかの仕事をしているから、生活には困っていないが、家族を故郷の北海道に疎開させることにしており、自分自身はどうしようかと迷っている[72]。そしてドイツの滅亡である。かれは五月六日につぎのような日記を記した。

「巨大な劇の最終幕のように、一日毎にドイツの崩壊の様相が報告される。英米のみに降伏を申し入れて拒絶されたドイツは英米ソ三国に対して改めて降伏交渉を始めたという。各地区のドイツ軍は戦意を失って投降し、著名な将帥たちはつぎつぎに捕虜となっている。曰くリスト元帥、ルントシュテット元帥、シュペルレ元帥等。ゲッペルス宣伝相は自殺した。ナチスドイツの理念上の代弁者として観念的な抗戦論を絶えず叫びつづけていた神経質なやせた表情をしたゲッペルス博士の死は、ヒットラーの死と共に象徴的である。……」

かれは沖縄の戦いにまだ期待していた。

「ドイツ崩壊のこの様相はいま日本人に深刻な影響を与えている。沖縄の決戦は我方の特攻隊の無限の注入という形によって敵は海上勢力に大きな損害を被っている。この正月頃極秘のこととして聞いていたのに大型飛行機の胴本から飛び出していくロケット飛行機による特攻隊のことがあったが、それを日本は数日前から使用しはじめたとニミッツが言明している。特攻隊は日本の戦略武器であって、これに対しては戦法を変え、更に大きな戦力注入を要する、と敵側で言い出した。今度こそ、我方が沖縄で成功するかも知れない。そうあってほしい。是非そうあってほしい(73)」

五月はじめに戻って——アメリカとソ連は共同声明を出すのか

ヒトラーは自殺し、ムッソリーニは殺害された。西田幾多郎、河辺虎四郎、伊藤整がそれについて日記に記したことを見た。

だが、木戸幸一は二つの枢軸国の滅亡と二人の指導者の死について、自分の考え、自分の思いを五月二日、三日、四日、五日、水曜日から土曜日までの日記に一行の記述もしなかった。かれは五月二日の項に「独総統薨去等の情報に伴い内閣の執れる方針につき、外相の依頼により大体を奏上す」と記しただけだった。

同じ五月二日、軽井沢にいる清沢洌は坂本直道の別荘に立ち寄ったところ、鳩山一郎が来ていた。鳩山は衆議院議員だ。反政府的な姿勢をとって軽井沢にとどまっているが、かれを支持する少数の議員とブレーンがいる。六十二歳になる。坂本は満鉄に勤務し、満鉄のパリ代表だった。ヨーロッパの戦争がはじまって帰国し、アメリカとの戦いがはじまってから軽井沢に住まいを移している。

戦争終結の方法を三人は語り合った。坂本はソ連に仲介を頼むことに反対した。東郷茂徳が外務大臣になる以前にかれと立ち話をしたとき、戦争終結にソ連に期待しているような口ぶりで、樺太をソ連に返し、共産党を公認すれば足りると言ったのだという。坂本は鳩山と清沢に向かって、そのような考えには反対だと言い、そんなことをすれば、岡野進のような共産主義者が乗り込んできて、日本を滅茶苦茶にしてしまうと言った。

鳩山は、ソ連が口をきいてくれたとしても、米英がそれによって、いくらかでも譲歩するとは思えないと語り、率直に米英にたいして日本の条件を持ちだすのがいいのではないかと言った(74)。

鳩山はそのように言って、恐らくは日本側がアメリカに求める条件について語ったにちがいない。だが、かれはジョゼフ・グルーの名前をだすことはなかったようだ。清沢、坂本はグルーが国務長官代行になったのはなぜなのかはわかっていなかった。

鳩山と坂本が自分の考えを述べたのにたいし、清沢の主張は月並みだった。陸軍にうんと言わせるためには、そうした方法しかないと思っていたからであろう。ソ連を仲介に立てるか、蔣介石を立てるか、いずれの道であれ、目的を達するのであれば、それをとるべきだと語った。

蔣介石を仲介に立てるか、ソ連を立てるか、清沢、鳩山、坂本は小耳にはさんでいたであろうが、その双方を政府は試みていたことは前に記した。

昨年七月に東条英機の退場のあと、新首相の小磯国昭は対重慶工作に希望を寄せた。だが、内大臣、木戸幸一との衝突となり、小磯の退陣となって終わった。もちろん、鳩山、坂本、清沢はそうしたことを知らなかった。

ソ連を仲介に立てるというほうはどうか。ソ連と外交交渉をおこなうという政府の方針は昨年七月に決まった。もちろん、すべては秘密にされていた。昨年九月にソ連への特使派遣の申し入れをおこなったのだが、ソ連外相のモロトフににべもなく拒否された。そしてこれは国民が知ることになったのだが、今年四月五日にモロトフは日本の駐ソ大使、佐藤尚武に向かって、日ソ中立条約の不延長を告げてきた。

外務省と陸軍の幹部のなかには、スターリンは日本の呼びかけに必ず応じるのではないか、それはヨーロッパの戦いが終わったあとのことになるのだろうと説く者がいた。ところが、ヨーロッパの戦いの終末が近づいてくると、べつの不安が政府と軍の幹部のあいだに起きた。ヨーロッパの戦いの終了を正式に発表するのと併せて、ソ連の指導者は日本に降伏勧告をしてくるのではないか、その勧告をソ連だけでするのか、それともアメリカ大統領と共同宣言の形をとっての発表となるのかもしれない。こう語り合うようになった。

政府と軍の幹部のだれもがシベリア鉄道の恐ろしい光景を聞き知っていた。兵士たちであふれた客車、戦車を搭載した無蓋車をつないだ軍用列車がヨーロッパから満洲国境にぞくぞくと向かってきているという情報を読むか、耳にするかしていた。スターリンがまもなく発表する声明はその軍事力の裏付けがあって、有無を言わせぬ力となるのだとだれもが思った。

では、スターリンに戦争をやめよと威嚇まじりに勧告されたときに、日本はどう応えたらよいのか。課長会議や部長会議、各省間の連絡会議、あるいは閣議で論じることのできる問題ではないことから、だれも口にしなかったにちがいない。どう対応するか態度を決めなければならないのは、政府と統帥部の幹部たちで構成される最高戦争指導会議である。もっとも、この最高会議は実際には政府と統帥部のあいだの連絡会議に過ぎなかった。だが、構成員六人だけの構成員会議であれば、部下が用意し、部下が読み上げる議案にうなずくといった儀式となることなく、なによりも部下に洩れるという気兼ねなしに自分の本心を語ることができることから、戦争終結の問題を論議することができた。

しかし、構成員会議を開催しようと言いだす者はいなかった。はやばやと論議はしないほうがいい、してもしょうがないと参謀総長、外務大臣が判断したからであろう。スターリンがなにを言うのか、それを待ってのことだと思ったのである。

五月三日に首相が「欧州戦局急変するも」「聖戦飽くまで完遂」と語ったのを清沢洌がラジオで聞いて、「何のふくみ無し」と日記に記した。(75)「何のふくみ無し」も当然だった。どうするか、どう対応するか、なにも決めていなかったのである。

ヨーロッパの戦いが明日か、明後日にも終わってしまおうというこのとき、近衛文麿はどうしていたのか。

かれに協力していた吉田茂が四月十五日に憲兵隊に捕らえられ、吉田に助力していた殖田俊吉と岩淵辰雄の二人も同じ日に捕らえられた。殖田俊吉は大蔵省の有能な官吏であったが、政友会と民政党の政争の渦に落ち、台北に飛ばされ、そのあと官界を去った。暇にまかせて昭和のこの十数年の歴史を調べて、陸軍中央の左傾した政治軍人がこれまた左傾した官吏と組み、満洲において実験を試み、つぎに日本に持ち込み、戦時体制であることを利用して日本の政治体制を変革しようとしているのだ、かれらが戦争を引き起こし、かれらがこの日本を奈落の底に突き落とそうとしているのだという見方を吉田に説き、近衛、そして重臣たちにも語ってきた。

岩淵辰雄は新聞記者出身の政治評論家だ。陸軍を支配するいわゆる統制派の高級軍人を批判し、皇道派の軍人に肩入れしてきたかれに、署名原稿を書く場所は与えられず、貧乏生活を耐えてきた。

前に述べたとおり、陸軍首脳部は近衛と吉田がグルーの戦争終結の計画を支持していることを承知し、かれらが重臣たちを説得し、宮廷への働きかけをしていることも知っていた。どう対応するか、どう始末するかということになり、グルーへ密かな期待をかけている外務省、海軍、宮廷の幹部たちが隠そうとしてきた反グルー勢力の主張、思いだすまいとしてきた天皇制度の廃止といった提案を、国民すべてにばらしてしまえということになって、「日本処理案」を全国すべての新聞に発表させた。

そのあとのことだった。陸軍は近衛文麿が天皇に上奏した草稿の写しを手に入れた。吉田茂がその写しを持っていたのだが、かれの大磯の家から資料調査部の密偵の手に渡り、写真に撮られた。陸軍省軍務局、兵務局の幹部たちは「軍部内一味」の「一掃」を説いた文書を読み、近衛と吉田が現指導部の更迭を意図していることをいよいよはっきりと確認した。かれらはなによりも宮廷の反応を知ろうとしたにちがいない。内大臣、そして天皇が近衛の計画になんの関心も示さなかったと知って、陸軍首脳部は安心したのであろう。近衛文麿に手をだすことなく、吉田茂を捕らえ、近衛に無言の圧力をかけることにした。

だが、すぐには動かなかった。陸軍大臣の杉山元は牧野伸顕と親しくしてきたから、牧野の女婿の吉田の逮捕を許すことはないと読んでのことだ。防衛課長や調査部長はまもなく辞めることになっている杉山の正式辞任を待つことにした。陸軍大臣が四月七日に代わってから一週間あとに、吉田を捕らえた。

近衛文麿は自分のところまでは憲兵は来ないと思ったのであろう。お上へ直接言上した内容を陸軍が問題にすることなどできるはずはなかった。そんな懸念よりも、悔やまれてならなかったのは、たった一回の機会であった二月十四日の上奏が失敗に終わったことであったにちがいない。戦争終結に踏みだすより前に、陸軍指導部の一新を図らねばならないと主張したのだが、天皇の理解を得ることができなかったことだ。

吉田茂の逮捕から二十日ほどあとの五月六日のことだった。沖縄守備隊の総反攻は新聞の記事になることもなく、大きな犠牲をだして失敗に終わったことは前に記した。特攻隊の攻撃が敵の空母を何隻か沈めたことを報道していた。だれもがそのような発表に胸を躍らせることはなくなっていた。軍艦マーチではじまる大きな戦果が決して戦局を変えないことは、前にも記したとおり、何回もぬか喜びをしたあとにだれもが覚えた陰鬱な教訓だった。

この五月六日、近衛は牛場友彦と伊藤述史を小田原の別荘に呼んだ。この二人のことは前に触れた。伊藤は外交官出身、前に駐米大使だった栗栖三郎、外務大臣をやったことのある有田八郎と同期である。第一次近衛内閣の情報局総裁、そのあとずっと近衛の外交問題の相談相手である。五十九歳になる。

牛場はイギリスに留学した経歴を持ち、昭和九年に近衛文麿の渡米に随行した。第一次近衛内閣から第三次近衛内閣まで首相秘書官を務め、近衛の側近のひとりである。四十三歳だ。

近衛は牛場と伊藤に向かって、心配することはない、私は大丈夫だ、昨日の夕刻、五月五日のことだが、内大臣と話し、吉田大使を早く釈放するように阿南大臣に言ってくれと催促したと語ったのであろう。

そのあと近衛は二人に自分が書いた文章を示した。つぎのような書きだしだった。

「独逸《ドイツ》崩壊という重大事実に直面し、一部には三国同盟締結に対する責任を云々するものあるやに聞く。すなわちここに余の所見を述べて置きたいと思う」

昭和十五年九月下旬、かれが首相だったときに三国同盟を結んだことは、自分に大きな責任があるとかれは悔やんできた。かれは弁解して、ソ連を加えての四国同盟がやがてできることと考え、それができれば、アメリカとの戦争は回避できるのだと信じて、ひとまずさきにドイツとの同盟を結んだのだと弁明の文章を綴っていた。はじめての弁解ではなかった。戦争がはじまって、かれは個人的な集まりでそのような言い訳を何度か語っていた。たとえば昭和十八年九月、原田熊雄や高木惣吉に向かって、「私はソ連が入らなければ三国同盟は無意味だと思っていた」と慨嘆したのである。

伊藤と牛場は近衛が書いた文章に小さな加筆、訂正を加え、近衛が戦後に残すつもりの釈明書ができあがった。近衛はその弁明の文書のなかで、「独蘇戦争の勃発によりて日独蘇連携の望は絶たれ、蘇聯は否応なしに英米の陣営に追い込まれてしまったから」と記した。たしかに日本が三国同盟を結んだのは間違っていた。だが、近衛も、伊藤も、牛場も、三国同盟がアメリカとの戦争を招き寄せたのではなかったことを知っていた。

近衛はもちろんのこと、牛場も、伊藤も、三国同盟を締結した昭和十五年九月から第三次近衛内閣が退陣する翌昭和十六年十月までに起きた出来事に加わるか、幾多の情報を得ていたから、昭和十五年九月に日本がドイツと同盟を結ばなかったとしても、翌昭和十六年十月に日本は急坂をずるずると滑り落ち、対米戦争の奈落に転がり落ちたということを承知していた。

この五月はじめのドイツ滅亡、そして日本の政府と軍の首脳たちが考えたこと、やったことを記さねばならないのだが、第二次近衛内閣が結んだ三国同盟がアメリカとの戦争を引き寄せたのではなかったということをここで述べておきたい。

ヒトラーは日本と同盟を結ぶ、結ばないといったこととはかかわりなく、ソ連と戦う決意だった。もっとも、日本がドイツと同盟を結んでいなければ、ヒトラーが日本の駐独大使に向かって、近くソ連を攻撃すると告げることはなかったであろうから、それを外務省に告げる六月六日着の大島の電報はありえなかった。

だが、ドイツ軍三個軍団がソ連との国境を突破して猛進撃を開始したというニュースを六月二十二日の午後に知ってからの日本の陸軍幹部の興奮と海軍首脳の恐怖は、六月六日からの十六日間の余裕がなかった分だけ、胸を締めつける感情はそれぞれ異常に大きなものとなったはずである。

七月二日の御前会議にはじまり、七月七日の満洲国境に大軍を配置するための動員令、七月二十三日のフランス政府承認による南部仏印進駐、そして七月末にアメリカが日本にたいして全面禁輸に踏みきり、英国、オランダと共同して石油の供給を絶つことになるのは、日本が三国同盟を締結して起きたことだが、同盟を結んでいなくても、まったく同じような日取りを辿って、三カ国による経済封鎖となったはずである。

なぜ南部仏印に進駐したのかは、繰り返し述べねばなるまい。

独ソ戦争がはじまる前、そのあと、海軍首脳はだれも日記や文書に書き残してはいないが、いま述べたとおり、恐怖に震えた。陸軍が積年の宿願を果たそうとして、そしてまたノモンハンの復讐をする絶好の機会とばかり、ソ連との戦争に踏みだすのではないかと恐れてのことだ。日本が対ソ戦争をはじめてしまったら、そのあとアメリカはソ連の敗北を阻止し、英国を救おうとして、日本にたいして全面禁輸に踏み切るにちがいなかった。そうなったら、なすすべはなかった。そしてソ連との戦いは第二のシベリア出兵か、第二の支那事変になってしまう恐れがあった。

背に腹は代えられないと海軍の幹部たちは思った。参謀本部と陸軍省の幹部たちの関心を北から南に変えさせようとした。南部仏印に軍隊、航空基地を置くことに賛成する主張を説きはじめた。シンガポール、蘭領東印度に圧力をかけ、日本にたいして原油の輸出をつづけさせようという狙いがあった。アメリカが対抗手段をとり、日本にたいして全面的に経済封鎖を仕掛けてくるかもしれなかった。そうなれば陸軍は完全にソ連との戦争を断念するのではないか。そして対ソ戦をはじめたあとにアメリカから経済封鎖される場合と違って、アメリカと外交交渉をすることができる。軍令部総長の永野修身はこんな具合に考えたのであろう。

はたしてアメリカ政府は日本にたいして経済封鎖をおこなった。そして独ソ戦争が四週間で終わることなく、二年、三年とつづく戦いとなることがはっきりして、アメリカ政府がいよいよ自信を深め、十月二日に国務長官のハルが日本の駐米大使に中国と南北仏印からの撤兵を要求してくることになった。

日本がドイツの同盟国でなくても、まさしく同じ事態に立ち至ったのである。

もう少しつづけよう。海軍がおこなった一髪千鈞《いっぱつせんきん》を引く試みは、ソ連との戦争を避けることには成功したものの、及川古志郎と永野修身の二人の海軍代表がアメリカとの戦争は避けたいのだという本心を語ることができないため、アメリカとの戦争回避の仕事は近衛ひとりが背負うことになった。だが、経済制裁解除のためになによりも必要な譲歩、中国からの撤兵をアメリカに約束することに、内大臣、木戸幸一が反対だったがために、アメリカとの交渉は一歩も進むことなく、とどのつまりアメリカと戦うことになってしまったのである。木戸幸一がなにをしたのかは、このさきで記すことになろう。

昭和十五年から十六年の長い説明をした。さて、近衛、伊藤、牛場の三人の話し合いは、もっとも懸念する明日にも直面する問題を取り上げることになったはずだ。

明日か、遅れても明後日には、日本の死命を決する事態となる。ところが、政府は戦争を終わりにする準備をまったくしていない。グルーの主張を土台にしたアメリカ政府の日本への呼びかけがあっても、陸軍はつまらぬ虚勢を張り、もたもたしつづけることになるのではないか。そしてスターリンとの共同声明ということになれば、グルーの考えは取り入れられるのだろうか。反グルー勢力の主張の色濃いものとなるのではないか。暗い表情の三人はこんな具合に語り合ったことであろう。

五月半ばに戻って――六人の最高幹部会議

その同じ五月六日のことだ。最初に動いたのは参謀総長の梅津美治郎だった。かれは外務大臣の東郷茂徳に向かって、構成員だけの最高戦争指導会議をこの数日のうちに開いたらどうかと申し入れた。梅津美治郎が出した使いは、陸軍省軍務課と合併した参謀本部戦争指導班の種村佐孝だった。梅津は種村に向かって、内閣書記官長は会議に加えないほうがいいだろうと言い、六人の構成員だけの会議にするようにしたいと外務大臣に伝えよと命じた。

種村佐孝は日誌に、内閣書記官長の迫水久常《さこみず》が親類の岡田啓介に最高会議で決まったことを洩らすのではないかと総長は警戒して、迫水久常を加えないのだと記した。

種村は自分が考えている本当のことを書かなかっただけであろう。総長の肚《はら》は会議の幹事となる軍務局長を出さないようにする、幹事補佐として陪席する軍事課長も出させないようにする。会議での論議を秘密にしたいのだ。議題が戦争終結の問題になるからだ。種村は当然、こう思ったはずなのだが、迫水久常、岡田啓介の名前をだし、無意味なことを意味ありげに綴ったのはいつもながらということだった。

ところで、四人の陸海軍大臣、総長と首相、外相の六人の会議を開いて、梅津総長が戦争終結の口火を切ることはしないし、できるはずもないと種村は見ていたにちがいない。参謀次長、作戦部長、作戦課長、作戦部員、そして種村も、総長の毎日の態度にいらいらし、かれが語る言葉に腹を立てていた。

陸軍が早急に取り組まなければならない問題は、満洲の関東軍の防衛線を南に引き下げること、もうひとつは、支那派遣軍を沿岸地域に撤収させ、そのうちの何個師団かを満洲と本土に転用することだった。

ところが、梅津は自分の意見を言わず、沈黙を守り、これら重大な問題の決定をずるずると三週間、一カ月半と引き延ばした。しびれをきらし、我慢も限界だという部下たちの顔を見て、やっと決めるとなれば、まことに微温的な、ごまかしの対策だった。湖南から撤収するとは言わず、武漢をどうするとも言わず、満洲の防御線は国境地帯も守れ、後方陣地もつくれと二股をかけた。

梅津が考えつづけてきたのは、どのような状態になったときに、戦争を終結するかということのはずだった。近衛、吉田茂、岡田啓介、あるいは海軍の首脳と同じように、梅津もまた九州に敵が上陸する前に戦いを終わりにしなければならないと思っているのであろう。

だからこそ、梅津美治郎は、満洲全域をしっかり守っているようにみせかけることがソ連にたいして必要であり、武漢の占領をつづけて、重慶と延安の両政府に睨みをきかせることが得策だと考えたのだ[76]。

さて、沖縄の戦いがつづくあいだは、とても戦争を終わりにすることはできないと梅津は自分に弁解していたのであろうが、この数日のあいだに日本の運命を決する声明をスターリンは出すことになるものと覚悟をして、いよいよ首相、外相と戦争終結の問題を討議しなければならないと考えたのであろう。かれは自分が口を切るつもりはなかった。構成員だけの会議を開けば、必ずや外務大臣の東郷茂徳、それとも海軍大臣の米内光政が戦争終結の問題を口にし、討議がはじまると考えたのであろう。

梅津が会議の開催を提議してから二日あとの五月八日、最高戦争指導会議を五月十一日に開くことが決まった。その翌日の九日の朝七時過ぎにモスクワ放送はスターリンの戦争終結の演説を伝えた。昼すぎには、翻訳、印刷されたその演説の全文が関係機関に配られた。

外務省、陸軍、首相官邸、宮廷までの幹部たちがそれに目を通したとき、かれらの胸中にあった不安は瞬時のうちに消えてしまった。だれもがほっとしたことは間違いない。スターリンの演説に日本にたいする言及がなかった。正午過ぎには、アメリカの放送がトルーマンの声明を伝えた。ルーズベルトが急死して二十数日がたつだけだった。アメリカの新大統領の演説は、ドイツ三軍が連合国に降伏したと語り、日本への警告を伝えていたが、通り一遍の内容だった。だが、そのなかの「無条件降伏」の文字に眉をひそめた人たちがいたはずである。

午後四時、政府は臨時閣議を開き、そのあと午後七時半に「欧州急変ニ帝国不動」と述べた政府発表をした。六日前の首相談話と同じく、これまたなんのふくみもなかった。そしてグルーに期待を懸けていた人たちは、トルーマンの声明のあとに伝えられたグルーの演説が、それこそなんのふくみもないことに大きく失望したことは間違いない。

東郷茂徳であれ、木戸幸一であれ、近衛文麿であれ、ほっとはしたものの、スターリン、トルーマンの演説文を前にして、首をひねることになったはずだ。かれらが抱いた疑問はつぎのようなものであったにちがいない。アメリカとソ連が日本にたいして共同宣言をださなかったのはなぜなのであろう。ソ連とアメリカは戦後の極東を分割し、それぞれの勢力圏を定める取り決めがまだ終わっていないのではないか。それとも米国とソ連は戦後の極東の問題についての協議をいまにいたるまでしていないのかもしれない。モスクワ駐在大使の佐藤尚武が二月の電報で告げてきたとおり、ヤルタ会談でアメリカとのあいだで日本の問題は論じられなかったとモロトフが佐藤に言ったというのは事実なのだ。そう思った人もいよう。

そしてもうひとつ、謎があった。トルーマンの声明のなかの文字に眉をひそめた人たちがいると前に記したが、日本に「無条件降伏」を要求し、「日本の陸海軍が無条件降伏をするまで」戦いつづけると主張していた。

外務省から宮廷の高官、重臣たちは、前大統領のルーズベルトが日本側にはっきりわかるようにグルーを前面に押しだしてきたことは、「無条件降伏」の要求をそっと取り下げたものだと理解していた。ホーンベックを事実上クビにし、ハルに詰め腹を切らせ、日本側に対日政策は変わるのだ、変わったのだと知らせせようとしてきたことは明白だった。そしてグルーの日本駐在大使だったときの日記を出版し、大々的に宣伝して、日本の戦争勢力、即ち戦争責任者を日本の陸軍だけにしていた。アメリカは戦争を早く終わらせようとしてのことだとだれもが理解した。新大統領は「無条件降伏」を持ちだした。「日本の陸海軍」の「無条件降伏」だと言った。これは無条件降伏方式のわずかな修正のようでもあった。

その数日あと、トルーマンのその演説の全文が掲載されたビラがB29から日本各地に投下された。「日本国民諸氏　アメリカ人合衆国大統領ハリー・エス・ツルーマンより一書を呈す」とあって、「我が攻撃は日本軍部が無条件降伏に屈し武器を棄てる迄は断じて中止せず　軍部の無条件降伏の一般国民に及ぼす影響如何　一言にて尽くさば戦争の終焉を意味す(77)」と記していた。

改めてビラに目を通した政府の幹部たちはこのトルーマンの声明は真剣に日本に降伏を呼びかけたものではないと判断したにちがいない。

そして外務省、首相官邸、宮廷の幹部、そして重臣たちは、トルーマンの声明につづくグルーのラジオ演説がアメリカ国民により一層の戦争努力を呼びかけるものだけだったことに失望したのであろう。

かれらはわからない謎をあれこれ考えるよりも、スターリンとトルーマンの声明のあいだになんのつながりもないことのほうが重大だと思ったのであろう。ソ連への接近はできるとの期待が大きく膨らんだ。

じつはその日、五月九日だが、ドイツ大使館では、ヒトラー総統を偲ぶ追悼会が開かれた。大使と館員たちは、ドイツを含めて全世界で総統の死を悼む集まりが公然とおこなわれるのはこの東京だけだと思ったとき、涙があふれたにちがいない。日本側はどうであったか。外務省の大臣、次官、局長は全世界で日本だけの追悼会だと気づいたとき、息を呑んだのであろう。だれを出席させるか。ソ連大使館の情報収集力を馬鹿にしてはいけない。ドイツが滅亡してしまったあとになって、ソ連を怒らせるのは下策のうちの下策だ。いまこの重大なときにソ連のご機嫌を損ねてはならない。次官の出席なんてとんでもない。儀典課長も駄目だ。課長の代理を出席させることにした(78)。

ところで、外務省員以外、ドイツ好き、ナチ贔屓の日本人のだれがこの追悼会に出席したのであろう。

追悼会では、日本交響楽団が演奏した。指揮をとったのはドレスデン出身のヘルムート・フェルマーだった。昭和十三年から東京音楽学校の教師である。ヒトラーが好きだったワグナーの「ジークフリート牧歌的風景」とバッハの「オーケストラ組曲ニ長調のアリア」を演奏した。

さて、その二日あとの五月十一日に構成員六人の最高会議は開かれた。すべての戦場で敗北をつづけ、下落をつづけていくだけの工業生産、そして嘘と誤魔化しで埋められている戦況に溜め息をつき、毎晩の空襲のサイレンに起こされての寝不足、肉や卵など食べたことはなく、魚はニシンが一尾の半分、それともホッケの小さな切り身がせいぜいの貧しい食事がつづいて、だれもが痩せ、顔色が悪かったが、アメリカとソ連が日本に降伏しろと共同宣言を出さなかったことで、胸中にいささかの希望の灯がともるようになったのは、かれら六人とも同じはずだった。

会議では参謀総長の梅津美治郎がまず口火を切り、肝心なこと、自分が望んでいることはなにも言わず、ソ連軍がシベリア鉄道によって東送されていると語り、ソ連との外交交渉を早急にはじめる必要があると言った。

梅津美治郎は自分はなにひとつ語ることなく、米内光政か、東郷茂徳のどちらかが戦争終結の問題を切りだすことを望んできたことは前に記した。

米内光政は、もちろん、この場でその問題を討議して、戦争終結を全員の一致した目標としてしまい、そのための可能な解決方法を検討しなければならないと考えていた。

だが、簡単には議論が進まないことをかれは知っていた。

戦争終結の主題が感情的な憤懣から潰されてしまわないように米内は注意を払わなければならなかった。前に見たとおり、沖縄の戦いがはじまってから、海軍幹部は陸軍を非難し、決戦を避けている、陸軍の戦い方は退嬰的だ、絶対持久主義だと批判をつづけた。海軍がそのように言って回っていることは、当然ながら阿南と梅津が承知し、腹にすえかねる思いでいることは米内にわかっていたはずである。

そして米内が懸念していることがもうひとつあった。これも前に見たとおり、陸軍を批判した本当の意図である。米内と次官の井上成美が部下たちに命じて、国会議員、高級官吏、新聞記者に向かって、陸軍は持久主義の戦いしかしない、ゲリラ戦志向だと説かせていたのは、はっきり理由があった。陸軍が説いている本土決戦がどんな戦いになるか、日本はどうなってしまうかを教え、陸軍の口車に乗って本土の戦いに踏み込んでしまったら大変なことになるぞと教示するのが目的だった。

そこで米内は、梅津はともかく、阿南は陸軍が本土でおこなう最終決戦を海軍が中傷していると怒っているのではないかと警戒していたはずだ。迂闊に戦争の終結をソ連に依頼しようと言いだそうものなら、阿南がどういう態度にでてくるかわかったものではないと米内は恐れていたにちがいない。

米内は梅津と阿南の度肝を抜く提案を用意していた。

六人の構成員がそれぞれ視線を交わし、だれがなにを言いだすのかと待っていたとき、米内が喋りだした。ソ連にすでに不用となっている軍艦を与え、代わりに燃料付きの飛行機を入手する、このような取引ができるのではないかと言いだした。

海軍省軍務局第二課長の溺れる者は藁をも掴むといった奇手だった。軍務局長がやれと命じることになるのだが[79]、米内はそんな馬鹿なことをするなと言わなかった。ソ連側の腹のうちを探ることができるかもしれないと思ったのかもしれない。それとも陸軍首脳と戦争終結の問題を討議せざるをえなくなるのは近いうちと思い、そのとき陸軍首脳を煙に巻いてやろうと考えて用意した策略のひとつだったのかもしれない。

たしかに米内の話にだれもが驚いた。東郷茂徳はとんでもないと思った。そんな取引にソ連が乗るはずはないと反論した。いや、そんなことはないと米内が頑張った。東郷はさらに激しく反対した。そんな夢物語に皆が乗り気になって、戦争終結の問題がまともに論じられないのではないかと懸念したのである。

東郷と米内の激しい口論がつづいているあいだに、陸軍側の指導者たちが抱いていた疑いは氷解したはずだった。戦争終結を意図して、陸軍側に隠して、海軍大臣と外務大臣とのあいだの密約などできていないと納得したのである。

しかもソ連に支援を求めて、戦争を継続するのだと海軍首脳が会議の最初にはっきり説いたことによって、対ソ交渉をおこなうにあたっての堂々たる大義名分を確認できたことになって、論議をつぎに進める心理的抵抗がなくなった。米内が対ソ交渉の最終目標は戦争終結の仲介を求めることだと言っても、鈴木貫太郎、阿南惟幾は反対しなかった。

最高会議構成員六人の会議は翌五月十二日もつづいた。対ソ交渉の特使に広田弘毅を東郷茂徳が推し、皆の賛成を得た。そしてソ連に好意的中立を求めるために、ソ連に与える代償を決めた。南樺太、千島の北半分、北満鉄道、旅順、大連の租借権と並べた。昨年七月に東条政権が倒れたあとに陸軍省、参謀本部の担当官が並べ挙げた代償の項目であり、そのときには大きすぎるボーナスと思ったのだが、いまとなればすべてソ連がその実力で奪えるものだった。

そのあと東郷茂徳が言った。ソ連と外交交渉をはじめれば、ソ連側が戦争終結の問題を持ちだしてくるかもしれない、どのように応酬するか決めておきたいと説いた。スターリンが三日前の九日の演説で日本に降伏を呼びかけていたら、大慌てで決めなければならない問題であったが、いまやアメリカとソ連とのあいだには深い亀裂があるのだとだれもが思うようになっていたから、のんびりしたものだった。翌日は日曜日だったから、当然のように会議は開かなかった。

一日おいて五月十四日に三回目の会議が開かれた。首相も、参謀総長も、外務大臣も、部下からある報告を受け取っていたはずだった。国務長官代理のグルーが武器貸与法によるソ連にたいする援助を直ちに打ち切ると発表したというのだ。

アメリカがソ連にそれまで五年間に与えた援助の中身はすでに何回か公表されていたから、外務省、陸海軍省、軍需省の関係部局員のだれもが目を通し、三嘆したものだった。

五十万台のトラック、二千輛の機関車、一万台の戦車、三千台の大砲牽引車にはじまって、兵士たちから一般住民の常食である黒パンに塗る豚脂のマーガリン、そしてロシア兵の最高の馳走である豚肉の缶詰、そして砂糖、塩までをアメリカはソ連に供与してきた。

ヨーロッパの戦いが終わったということを理由に、その援助を断ち切ったのは、ソ連がアメリカに対日参戦を約束していないからだ、アメリカとソ連が共同の対日宣言を出せなかったのも当然だと外務省と陸軍省の関係官は判断したことは間違いなかった。ソ連は自分自身の極東構想を持っているのだ、日本に恩義を売り、懐柔にでてくることも起こりえるのではないかと重ねて思ったのである。

構成員会議に集まった六人も、五月九日のスターリンの演説が日本について触れなかったことにつづいて、グルーのその声明を知って、さらに切迫感が薄れ、日本が残しておかねばならないもの、守るべきものはなんであるのかという深刻、重大な論議をすることを忘れ、現在の戦局をどう見るべきかと阿南がのんびりしたことを言いだす始末だった。

負けてはいないと阿南は言った。日本が占領している敵の領域は広大だが、敵が占領しているのは、日本の領域のわずかだから、この点を基準として講和条件を考慮すべきだと説いた。

東郷茂徳、米内光政は反対したが、鈴木貫太郎、及川古志郎、梅津美治郎は阿南を怒らせまいとして、その場かぎりのいい加減なことを喋った。だれもが陸軍と海軍の争いになってしまったら収拾がつかなくなると思ったからである。口論が白熱すれば、海軍のことは知らないが、陸軍は決して負けてはいないと阿南が言いだすのは目に見えていた。

米内も妥協することにした。ソ連に和平の調停を依頼する案を保留にしようと言った。

ソ連の好意的中立を獲得するという計画だけでしばらくはいこうということになった。
阿南以外の五人は阿南ひとりに振り回された。ところで、阿南はどのように考えていたのであろう。かれが負けてはいないと主張し、戦いつづけるのだと説いた。なぜだったのか。

この会議のあいだの五月十一日から十三日までの三日間、東京では警戒警報のサイレンは八回鳴ったが、空襲警報の発令はなかった。ところが、十四日の朝、東京に空襲があるとの警告があった。そこで会議を午後に延期したのだった。空襲は名古屋だった。

名古屋にたいする空襲は、四月十三日の深夜、つづく四月十五日の深夜の二回の東京の市街地の焼き打ちから一カ月ぶりの都市攻撃だった。東京焼き打ちのときにはB29三百機、三航空団の攻撃だった。ところが、名古屋には五百機、四航空団が攻撃した。わずか一カ月のあいだにB29はその数を二百機増やしていた。

そして四月から五月にかけて、敵B29は一編隊、十機か、二編隊、二十機が九州の航空基地を襲いつづけた。この最高会議のあいだの十一日、十二日、十三日の三日のあいだも、大分、佐伯、新田原《にゅうたばる》、宮崎、都城の沖縄周辺水域の敵艦船を攻撃する航空隊の基地への爆撃がつづいた。

すでに述べたとおり、五月五日午後六時に第三十二軍は麾下の第二十四師団と第六十二師団に攻勢の中止、旧陣地への復帰を命じていた。もちろん、阿南はそれを承知していた。そしてその二日あとの五月七日の夜、阿南は第三十二軍司令官から第十方面軍、そして参謀本部に宛てた意見具申電報も読んだはずである。全軍が歩兵となって戦えば、全戦線であと二週間は組織的な戦闘は可能であると述べ、千機から千五百機の航空戦力をもって、敵の艦船を撃破してもらえば、敵軍の作戦遂行を断念させることが可能だと考えるという内容だった。そこで陸軍航空の第六航空軍と第八飛行師団、さらに陸軍航空主力のすべてを一挙に投入して欲しいという訴えだった(80)。

第三十二軍の将兵、そして沖縄の住民が九州からの航空攻撃を心の支えにしていることは、阿南も毎日の電報に目を通していたから、痛いほど知っていた。

そして阿南にはまだ期待を懸けているつぎの作戦があった。義号作戦である。空挺隊を沖縄の敵航空基地に強行着陸させようという計画だ。洗いざらい航空機のすべてを沖縄水域の艦船攻撃のために使ってほしいという第三十二軍の要望を容れるわけにいかなかったが、かれらの希望にいくらかでも応えることをしたいと阿南は願っていた。

こうしたわけで、沖縄で血戦がいまおこなわれ、まだこのさきつづくさなか、死闘をつづける将兵を裏切り、和平の交渉を進めるといった背信行為をしたくないというのが阿南の気持ちだったのであろう。

阿南の願いがとおった。ソ連に和平仲介を求める条項は先送りにされることになり、まずはソ連との関係改善の交渉をはじめることが決まった。

六月はじめに戻って――松平恒雄、木戸幸一を辞めさせようとしたが

今日は六月十四日である。高木惣吉が海軍大臣室を訪ねているということは最初に記した。

そして前に戻って、昨年五月のグルーの登場について記した。それから一年のちの五月九日、新聞に「欧州戦　遂に終了」の見出しが出て、その二日あとの五月十一日、つづく十二日、さらに十四日と首相、外相、そして陸海軍の四人の責任者が会議を開いたことまでを記した。ソ連に和平の仲介を求めることが決まったが、先送りとなり、さしあたっておこなうのは、ソ連との関係の改善のために駐日ソ連大使と交渉をおこなうことだった。

日本側の交渉の責任者は外相、首相を歴任した広田弘毅である。広田はソ連大使館員家族たちが疎開している箱根の強羅《ごうら》ホテルを訪れ、六月三日と四日、大使のマリクと意見を交わした(81)。広田は政府がソ連と友好的な関係を結びたいと願っているのだと語り、ソ連が考えていることを探ろうとした。マリクはそうしたことにはなにも答えず、なにも言わず、自分が言いたいことを気ままに喋り、前に外務大臣だった松岡洋右を批判し、枢密院顧問官だった石井菊次郎を褒めたたえた。

マリクが松岡を取り上げたのは、口にはしなかったが、日本人の健忘性をからかった

のである。日本の陸軍の幹部や国会議員が松岡を対ソ特使にすべきだとこぞって説き、かれが外務大臣だったとき、モスクワの駅頭で酔ったスターリンと抱擁した仲ではないかといった話をしているのを承知していた。だが、マリクはべつの秘密を承知していた。それからわずか二カ月あと、独ソ戦争がはじまったとき、だれよりも強硬にソ連と戦えと説いていたのが松岡だった。

マリクが石井菊次郎の死を悼み、かれを褒めちぎったのも、一般の人が知らないことをかれが知っていてのことだった。昭和十五年九月、三国同盟条約案を枢密院で審査したとき、もと外相、外交官出身の石井が最後に賛成演説をしたのだが、その中身はドイツと同盟を結ぶことはまことに危険だ、警戒が必要だという主張に終始したのだった。(82)

マリクが石井菊次郎の死を悼んだのは、石井とかれの妻が五月二十五日の空襲で行方不明となっていたからだ。その夜、明治神宮境内に逃げようとしたのか、それとも青山墓地に向かおうとしたのか、その途中で火に呑まれたのであろう。

石井を褒め、松岡を非難する以外、広田が膝をのりだすような話をマリクはなにひとつしなかった。

石井菊次郎が殺された空襲、学校、病院、寺院をはじめ、すべての町々を焼き尽くす空襲について記しておこう。

マリアナを基地にした敵のB29部隊は四月はじめから五月半ばにかけて沖縄の戦いを

支援して、九州の航空基地の爆撃をつづけた。だが、沖縄水域への日本側の航空攻撃が下火になったことから、敵爆撃機部隊の攻撃は再び、破壊のための破壊の戦い、シャーマンの戦法に戻っている。

シャーマンとかれの戦いについては前に触れた。家屋と家財のすべてを焼き払い、家族を殺し、残った人びとを悲嘆に落とし込み、精神的、物質的苦境に追い込み、さらに共同社会、地域社会のすべての連帯関係をも打ち壊してしまうのが、シャーマンの戦法から学んだアメリカ陸軍航空隊首脳の戦いの方法だった。

五月二十三日の夜、五月二十五日の夜、東京が二度にわたって焼き打ちされ、五月二十九日の午前中、横浜が焼き打ちにあった。わずか一週間足らずのあいだに計千四百機のB29が焼夷弾を貨車から砂利を落とすように放り捨てた。屋根を突き破った焼夷弾の噴きだしたナパームが天井、唐紙を燃やし、こうして起きた火が他のいくつもの火と一緒になり、火流となる。火流と火流が合流して、轟々と唸りをあげる大火流となり、五つ、六つの町を一挙に燃やし、その前面には烈風が吹きつける。その広く燃え盛る大火災の中央では、酸素不足から可燃性のガスが燃焼できないままに竜巻となって上昇し、その何本もの旋風はたちまちオレンジ色の大火柱に変わる。

この一週間、三回の空襲で東京と横浜の市街地が灰になり、一万五千人以上が殺された。強い刺激臭と異様な臭気がただようなかで、兵士たちは二人で遺体の頭と足を持ち、トラックに載せた。どこでも「戦場清掃」は兵士たちの仕事である。寺院の境内と公園が仮埋葬所となった。火葬にするところもあったが、ほとんどは土葬だった。

東京、横浜の都市の機能は半身不随となり、焼け残った工場も操業は止まってしまい、働く人は半分も出勤していない。

この三回の空襲で家を失った人は百万人近くだ。このとてつもない数の人びとが住む家を探している。ひとまずは親類の、知人の家の部屋に寝泊まりして、どこへ行こうかと思案している。風呂敷包みひとつを抱え、満員の列車に乗り、故郷の親の家に帰る人たちがいる。国民学校の校舎の教室で煤で汚れた顔のまま、どうしたらいいのだろうと思案している人がなおも多い。

鈴木貫太郎は首相官邸が焼けず、小石川の住まいも焼けなかったが、梅津美治郎は官邸を焼かれ、米内光政は三年町の自宅を焼かれ、執務室のある海軍省の建物も外壁を残すだけとなった。五月十一日、十二日、十四日に構成員会議を開いた表宮殿は、奥宮殿とともに焼け落ちた。

鈴木貫太郎、梅津美治郎、米内光政、東郷茂徳は、米ソ両国は日本をどう処分するかで、合意ができていないと思い、わがほうにつけいる隙があるのではないかと考え、五月九日から少しのあいだはほっとした気持ちでいたのだが、その安堵の感情もすっかり消えてしまった。荒涼とした焦土の景色と人びとの絶望と疲労の色濃い雰囲気のなかで、かれらは前よりもずっと大きく鬱屈した気持ちとなり、焦りは大きくなっている。ソ連との関係是正の交渉の進展を待てばよいとはだれも思っていなかった。

米内が望み、やろうとしたことがある。鈴木貫太郎が試みたことがある。梅津美治郎がしたことがある。それぞれが戦争の終結を目指してやったこと、やろうとしたことだ。米内光政から見よう。五月二十九日か、三十日のことだった。米内が望んできた戦争終結のために協力しようとする人物が現れた。思いもかけない旧友、宮内大臣、松平恒雄である。

松平と米内は親しい。第一次大戦中、占領地、ウラジオストックにいた三十代後半の外交官と海軍軍人が毎夜、酒を飲みながら話し合う仲となったのは、二人の考えが一致してのことだった(83)。外交地図の見方が同じだった。そして昭和七年、八年、日本の向かう進路が霧に覆われるようになったとき、米内のような人物が海軍を率いてくれるなら、日本は安泰だと松平は考えた。かれは駐米大使、駐英大使を歴任し、昭和十一年二月の叛乱事件の直後に宮内大臣となった。

松平が懸念したのは、ワシントン条約、ロンドン条約に強く反対してきた、向こう見ずな武断派の提督たちが海軍内で実権を握り、陸軍のこれまたつねにソ連、中国にたいして強硬論を説く将官たちが陸軍を支配するようになって、陸軍と海軍をひとつに統率する人物も、機関もないまま、互いが強がりを言い、相手を疑い、自分が説く大言壮語にいつか縛られ、引っ込みがつかなくなり、アメリカとソ連を相手に大戦争に踏みだしてしまうことにもなりかねないことだった。

海軍中央に穏健な指導者が座るようになることを松平は望み、それこそロンドンに駐在していた時代から、日本から来る訪問客と論議が日本の未来のことに及べば、米内こそが明日の海軍を背負う男と力説したのである。このこだまする声がやがて赤煉瓦内での米内の評価を変えた。米内は昭和十年に横須賀鎮守府司令長官となった。つぎのポストは決まっていた。連合艦隊司令長官となり、海軍大臣となった。そして首相にもなった。

松平の人を見る目は正しかった。だが、その米内をもってしても、日本を救うことはできなかった。かれが首相となっていたとき、ドイツ軍はわずか四十五日でフランスを降伏させてしまった。二十数年前には四年かかってついにできなかったことだった。多くの人が世界史は決定的に変わるのだと思った。陸軍はドイツとの同盟締結に反対していた米内内閣から陸軍大臣を引き揚げ、後任陸相を推薦することをしないという構えを見せ、米内内閣は退陣せざるをえなくなった。

それから四年あとの昨年七月に米内の再度の登場となった。近衛文麿が内大臣の木戸幸一に説いてのことだった。近衛もまた米内の先見力とその力量を買うようになっていたのである。そして小磯内閣総辞職のあとも、米内は鈴木内閣に残った。

そこでこの五月二十九日か三十日のことに戻る。米内と松平が会った。二人は会ったこと自体を隠しているのだから、なにを語り合ったのか、その中身をかれらが明らかにするはずもない。だが、おおよその見当はつく。松平は米内につぎのように語ったのである。

戦局はすでに絶望的だ。そしてこの空襲だ。敵は六大都市を焼き終えたら、県庁の所在地すべてを焼いていこう。五百万人以上の人びとが住居と家財を失うことになる。ところが、陸海軍統帥部の責任者は戦争終結を決断する勇気がない。この無算無謀な戦いをはじめてしまったという大きな負い目があることから、自分の口からはとても戦争をやめるときだと言いだす勇気がない。そしてもうひとつ、降伏はお上にいかなる危害、災厄をもたらすかと思えば、とても自分の口から終戦をと言いだすことはできない。こうして本土決戦を主張することになり、そのための準備をすることになっている。

帷幄《いあく》の大元帥、天皇自らがこれを決するほかはない。陸軍から派遣されている侍従武官長に戦いを止めなければならないと説かせようとするのは、かれを困らせるだけだ。「常侍輔弼」の責任を持つ内大臣がお上へ助言しなければならない。ところが、木戸侯はその大事な任務を果たそうとしない。この戦いをはじめてしまったという大きな負い目が統帥部にあると言ったばかりだが、木戸侯はそれ以上に大きな呵責を負っているはずだ。戦争を回避するための力を充分に持っていたにもかかわらず、かれが選んだのは戦いだった。戦争責任の問題がお上に及ぶのではないかと考えれば、この戦争の大きな責任者である木戸侯もまた、身動きできない。

木戸侯を内大臣の椅子にとどめておいたら、ずるずると戦争はつづくことになる。

松平恒雄は米内光政にこのように語って、つぎのようにつづけたのであろう。そこである方法を考えた。ひとまず、五月二十六日未明の明治宮殿焼失の責任をとるという形をとって、私は宮内大臣を辞めることにして、その後任に石渡荘太郎《いしわたそうたろう》をと陛下に申し上げる。そして最終段階で、私は陛下にお願いして、木戸侯を宮内大臣に横滑りさせる。あなたの賛成も得られると思うのだが、石渡荘太郎氏を内大臣にするようにと陛下にお願いする所存です[84]。

松平が米内にこのように語ったことは間違いなかろう。そして元翰長《かんちょう》の説得は自分がするが、口添えを願いたいと米内に依頼したのであろう。

石渡は五十三歳、大蔵省の出身であり、主税局長、次官を歴任し、平沼内閣、東条内閣、小磯内閣の蔵相となった。秀才であったが、性格はいたって闊達、親分肌のところもあり、およそ人から悪口を言われることがなかった。そしてかれは松平と米内の盟友だった。昭和十五年に石渡は米内内閣の翰長、書記官長だった。そのとき陸軍が強硬に推していた三国同盟の締結に反対をつづけたのが、松平、米内、石渡のトリオだった。

米内は松平の話にひどく驚きはしたものの、大きくうなずいたのであろう。木戸を辞めさせなければならない。米内だけでなく、近衛、高松宮、さらにかれらと同じ考えを持った人たちが密かに語っていたことだが、方法がなかった。松平大臣が身をひくというのは、思いもつかなかった奇策であり、石渡荘太郎をもってくるというのも、これまた思いもつかない人選だった。木戸を辞めさせるためには、松平大臣の辞任もやむをえない。米内もいたしかたないと思った。

六月二日、松平恒雄は天皇に辞任を正式に言上し、そのあと天皇に向かって、自分の後任に石渡荘太郎を据えると前に述べていた人事を撤回し、石渡を内大臣にし、木戸を宮内大臣にしたらいかがと言上した。

松平はどんな具合に木戸更迭の必要を天皇に説いたのであろうか。木戸侯は昭和十五年六月から五年にわたって内大臣の重責を担ってきた、このさき日本が容易ならぬ局面に立ち向かおうというときにあたって、木戸侯は休養されるのが望ましいと言上したのであろう。天皇はうなずいた。

その日の午後四時、天皇は木戸を呼び、内大臣と新宮内大臣が入れ替わってはどうかと言った。木戸はびっくりした。かれは天皇の勧めにうなずかず、石渡を内大臣にするのはよくないと言上した。

木戸が天皇にどのように説いたのかは、これまた容易に想像できる。つぎのように説いたのである。

最後の戦いとなる本土決戦に備え、陸海軍の統合が必要だと陸軍は執拗に主張してきました。お上もご記憶にあるとおり、陸軍側は、フィリピンの司令官、山下奉文大将、硫黄島の栗林忠道中将が陸海軍の統合運営をしなければ、力限りの戦いができないと参謀次長に、そしてまた、お上への言上を願って、侍従武官長に訴えてきたのであります。戦場の司令官も、参謀本部、陸軍省の幹部たちも、陛下の聖断を期待してきたのであります。そして願いどおりにならなかったのは、海軍が烈しく反対しているからだ、本土決戦という事態を迎えるときになって、海軍は相も変わらず、自分のことしか考えていないのだと陸軍の怒りはいまだに消えてはおりません。

このようなときに、内大臣を石渡荘太郎にするような人事をおこなえば、陸軍は石渡荘太郎の経歴から米内海軍大臣、松平宮内大臣が図ったことだとただちに推察し、宮廷が海軍に肩入れするのはどのような意図からであろうと疑心を抱き、海軍に一層の敵意を燃やすことになります。このさきの戦いは陸軍が主体となると気負っているときだけに、いま陸軍と無用な摩擦を引き起こせば、このさき時局の収拾は一層難しくなりましょう(85)。

天皇は木戸の説明をもっともだと思ったのであろう。考えを変えた。木戸は内大臣のポストにとどまることになった。

翌六月三日、石渡荘太郎の焼かれたあとの転居先に内大臣秘書官長、松平康昌が訪ねてきた。内大臣に会ってもらいたいと伝えた。宮内大臣になってほしいというのだった。石渡は計画の破綻を知り、ただちに松平と米内に連絡をとったのであろう。木戸にしてやられたと松平と米内は嘆息したのである。

その翌日、六月四日の午後三時半すぎ、新宮内大臣、石渡荘太郎の親任式がおこなわれた。そのあと前宮内大臣の松平恒雄が木戸の部屋に辞任の挨拶に赴いた。木戸は内大臣の更迭を天皇に進言したのは松平だとわかっていたから、自分が内大臣のポストに留まざるをえない理由を縷々と弁解したことは間違いない。

松平は言葉少なかったにちがいない。そこで前に記したことを繰り返す。松平と木戸とのあいだの会話で、「悪者」という言葉が出た。徹底抗戦の基本国策に反対する者、戦争を終わらせようと望んでいる者を自虐的に「悪者」と言ったのであろうが、松平は別れ際に木戸を見据えて、「政治家が悪者になるべきです」と言った。これについては、このさきでもう一度、述べることになろう。

米内光政と松平恒雄が望んだこと、やろうとしたことは失敗に終わったのである。

鈴木貫太郎、グルーに呼びかけようとしたが

五月三十日だった。鈴木貫太郎と陸相の阿南惟幾が米内光政に向かって、臨時議会を召集したいと言いだした。米内は藪から棒の話にびっくりした。とんでもないと強く反

対した。この戦争をどのように収拾するかを決めていない段階で、臨時議会を開くべきではない、あれこれ議員に質問されたら、政府は困ることになると言った。

首相は平気だった。「いや、困りません。あくまで戦います」と答えた。

米内は心底、困ったと思ったのであろう。その日、五月三十日、かれは内大臣を更迭する松平恒雄の計画を進めていた。木戸幸一に代わって、石渡荘太郎が内大臣になったら、陸軍は間違いなく硬化しよう。臨時議会の召集を絶好のチャンスとばかり、本土決戦をおこなうとしっかり決めてしまい、新内大臣の手を縛ろうとするだろう。臨時議会を開かせてはならない。米内はこう考えたはずである。

ところで、鈴木貫太郎が開こうとしていたのは臨時議会だけではなかった。首相は阿南惟幾の求めに従い、議会開催前に最高戦争指導会議を開くことにも賛成していた。その最高戦争指導会議で決めるのは「戦争指導ノ基本大綱」だった。

大綱は一年に一度つくる。アメリカとの戦争をはじめてから三回目、昨年八月の大綱はソ連と重慶政府にたいする外交工作の展開が眼目だった。しかし、どちらも失敗に終わった。見てきたとおり、小磯内閣の退陣はその重慶工作が原因だった。

四回目となる大綱は本土決戦の準備を掲げたものとなることは、とうに決まっていた。陸軍は四月からその大綱づくりの準備を進めていた。海軍は自分たちが沖縄の海空で決戦を敢行しているさなか、陸軍は持久の戦いをしていると憤慨していたときであったから、陸軍省軍務局が持ち込んできたその大綱案を海軍側は放りっぱなしにしておいた。

五月二十四日、陸軍首脳がもしやと期待していた義烈空挺隊の攻撃は全員が戦死して終わった。それは沖縄の北、中飛行場へ強行着陸させ、基地を破壊しようとした作戦だった。そのあと五月二十七日、二十八日の九州からの第八航空師団の航空攻撃が陸軍航空の沖縄支援の最後になった。

阿南惟幾は決意した。首相に大綱の審議を求めた。当然、天皇が臨御しての御前会議を開くことにもなる。内閣書記官長、迫水久常が大綱の内閣案を海軍省に届けたのが、臨時議会を開催したいと首相が米内に語ったのと同じ五月三十日だった。中身は二カ月前に陸軍側がつくったのと同じ内容だった。

臨時議会を召集する、それより前に最高戦争指導会議、そして御前会議を開くと鈴木と阿南の計画のすべてを米内が知ったときには、松平恒雄と米内が試みた内大臣更迭の計画は失敗に終わっていた。木戸が居座ることになった。そして首相は陸軍とともに本土決戦をおこなうと正式に決めようとしていた。米内はまさしく八方塞がりとなった。

鈴木貫太郎はなにを考えて、御前会議、臨時議会を開こうとしたのか。

衆議院と貴族院の全議員に向かって陸海軍の統帥部総長ともども、本土決戦をすると説くことになるのは百も承知、鈴木はそれを望んだのだ。それより前に「基本大綱」を最高戦争指導会議で定めなければならず、それも当然ながら本土決戦を説くものであった。これまた鈴木が望んだことだった。

鈴木が考えていたのは、つぎのようなことであったのだろう。かれは五月九日のトルーマンの声明とグルーの演説に落胆した。トルーマンの「無条件降伏」の要求はわずかに譲歩を仄めかしていたが、グルーが以前に示唆した降伏条件の緩和の明示は、トルーマンの声明にそのかけらもなかった。そしてグルー自身はその演説で日本になにひとつ語りかけようとしなかった。

ぐずぐずと待っていることはできない。最高戦争指導会議、御前会議、そして臨時議会を通じて、こちらからアメリカにシグナルを送ろう。鈴木はこう考えた。

鈴木はこの四月はじめに首相になる以前に、おそらく昨年のことであったにちがいないが、グルーの著書「滞日十年」に目を通すか、その梗概を記した文書を読む機会があったのであろう。枢密院議長の鈴木のもとにそれを届けた外務省高官がいたのである。

鈴木はグルーがその日記のなかでかれのことを記述しているのを知ったはずだ。昭和十一年二月二十六日の叛乱事件をグルーは「悲しみと怒り」と記し、鈴木が襲撃されながら、命をとりとめたことを知って喜んでいる記述があり、海軍における鈴木の先輩、その宮廷においてもかれの先輩である斎藤実が殺害されたことを悲しむくだりがあり、その襲撃の前夜に斎藤、鈴木の両夫妻をグルーが公邸に招待していた運命のきずなに思いをいたす一節もあった。

そして鈴木はグルーがこの戦争を引き起こしたのは日本の陸軍であると説き、かれがもっとも信頼する友人は牧野伸顕だと述べていることも承知したのであろう。

鈴木はつぎのような計画をたてた。御前会議に全重臣を出席させ、この戦争の責任者だとアメリカ側が名指しで非難してきている東条英機を欠席させ、グルーがその著書のなかで日本の和平勢力の代表だと説いた牧野伸顕を出席させる。その上で本土の戦いをやるとの決意の表明をする。

これまで「戦争指導ノ基本大綱」を決める御前会議には枢密院議長以外は重臣を出席させることはなく、その開催は秘密にされ、決められた大綱は公表せず、新聞にはなにも発表しないのが通例だった。鈴木は本土決戦をおこなうと決めたことを公表し、列席した重臣たちの名前も新聞紙上に載せ、海外放送で伝えるつもりだったのであろう。

それにつづく臨時議会でおこなわれる施政方針演説で、本土決戦をおこなうと説くのと同時に、ここでもひとつの策略をほどこそうと考えた。二十七年昔の大正七年に練習艦隊司令官としてサンフランシスコに寄港したときに歓迎会で演説した日米間の平和を説いた一節を施政演説のなかに加える心算だった。太平洋を軍隊輸送のために使うようなことがあれば、「必ズヤ両国トモ天罰ヲ受クベシ」と警告したというくだりを加えようとしたのである。これもまた、ラジオ・トウキョウでアメリカに放送する考えだった。

鈴木はこの二つのシグナルが意味することをアメリカ国務省、だれよりもグルー長官代行がはっきり捉えてくれるのではないかと思ったのであろう。

かれがそのように考えて当然だった。四月にかれの内閣が発足したとき、かれはストックホルムやリスボンからの外交電報を読んでいたから、英国やアメリカで、かれがどのように評価されたかをはっきり知っていた。つぎのような予測が載っていた。鈴木は一九三六年のクーデターの殺害計画リストに載せられたひとりであり、重傷を負った。かれの登場が意味することは、最後まで抗戦することではなく、和平を求める可能性が大きい、対日戦は予想以上に早く終わるかもしれない[86]。

そして鈴木は自分のシグナルがアメリカ側に間違いなく届き、理解されていることも承知していた。四月十二日のルーズベルトの急死に際して、かれが弔意を述べたことはアメリカで注目されたことをチューリッヒのスイス駐在公使館からの電報を読み、承知していた。

鈴木貫太郎がやろうとした二つの試みは、日本側に戦争終結の用意があることを明らかにして、昨年五月にグルーの「滞日十年」が示唆した皇室の保全を条件に盛った降伏の呼びかけをするようにと求めたものだった。

それがかなえられないなら、本土で戦いをつづける、これはもはやアメリカ側が非難する侵略戦争ではない、最低限の名誉を守ろうとしての決死の戦いであることを、東条英機を欠席させ、牧野伸顕を出席させたことによってアメリカ側に示そうというものだった。鈴木がやろうとしたのはこういうことだった。

鈴木は木戸、米内、阿南に自分の考えを説明した。もちろん、鈴木は自分のほんとうの意図を明かすことなく、つぎのように語ったのであろう。最後の決戦の決行を定める御前会議にすべての重臣の出席を求めるつもりだ、牧野伸顕伯が重臣として出席されることが望ましい、前内大臣、元内大臣は重臣としての資格を当然ながら持つ、だが、湯浅倉平、斎藤実の両氏はすでになく、牧野伯にお願いするしかない。

東条英機大将を欠席させることについては、言葉短く、戦いの不振の責任があると鈴木は言ったのではないか。

米内は牧野伸顕を御前会議に出席させたいと首相が語るのを聞いて、なるほどグルーに呼びかけをしようと考えているのかと気づいたのであろう。米内もグルーの「滞日十年」を承知し、それが説いていたことを知っていたはずである。

木戸も首相の真の狙いがわかったはずだ。阿南は吉田茂逮捕に際して部下から説明を受けていたであろうから、かつての親英米派がグルーに期待をかけていることを知り、東条と牧野を取り替える首相の計画を聞いて、首相がなにをしようとしているのか、はっきり察知したはずである。

そこで米内だが、かれは鈴木の計画に賛成しなかった。賛成しても無駄だった。阿南が陸軍の名誉を守ろうとして、東条英機を欠席させることに激しく反対し、首相の計画を潰してしまうのは目に見えていたからである。言うまでもないことだが、首相は国務大臣に指揮権を持ってはいない。陸相が反対すれば首相の計画は潰れる。

木戸は鈴木に向かって、自分の考えを言わず、陸海相の意見を尋ねたらと逃げた。もちろん、木戸も首相がグルーへ呼びかけをしようとしていることなどまったく気づかぬふりをしたのである。

鈴木は御前会議を利用して、グルーへの呼びかけをすることを断念した。六月六日の最高戦争指導会議、そして六月八日に御前会議は開かれたが、会議が開かれたこと自体、新聞に掲載されなかった。

翌六月九日に臨時議会で鈴木がおこなった施政演説はどうなったのか。

それより二日前、内閣書記官長が執筆した草稿が閣議で回覧され、サンフランシスコ演説のくだりを読んで、だれもがこれはまずいと口々に言った。

閣僚たちはなによりも議会の混乱を恐れた。議会は今年の三月に翼賛政治会を衣替えした大日本政治会の与党一色ではなかった。衆議院議員のあいだで今年二月から岸信介を中心に翼賛政治会に代わる新党をつくろうという試みがあった(87)。戦いをつづけるために新しい生産体制をつくるのだと叫び、岸信介は議会内に自分たちの大きな組織をつくろうとしたのだが、失敗に終わった。そのあと議席を持たない岸は故郷の山口に帰ってしまった。三十人ほどの議員を集めた少数グループは、名うてのうるさがたが顔を揃え、政府反対党の色濃い護国同志会を結成した。

海上封鎖をされ、都市が焼かれていくなかで、すべての軍需生産は急角度で低下し、昨十九年に岸が提唱した生産軍をつくるべきだといった計画はもはや過去のものとなっていた。代わって、内務省と陸軍は国民義勇隊といった国民の防衛組織をつくろうとしているのだが、その組織に期待を寄せる者はいない。

護国同志会の議員たちの失望と不満は政府にたいする怒りに変わっていたから、降って湧いた臨時議会の召集の知らせにかれらは手ぐすねをひくことになった。

首相の施政演説草案を検討した閣員たちは、日米両国が太平洋で戦うようなことになれば、「日米両国ともに天罰を受くべしと警告したのであります」といったくだりがよくないと言った。護国同志会の議員たちが必ずやこの部分を取りあげ、日本に天罰がくだるとはなにごとかと騒ぎたてることになると思ったのである。

このサンフランシスコの挿話を加える必要があるのかと言う閣僚がいた。かれらは首相がアメリカに向かってごくごく遠回しに和平の呼びかけをするつもりなのだと察しはしても、そんなことをしてどうにもなりはしないと思ったのであろう。しかたがない、首相がぜひとも入れてくれと言ったというのなら、この部分の文字を改訂しようということになった。「天罰」を「天譴《てんけん》」と言い換え、あたりを柔らかにした。

ところが、そのあとに首相が不満を洩らした。書記官長、迫水久常は閣僚たちに相談することなしに、もとに戻した。

六月九日午後一時半、本会議場で首相が施政演説をおこなった。はたして護国同志会の議員たちは首相が語った「天罰」という言葉を聞き逃さなかった。本当はそうではなかったのであろう。首相演説の中身を前もって承知していた陸軍省軍務局の渉外部門を担当し、議場に詰めていた軍務課員が護国同志会の議員たちに、とんでもない箇所があるぞと教えていたのであろう。

怒号がつづくなかで首相の演説が終わり、そのあとこれまた怒声がつづくなかで、護国同志会の浜田尚友《ひさとも》は首相を非難し、さらに外務大臣を攻撃した。怒号と罵声がやっと収まり、陸軍大臣、阿南惟幾が戦況説明をして、「来るべき本土決戦においては、赫々たる勝利の事実をもって、国民諸君の熱烈なるご支援に応えたい覚悟であります(88)」と結んだのだが、お義理で拍手をしたのは最前列の議員だけだった。ビルマ、フィリピン、沖縄、すべての戦いは敵側の掃討戦になってしまい、東京、川崎から横浜、名古屋、大阪、尼崎、神戸までの七つの都市の大部分の町々が焼き払われ、五百五十万人の人びとが住まいを失い、もはやいかなる望みとてない国の議会の光景だった。

さて、翌日の新聞に首相の施政方針演説は掲載されたが、「天罰」もなければ、「天譴」もなかった。「もし日米戦えば、必ず終極なき長期戦に陥り、恂《まこと》に愚かなる結果を招来すべきことを警告したのであります」と変えてあった。

だが、護国同志会側は容赦しなかった。一日あとの六月十一日の議会の委員会で、護国同志会の小山亮が質問に立ち、「日本国民はこの戦いにおいて天佑神助必ず我らの上にありと確信して、この戦いに臨んでいるのであります」と声を張り上げ、首相に「天罰」のくだりの取り消しを求めた。首相の答弁が要領を得なかったため、委員会は収拾できない騒ぎとなってしまい、委員長はもみくちゃにされながら、散会を叫んだ。

政府と議会与党の幹部たちは護国同志会が倒閣に持ち込むのではないかと恐れた。少数党の護国同志会は政府を追い詰めることはできないが、陸軍が護国同志会と組み、鈴木内閣をバドリオ政権だと非難するようになったら、それは可能だ。

昭和十八年七月下旬に枢軸国イタリアの指導者ムッソリーニが失脚し、そのあとを継いだのがバドリオを首班とする政権だった。その新政権は九月はじめに米英連合軍に降伏したことから、バドリオは裏切り者、敗戦主義者の代名詞となった。

陸軍省軍務局内で鈴木貫太郎をバドリオだと非難し、忌避する空気は、四月はじめに鈴木が首相になろうとしたときからあった。陸海軍合同に反対し、さらに新内閣にも居座りをつづけることになる気配の海軍大臣、米内光政にたいする反感が重なってのことだった。陸軍大臣の阿南惟幾が部下を抑えたから、鈴木内閣は発足したのだが、陸軍内の米内にたいする反感は収まらなかった。沖縄の戦いをめぐっての海軍の陸軍にたいする非難攻撃が、陸軍内の海軍憎し、米内憎しの感情をさらに激しいものにしていた。

五月三十日に市谷台に立ち寄った東条英機が軍務局員に警告し、閣内にけしからぬ動きがあると告げた。その日に開かれた重臣会議で米内が重臣たちに向かって、このような機会に「大方針について懇談されては」と提議した。「大方針」とは戦争を継続するか、終結するかということなのは明瞭だった。近衛も、若槻も、岡田も、だれもなにも言いだせないことを米内は承知して言ったことだった。数日のちに内大臣の更迭を知ることになる重臣たちが米内光政のやったことだと気づき、つぎに自分の問いかけを思いだすにちがいないと読み、なぜ内大臣の交代が不可欠なのかを理解すると推量してのことだった。

内大臣の更迭を米内が意図していたことは知らなかったが、米内が戦争を終結すべきだと重臣たちを煽動していることを東条から聞いた陸軍省軍務局の軍事課、軍務課員は憤激した。首相の施政演説の内容にも怒った。このバドリオ政権に本土決戦なんかできるはずがないと語り合い、倒閣すべきだという主張になった。

衆議院が混乱し、陸軍と護国同志会が倒閣を意図しているというのであれば、それをだれよりもさきに知らなければいけないのは内大臣の木戸幸一である。翌六月十二日朝早く、木戸は貴族院勅選議員の広瀬久常から衆議院の危険な状況を聞いた。広瀬は木戸派の最高幹部である。第一次近衛内閣のときに初代の厚生大臣だったのが木戸、かれに次官として仕えたのが広瀬だった。そして木戸は二代目の厚生大臣に広瀬を推したのだった。

木戸はただちに阿南と連絡をとったのではないか。同じ十二日、阿南は陸軍省と参謀本部の各課の課長を集め、議会の混乱に加担してはならぬ、倒閣騒ぎの後押しをしてはならないと命じた。閣内不統一に導き、倒閣をするつもりはないという陸軍大臣の意思表示だった。

その翌日、六月十三日の朝、阿南惟幾は長野と新潟の視察に突然、出発した。軍務局ではだれもがうなずいた。大臣は部下から突き上げられるのを嫌って、東京を離れたのだと語り合った。

阿南はどのように考えたのであろう。部下たちは、あらかたの政府閣員や議員たちと同じように、首相の「天罰」の演説を知るだけで、首相が「今度の御前会議には牧野を入れて東条を欠席させてはどうか」と言ったことは知らないはずだった。阿南は参謀次長と次官、軍務局長にはそれを語り、首相の主張に反対したと述べ、このことは他言しないようにと告げもしたはずだった。

だが、課長、課員たちは東条元首相を御前会議から外し、牧野伯を加えるといった首相の計画を耳にしているのではないかと阿南は疑ったのではないか。そしてあらかたの閣僚はグルーの「滞日十年」についてなにも知らなかったが、課長、課員のなかにはグルーのその著書のことを小耳にはさみ、グルーが牧野伸顕を高く評価していることを知っている者がいるのかもしれず、首相がやろうとしていることは、グルーへの和平の呼びかけだと気づいている者がいるのではないかと阿南は想像し、警戒したのではないか。阿南は鈴木の東条を欠席させるという提案に反対したし、吉田茂の逮捕には反対しなかった。そして構成員会議で戦争終結の仲介をソ連に依頼する案を先延ばしにもした。だが、阿南は首相のグルーへの呼びかけには反対ではなかったのであろう。日本の皇室の保持を主張するグルーを無視してはいけないとかれは思っていたはずである。そこでかれは鈴木内閣を打倒すべきだといきまく部下たちの相手をしたくなかったのであろう。かれは予定にない行動にでて、立川から輸送機に乗ったのである[89]。

結局、陸軍が倒閣運動に加担しなかったから、護国同志会の叛乱はコップのなかの嵐で終わった。だが、鈴木の計画も失敗に終わった。グルーに宛てた和平を求める明確なメッセージは発信できずに終わった。

じつを言えば、アメリカの側では、グルーが試みようとした二度目の計画もまた失敗に終わっていた。

もちろん、鈴木貫太郎はそうしたことがあったとは知らないし、近衛文麿もまた、グルーがやろうとしたことを知るはずもない。東郷茂徳、木戸幸一も知らない。日本人はだれひとり知らない。

グルーが三月二十四日に全国向けに放送する計画を中止せざるをえなくなったことは

前に記した。ホットスプリングスで日本の天皇制度を廃止するといった民間の提言が公けにされたのにたいして、アメリカ政府の方針は違うということを明らかにし、なによりも日本の政府と宮廷にそれを告げようとしたのだが、いよいよというときになって海軍統帥部が反対し、グルーの試みは葬られた。

それから五十日ほどあとのことになる。五月十八日から十九日にかけて、日本がアメリカに和平を申し入れたといういくつもの情報が世界中を飛び回った。ベルン、ストックホルム駐在の公使が東京の外務省にその記事を報告してきたし、同盟通信、日本放送協会からも同じニュースが届いた。些細な点に違いがあったが、いずれにも共通していたのは、天皇自らが和平に乗り出し、日本の経済指導者が和平を主導し、天皇の地位の保全と日本本土の荒廃を阻止するだけを望んでいるというのだ(90)。

外務省と陸海軍省のだれもがそれはなんの根拠もない偽情報だと思ったにちがいない。だが、それらの情報を流布させたのはだれなのか、その狙いはなんであったのか。小遣い稼ぎのけちな詐欺師の作り話にしては、あまりに噂の広がりが広範囲に過ぎた。ストックホルムでの公使や武官がやっている和平の糸口を求めてのスウェーデン人との交渉が暴露されたのか。それともスイスのベルン駐在公使の加瀬俊一がおこなっているアメリカの諜報機関の要員との秘密接触が洩れたのか。それにしては「日本の経済指導者」の登場するのが腑に落ちなかった。外務省、陸海軍の関係者はこんな具合に考え、首をひねったことであろう。

これは国務長官代理のジョゼフ・グルーが部下に命じて仕掛けさせた策謀ではなかったのか。

日本に降伏の方法を教示するといった狙いがまずはあった。だが、グルーのもうひとつの狙いは大統領と陸海軍首脳たちの注意を引き寄せ、日本側が言いだしていることに注目させ、日本にたいして行動をとるべきときが来たと教えようと図った術策だったのではないか。

グルーはどうしてそんなことをしたのか。かれが懸念していることがあったはずだ。なぜか新大統領ハリー・トルーマンが日本を一日も早く降伏させることになんの関心も見せなかったことであろう。そしてもうひとり、死去する前のルーズベルトに疎遠にされていた人物、それがトルーマンに信頼され、かれの右腕となり、それこそルーズベルトにとってのハリー・ホプキンスの役割を継いだ男、ジェームズ・バーンズが、これまた日本を降伏させることなどどうでもいいといった態度であったことだ。

日本が和平を求めているといった情報が、アメリカをはじめ、各国の新聞に掲載されていたまさにその日、五月十九日にグルーはノートにつぎのように記した。「ロシアは……遠からぬ将来にはヨーロッパ全域にその支配を一歩一歩ひろげてゆき、近東も、極東も同じようなことになるかもしれぬ。

ひとたびソ連が対日戦争に参加すれば、モンゴル、満洲、朝鮮はやがてその支配圏に呑み込まれ、中国も遠からずその支配圏に呑み込まれ、最終的には日本も呑み込まれることになる」[91]

それから一週間足らずあとの五月二十三日夜と二十五日夜に東京の中心部が壊滅してしまい、八十五万人の都民が住まいを失ってしまったあと、五月二十八日にグルーは行動にでた。五月三十日の戦没将兵記念日の大統領がおこなう恒例の演説に日本への降伏の呼びかけをおこなうようにとトルーマンに説いた。そして日本側が受諾できるか、できないかを分けるもっとも重要な問題については、グルーの駐日大使時代からの側近であるドーマンがつぎのような文言にした。「日本国民は将来の政治形態を自身で決めることが許される」

トルーマンはまことに愛想よくグルーの提案に耳を傾けたから、グルーは大統領が自分の考えに理解を示したと思った。そして陸海軍の長官と陸海統帥部の総長と協議するようにとの指示を大統領から得た。翌五月二十九日に会議が開かれた。スティムソン、フォレスタル、マーシャルがいずれもグルーの計画案に賛成した。「だが、公けにできない、ある軍事的な理由から、いまそのような声明を出すように大統領に勧告することはできないと考えられる。タイミングの問題が全体の中心にある」[92]とヘンリー・スティムソンが最後に言った。

グルーはほかの陸海軍の幹部たちがいずれもスティムソンの主張に賛成なのを知った。グルーのこれより前の日本への呼びかけ、三月二十四日に予定したかれの全国向けの放送が駄目になったのは、はじまろうとする沖縄の戦いに影響することを軍首脳が警戒したからだったし、五月三十日の大統領の全国放送を日本にたいする降伏の呼びかけにはしないと軍首脳が語り、「タイミングの問題」だとごく簡単に弁解したのも、これまた沖縄の戦いに関連があるのだろうか、沖縄の戦いはとっくに山場を越えたのではないか、どういうことなのだろうとグルーは疑ったはずである。

本当はその会議に出席していないトルーマンがスティムソンにグルーの計画を潰させたのであって、その理由は沖縄の戦いとはまったく関係がなかった。トルーマン、そしてかれのただひとりの相談相手、バーンズが考えていることを記すのは、まださきになろう。

こうして日本を一日も早く降伏させようとしたグルーの試みが潰されてしまえば、東条英機を牧野伸顕に代えて御前会議に出席させることによって、グルーに戦争終結を望むシグナルを送ろうとした鈴木貫太郎の試みも潰されて終わった。

こうして本土決戦をするのだという構えだけは決まってしまった。

豊田副武、その投げやりな態度は

さて、数カ月さきに迫る本土における戦いを前にして、陸軍と海軍の最高責任者はどのように考えているのか。

最高戦争指導会議、御前会議で陸海軍の首脳たちが読み上げた「今後採ルベキ戦争指導ノ基本大綱」や「要領」「所見」はおよそいい加減なものであり、空虚な文字を書きつらねただけの文書だった。

その大綱はずっと以前につくられていた。陸軍省軍務局は四月に大綱案を海軍側に渡したのだが、海軍側は放りっぱなしにしておいた。勇敢さを表すもっと格調高い漢語を辞典から拾いだすだけの作業の大綱つくりはともかく、陸海軍のあいだで「作戦見通シ」を検討するのは大切な、時間のかかる仕事のはずであった。ところが、陸海軍の作戦担当官の協議はなかった。

当然といえば当然だった。海軍が自己中心主義だから、陸海軍の合同も、統帥の一元化もできないのだと陸軍幹部が海軍を非難しつづけていた。沖縄の戦いがはじまってから、攻守は逆となった。海軍は決戦を敢行している、陸軍は決戦をしない、持久の戦いをしていると海軍幹部が陸軍を非難しだした。陸軍と海軍の関係はいよいよささくれだち、陸軍は陸軍の戦いをする、海軍は海軍の戦いをすればよい、双方がそう考えたのである。

だが、陸海軍のあいだで「作戦見通シ」の検討を先延ばしにした本当の理由はまたべつにあったのではないか。参謀本部、軍令部のだれもが、このさきの本土決戦にどのような希望もなく、いかなる確信も持てなかったからであろう。

こうして最高戦争指導会議を開催することが決まって、その会議に先立ち、陸海双方の次官、次長、かれらの部下たちの会議は一回開かれただけだった。「戦勝、神機ヲ捕捉スルニ遺憾無カラシムルヲ要ス」といった結論を読み上げ、「速カニ皇土戦場態勢ヲ強化」といった大綱案、要領案を読み合っておしまいだった。

およそいい加減な準備を終えただけで開かれた最高戦争指導会議、御前会議で、軍令部総長、参謀総長はどのような態度をとったか。

軍令部総長の豊田副武の最高戦争指導会議における陳述文書は、会議開催日の数日前に陸軍側に届けられていた。敵の上陸部隊に海上でどれだけ打撃を与えることができるかの見通しが述べられ、七月に敵が南九州に来攻の場合は全輸送船の二割、九月に敵が関東に来攻の場合は全輸送船の二割五分を撃沈すると記してあった。

ところが、豊田副武は最高戦争指導会議に出席して、三割、四割を撃沈することに訂正してしまい、「六、七割程度のもの」は「上陸を許すことになる算大なりと判断いたしております」と読み上げた。さらに一日あいだをおいての御前会議では、豊田は「敵もし六、七月頃に進攻してくる場合は、その二分の一は水際前において撃滅しえます[93]」と朗読したのだった。

軍令部が提出した参考資料には、敵がこの七月に九州に上陸するときには、予想輸送船一千隻、二十個師団を投入するだろう、九月に関東に上陸するときには、予想輸送船二千隻、三十個師団から四十個師団になるだろうとなっていた。

最初の予測では、輸送船一千隻のうち、二百隻から二百五十隻を沈めてみせるということだった。つぎに三百隻から四百隻、そして最後に御前会議で軍令部総長は五百隻を撃沈すると説いたのである。

五百隻を沈めることができるのか。

四月はじめに開始された沖縄水域にたいする海軍の航空攻撃は延べ八千五百機を投入し、特攻機を含め、千四百機が帰らなかった。陸軍航空隊は延べ二千機、特攻と未帰還機が九百機だった。敵の艦艇三十四隻を沈め、三百六十隻に損傷を与え、敵海軍の死者は一万人に近かった。

これはアメリカ海軍が明らかにした数字である[94]。鹿屋の第五航空艦隊司令部から横浜日吉の連合艦隊司令部、軍令部、海軍省のだれもがその数字を知ったら、とんでもない、敵に与えた損害はたったそれだけのはずがないと声を荒らげることになろう。

だが、豊田副武をはじめ、たとえば中堅幹部の軍務局長の保科善四郎、戦備部長の高田利種、戦力補給部長の石川信吾のだれの名前を挙げてもいい、かれらがもっと驚く事実がある。この三年半、真珠湾攻撃にはじまって、ギルバート諸島沖航空戦、フィリピン沖海戦、たとえば「壮烈の殲滅戦」「空母の火達磨行列、大戦艦眼前に轟沈」と新聞に大見出しが躍った昨年十月半ばの台湾沖航空戦までを含め、いくつもの海戦、航空戦をおこなってきたなかで、ほんとうの数字を較べるなら、敵に与えた損害がもっとも大きかったのは、この二カ月間の沖縄水域の航空攻撃だったという事実だ。

いや、かれらは薄々、そのことを承知していたのかもしれない。延べ八千機をひとつの戦場に投入した航空攻撃はほかにはなかったからだ。

では、これから数カ月さき、南九州に上陸する敵の艦船に延べ八千機の航空攻撃を敢行できるのか。

航空機の生産はどうなっているのか。最高戦争指導会議、御前会議に出席した十一人のなかに総合計画局長官の秋永月三《あきながつきぞう》がいた。会議の冒頭に「国力ノ現状」の報告書を読み上げた。そのなかにつぎのような箇所があった。「航空機ヲ中心トスル近代兵器ノ生産ハ空襲ノ激化ニ因ル交通及生産ノ破壊並ニ前記原材料、燃料等ノ逼迫ノ為　在来方式ニ依ル量産遂行ハ遠カラズ至難トナルベシ[95]」

その報告書をつくったのは、会議に出席した十一人のうちのひとり、内閣書記官長の迫水久常だったが、それをつくるにあたって、五月の陸海軍の航空機生産総数は千五百九十二機だという数字を航空兵器総局の長官から聞いたはずだ[96]。総局が百部限定で配布する書類に載せられた数字だった。

じつは、この千五百九十二機が正確な生産機数ではない。水増しの数字だ。発動機を付けていない飛行機を加えている。それとは別に不良の附属品とわかっていながら装備してしまうのは、ごくごく当たり前のことになっている。五月につくったという千五百九十二機のうち、何機が実際に飛ぶことができるのか、迫水久常も、秋永月三も知らないし、知りたくないのがほんとうの気持ちであろう。

はっきりわかっていることは、中島の武蔵と三菱の大幸の二つの発動機工場が壊滅してしまったから[97]、「量産遂行」はすでにおしまいだということだ。誉《ほまれ》や火星といった発動機の生産はできず、紫電改や雷電といった局地戦闘機の生産は不可能となっているのだ。

そこで頼りは陸海軍が現在持つ保有機だ。この六月、海軍と陸軍の手持ちの航空機はどれほどあるのか。海軍だけで五千機あるということになっている。だが、保有機が何機というのは、航空機の月産数字と同じで、飛ぶことができない飛行機を加えている。

実動機はどれだけあるのか。実動機のなかで半分近くを占めるのが練習機だ。いままで戦場にでたことがないからだ。だが、練習機もいまや実戦力だ。沖縄の中飛行場から九九式高等練習機が特攻攻撃したことは前に記した。これは陸軍機だ。海軍航空は沖縄航空攻撃の終盤に白菊を特攻攻撃に加えた。

海軍航空は昭和十七年から搭乗員の大量養成をおこなったから、機上作業練習機としての白菊は六百機ほどあった。操縦席の後ろの席に指導員と学生、合わせて四人が乗り、航法、通信、射撃の学習、訓練をおこなったのである。

ところが、昨年の十一月から搭乗員の養成は、なによりも肝心な空中教育を中止してしまっている。(98)燃料がない。松根油から製造する航空燃料に期待すると言っているのだが、計画書に「期待量」として載せられているだけだ。もっとも燃料の消費が少ない白菊の訓練がこの五月にわずかに復活した。この六月の半ば、白菊を使って、夜間航法の訓練をおこない、特攻体当たりのための急降下突撃訓練をしている航空隊がある。(99)燃料はアルコールだ。だが、現在、どれだけの数の隊員が操縦席に座って、特攻のための夜間の飛行訓練をおこなっているのだろう。

しかし、練習機はしょせん、練習機でしかない。速度が遅すぎる。直線飛行しかできない。敵艦を狙って、攻撃態勢をとり、襲いかかるまでに撃ち落とされてしまう。

じつをいえば、沖縄で戦ったように延べ八千機の攻撃はもはやできないと説明するために、誉や火星の生産は終わった、白菊はものの役に立たないと長々と記す必要はなかった。敵上陸部隊の三割、四割を撃沈すると最高戦争指導会議で説いた軍令部長が、同じ会議の場で恐ろしい事実を明らかにしていた。特攻の人間に疑問はないが、飛行機に不安があると言って、「しっかり飛ぶことができるのは百機中三機のみであります(100)」と語ったのである。

秋永月三と迫水久常はひどく驚いたにちがいない。しっかり飛ぶことのできるのは百機のうちの三十機というのでも溜め息がでる。ところが、百機のうちの三機というのだ。外務大臣の東郷茂徳はどう思ったか。陸軍省軍務局長、吉積正雄と参謀次長、河辺虎四郎、陸軍大臣、阿南惟幾はそれは海軍機だけのことだと思ったはずはない。陸軍が現在保有している飛行機が、搭乗員、整備員泣かせのエンジンの不良にはじまって、油圧装置の調子がつねに悪いこと、ブレーキの具合が悪く、脚の故障に悩まされていることを知りつくしている。

南九州に上陸しようとする敵の侵攻部隊にたいして、航空攻撃以外、どのような攻撃ができるのか。「水上特攻」も期待はできなかった。爆装した舟艇はフィリピンでほとんど戦果を挙げることができず、沖縄では身動きできないまま壊滅した。「水中特攻」兵器の回天《かいてん》、海龍《かいりゅう》、蛟龍《こうりゅう》が実用的、有効な兵器とはとても言えないことは豊田がよく知っていよう(101)。

なにも知らない文官にできれば秘密にしておきたい、喋りたくないはずの「百機のうち三機」などといった無惨なさまを平気で豊田副武は語ってみせながら、かれは輸送船撃沈数を一度ならず、二度も水増しして、「その二分の一は水際前において撃滅しえます」と説いた。白々しい嘘をついている、出鱈目を言っているとはだれも思わなかったのではないか。投げやりな態度というに尽きた。

豊田は自分の本心を他人に語ることはないし、記録してもいまい。だが、かれが望んでいることはただひとつだ。九州の戦いをはじめる前に、戦いをやめることである。米内大臣がそれをやってくれると思っているのであろう。

豊田は米内が内大臣の更迭を図ったことを知ってはいない。もちろん、それが失敗に終わったことも知らない。

梅津美治郎、米内光政への期待の蹉跌

最高戦争指導会議、御前会議における軍令部総長、豊田副武の態度がどのようなものであったかを見た。

では、陸軍の側、参謀総長はどうであったか。御前会議で、「敵ヲ大海ニ排擠《はいせい》殲滅セズンバ断ジテ攻勢ヲ中止セザルノ巡固ナル信念的統帥ニ徹シ」といった文章を読み上げた。

それを読んだのは参謀総長ではなかった。参謀次長の河辺虎四郎だった。

参謀総長の梅津美治郎は六月一日に東京を出発し大連に行き、新京から来る関東軍総司令官と南京からこれも出張してくる支那派遣軍総司令官との会合に出席することにな

り、往路で遅れ、復路で遅れ、六月六日の最高戦争指導会議を欠席し、六月八日の御前会議にも出席できなかった。

見てきたように、臨時議会の召集と最高戦争指導会議の開催は突然に決まった。梅津の出張計画はその前に決まっていた。

だからと言って、陸軍統帥部の最高責任者たるものが、「戦争指導ノ基本大綱」を決定する最高戦争指導会議、つづく御前会議にでられなくなる危険を冒して、大連に行ってよいはずはなかった。なによりも肝心なことは、参謀総長が一日を争って大連に行く必要などないことだった。

そもそも、二人の総司令官、岡村寧次と山田乙三《おとぞう》と膝詰め談判をして、かれらを説得しなければならない問題を梅津は持っていなかった。決まり文句の並んだ「大陸作戦に関する命令伝宣《でんせん》」など、かれが大連まで伝えに行く必要はまったくなかった。岡村と山田からおざなりな「軍状聴取」をするのもなんの意味もなかった。では、梅津は二人の総司令官に、文書では告げることのできない機密を語り、納得させるつもりだったのか。そんなことはしなかったし、するつもりもなかった。

それでも参謀総長が大連まで行ってもよかった。最高戦争指導会議、そして御前会議が終わったあとに行けばよかった。

だれよりもそう思ったのは、総長に代わって、二つの会議に出席することになるかもしれない参謀次長、河辺虎四郎だったはずだ。

かれは五月十一日、十二日、十四日の六人だけの構成員会議における米内の主張は知らなかったであろうが、五月三十日の重臣懇談会、五月三十一日の三人の無任所大臣と首相、陸海相の六相懇談会において米内が説いていたことを聞き知っていたから、六月六日の最高戦争指導会議に提出される大綱案を改めて検討すべきだと米内が主張するにちがいないと思ったのである。

そこで河辺が抱いた疑問は総長がそのような由々しい事態になるのを充分に承知していながら、どうして大連へ出張するのかということであったはずであり、総長は胸の底でなにを考えているのだろうということであったにちがいない。

そして河辺はあれこれ思案するまでもなく、昭和十三年一月の出来事を思いだしたにちがいない。鏡に写したような、気味が悪いほどよく似ていることを前に総長はやっていたのだ。

長い記述になるが、つぎに記そう。七年前のことだった。そのときも梅津美治郎は大陸に出張した。そのときの陸軍大臣は杉山元であり、梅津は大きな力を持った陸軍次官だった。ついでに言えば、そのときに河辺は参謀本部第一部、戦争指導課と呼ばれた第二課の課長だった。

梅津が昭和十三年に欠席したのは、これまた最高戦争指導会議と御前会議だった。最高戦争指導会議はそのときには大本営・政府連絡会議といった名称だった。

戦争をつづけるか、和平を求めるかを選択する重大な会議だった。七年前の戦いの相手は南京から武漢に移った国民政府だった。

ところで、争いは陸軍と海軍のあいだではなく、陸軍と首相、外相とのあいだの争いでもなく、陸軍内の争いだった。参謀本部と陸軍省との争いだった。参謀本部が平和解決を求めた。陸軍省が強硬姿勢をとり、和平交渉の継続に反対した。

陸軍省内では軍務課長の柴山兼四郎《かねしろう》は和平を望んでいた。柴山は現在、陸軍次官である。その有能さはだれにも認められ、自称中国通が溢れる陸軍内で、本物の中国通と高く評価されてきた。そして梅津は柴山を深く信頼していた。昭和十三年はじめ、柴山は省内、なによりも軍務局内の強硬派の主張を抑え、戦いを早急に解決しなければならないと説き、陸軍の考えをひとつにまとめようとしていた。

梅津がやったことは、御前会議開催の二日前、柴山を連れて、華北に出張したことだった。

はたして御前会議は参謀本部の和平論を潰してしまった。だが、参謀本部側は御前会議における戦争継続の決定を承服しなかった。その決定を覆そうとした。四日あとに大本営・政府連絡会議を開くことになった。

考えてみれば奇怪な話だった。戦いの拡大、非拡大が論議の焦点であり、陸軍内の参謀本部と陸軍省の争いであるのなら、大本営・政府連絡会議にその問題を持ちだしたりする前に、参謀本部と陸軍省の責任者が交渉し、決着をつけなければならないはずであり、本来なら、次官の梅津が指示し、軍務課長の柴山に采配を振るわせ、次官の梅津と参謀次長が「統裁」する「指導会議」で決まりをつけ、片づけるのが筋道であり、そのあとは閣議で決めればよいはずだった。

ところが、指揮をとり、取り仕切らなければならない梅津と柴山がいなかった。梅津は帰国できなかった。出張中に胃をこわしたというのである。

こうして本来なら陸軍内で解決しなければいけない問題を、御前会議、つづいて大本営・政府連絡会議で重ねて論議することになった。七十二歳になる参謀総長の閑院宮はもろもろの会議に出席することがなかった。すでに判断力の衰えている皇族を総長にしておかなければいけなかったのは、海軍側の軍令部総長が皇族の伏見宮であることから、均衡をとる必要があってのことだった。ところが、陸軍内で均衡がとれない局面となった。大本営・政府連絡会議に出席した参謀本部の代表は参謀次長の多田駿《はやお》だった。陸軍省の側は大臣である杉山元が出席した。士官学校の卒業年次は第十二期と十五期、大将と中将、なによりも大臣と次長、こうした較差《こうさ》は決定的だった。杉山は拡大・非拡大の真剣な論議をするというより、上官の部下にたいするあしらいとなった。

これは統帥の問題であり、統帥部の判断を尊重してもらいたい、陸軍省がとやかく言わないでほしいと多田は杉山を見据えて、突っぱねることができなかった。しかも出席した内務大臣の元軍令部次長の末次信正は強硬派のうちの強硬派であり、遠慮する気など微塵もなく、杉山と多田の対立に口をだし、拡大派の杉山の味方に就き、外相もこれに同調して、多田を孤立させた。

その翌日、政府は「国民政府ヲ対手トセズ」の声明を発表した。その声明案は軍務課員、これまたいつでも強硬派であり、このあとにはアメリカと戦えと叫ぶことになる佐藤賢了《けんりよう》が参謀本部戦争指導課の反対を押し切り、課長の柴山兼四郎の不在をいいことにして、かれの思い通りの内容とした。

今更明かす必要もないが、梅津はそのときに拡大派だった。柴山が課内、部内の強硬派を説得し、和平促進にまとめてしまうことを望まなかった。そしてまた、かれは、多田駿と会議の場で争うつもりもなかった。そこで梅津は柴山を伴い、華北に出張し、腹痛まで起こしたのである。

この昭和二十年、梅津は昭和十三年一月とまったく同じことをした。梅津は六月一日に一〇〇式輸送機に乗って大連まで行くことにした。六月六日までに東京に戻るのは難しかった。B24が日に一二回、潮岬、渥美半島、あるいは浜名湖の上空から入り、本土の偵察飛行をつづけている。もちろん、B29の偵察飛行もつねにある。飛行中に敵機を見つけたら、急いで退避しなければならない。これで予定は一日延びる。冬のあいだは対馬海峡は強い北西風が吹き、輸送機の運航停止は珍しくない。六月はじめのことであれば、強い風が吹くことはそれほどない。だが、総長搭乗の輸送機だから大事をとるといい、天候は悪くなりそうだと予測を語って、飛行中止にさせる。予定はもう一日延びる。

　こうして六月六日の最高戦争指導会議、六月七日の重臣会議、六月八日の御前会議、すべての会議に梅津美治郎は出席しなかった。

　河辺虎四郎の大きな不安はどうなったか。最高戦争指導会議が終わったあと、かれはつぎのように日記に記した。

「若し夫れ、仮にも当局の諸公より、『和平』（予は即ち無条件降伏を意味すと信ず）の意を洩らすものあらんか、直ちに、参謀本部将校全員の名に於いて、政府に対する不信任を表明し、退席の許を得んものと、覚悟して臨みたるも、良い哉、老首相の胸底に、些毫の疑を投ずるの要なきのみならず、私《ひそ》かに予測したる一部に於ても、そんな気色を現すこともなく、予の予《かね》て、大臣等に対しても希望し置きたる如く和戦の岐路に於て、右せんか、左せんか、の議論とならず、右はきまりきって居る、との一般観念の下に、議を進められ、殊に最後の時期に於て、幹事連の熱意ある意思表示あり　之に対する阿南陸相の明朗なる応対等ありしは、総て快感を以て終始するを得たり[102]」

米内光政は最高戦争指導会議で「和平」を説かなかった。なにも決めることができずに最高会議は流会になるだろうと考えていたにちがいない梅津美治郎の読みは外れた。

梅津はどう考えていたのか。私が出席していたら、私が米内の「和平」論に反論しなければならなくなり、面倒な事態になる。次長の河辺が代理出席しているのであれば、米内が戦争を止めねばならないと説いたら、かれは退場することになる。そのあと首相は会議の経緯を天皇に言上せざるをえなくなる。そこではじめて、戦争終結の問題が宮廷、政府、統帥部のあいだで討議できるようになる。そのときに私は東京に戻ってくる。梅津はこのように読んでいたのであろう。

梅津の予測は外れた。米内光政はなにを考えていたのか。五月三十日の重臣会議、その翌日の三十一日の六相懇談会で、戦争を終結しなければならないと説いたのは、六月三日に石渡荘太郎が内大臣に就任するのに備えての根回しだった。

米内の主張を聞いた重臣、無任所大臣たちは、数日あとに木戸幸一が更迭されて、石渡荘太郎という宮廷とはまったく無縁だった人物が内大臣になったことにびっくりし、前に触れたとおり、これは松平前宮内大臣と米内がやったことだとただちに理解し、そこで米内が戦争の終結を語ったことと木戸から石渡への交代はつながっているのだと了解することになるはずだった。

六月三日に石渡が内大臣になっていたら、米内はなにをしたであろう。かれは新内大臣に向かって、最高戦争指導会議の開催を延期することが望ましいのではないかと天皇に言上し、首相にお言葉を頂きたいと述べることになったにちがいない。

そしてそのあとの米内と石渡の計画はどういうものとなったか。五月三十一日の六相懇談会で、米内と阿南の争いになったとき、米内が言いかけて断念した言葉がその計画であったはずだ。

出席者のひとり、無任所大臣、情報局総裁の下村宏はその場面をはっきり記憶している。

米内が戦争継続を断念するときだと説いたのにたいし、今日までの宣伝に乗ってきた大衆の気分を転回しうるであろうかと阿南は言い、どのような講和になるにしてもかなり大きな譲歩は覚悟しなければならないが、陸軍の中堅層を制御することさえ、なかなか難事であると言い、とにかく一踏ん張りしなければならないと主張し、米内がそれに反論し、再び阿南が反駁し、しばしの沈黙があったあと、米内が「それなら思い切って申しましょう」と語りはじめ、阿南はもちろん、安井藤治、左近司《さこんじ》政三の無任所大臣が息をのんだとき、「いや、止めましょう。やっぱり申しますまい」と米内は口を閉じたのだった。[103] 米内の口から出かかった言葉は、陛下の御諚を頂いて、戦争終結へ踏みだすべきだということであったのは、下村が容易に想像できたことであったし、安井、左近司もそう思ったはずであった。

繰り返すことになるが、松平と米内の計画は失敗に終わり、木戸は内大臣の椅子に居座った。六月六日の最高戦争指導会議で米内は和平を説くことはしなかった。梅津が大きく失望したのであれば、米内もまた大きな失意のなかにあった。

南原繁、高木八尺、戦争終結のために

米内光政が木戸幸一を脅しあげようと考えたのは、六月八日の御前会議の翌日、六月九日になってのことだったのであろう。

前に見たように、その日に臨時議会が開かれた。首相の施政方針演説のなかの一節、「日米戦わば両国共に天罰を受くべし」の箇所を護国同志会の議員たちが非難、抗議して、収拾つかない騒ぎとなった。そのあと議事堂内の一室で開かれた閣議で、米内は沈み込んだ閣員たちに向かって、辞任すると漏らした。

この哀れな政府と日本を置き去りにして身を引いてしまうというのは、身勝手に過ぎると思った閣僚たちがいたし、護国同志会の倒閣騒ぎどころか、本物の内閣総辞職となってしまうと懸念する閣員もいた。いや、海軍大臣のこの態度は陸軍大臣にたいする脅しだと思った閣員もいたにちがいない。

米内が海軍大臣を辞任するというニュースはたちまち永田町、霞ヶ関にひろがった。高木惣吉もその情報を耳にした。かれは大臣の苦しみがよくわかるように思った。かれは内大臣更迭の試みも、それが失敗に終わったことも知らなかったが、首相と陸相が本

土で決戦するのだと説く無策、無謀な態度に大臣はほとほと嫌気がさし、さらに護国同志会が陸軍と組んで騒ぎたてようとしている状況に絶望しているのだと思った。

絶望しているのは高木もまったく同じだった。かれはその日の日記の冒頭に、「鬱々として楽しまず、勇気五体より逸散する心地す[104]」と書いたのだった。

ところで、米内光政が辞めると言ったのは、かれが反対したにもかかわらず、議会を開いてしまったがために起きた混乱に腹を立ててのことではなく、戦争をつづけなければならぬと説く阿南にたいする脅しでもなかった。閣議の場で辞任すると口にだせば、ただちに木戸の耳に入ると読んでのことであり、他の人にはわからなくても、木戸には真っ直ぐ自分に向けられた刃とわかると読んでのことだった。

内大臣、君に言っているのだという脅しであり、つぎのような威圧だった。松平宮内大臣は辞任した。つづいて私も辞める。ことと次第では内閣総辞職となる。天皇からの下問にたいして、そしてまた皇太后からのなぜなのかとの問いかけに君はどう釈明するつもりか。君が内大臣の椅子に必死にしがみつこうとするのなら、お上にあれこれ弁解するよりも、しなければならないことをお上に申し上げたらどうか。

だが、木戸にたいする米内の威嚇はすでに必要なかった。

たしかに米内が辞任するというのは一大事だった。木戸のところにも、その情報は木戸閥のひとり、内務大臣の安倍源基《げんき》からただちに伝えられたはずである。そして木戸は自分が内大臣の椅子に居座ったことにたいする抗議なのだと即座に気づいたのである。だが、それより前、六月二日、内大臣を辞めて宮内大臣になったらどうかと天皇から言われたときに、木戸は大きな衝撃を受けていた。

かれはすべては松平恒雄がやったことだとすぐに気づいた。木戸にとって松平はもっとも苦手な存在だった。松平は六十八歳、木戸より十二歳年上だ。十年近く宮内大臣だった松平は当然ながら宮廷内で起きたことはなにもかも承知していたし、米内光政はかれの親友であり、東郷茂徳はかれの信頼する部下であることから、そして昭和十六年十月と十一月に起きた出来事の裏面、このさきで明らかにしなければならないが、かれはそのすべてを知っていたはずであったから、木戸のもっとも身近にいる、なにしろ昼食時には宮内省の食堂の同じテーブルで向き合うことになるのだから、もっとも気の許せない、会話に細心の注意を払わなければいけない相手だった。

木戸が天皇に内大臣を辞めたらと言われたとき、たちどころに思い出したのはちょうど一年前の松平との会話のはずだった。昨十九年六月に木戸は松平と戦争終結の問題を話した。胸中に咎めがあって息苦しいまでになり、松平に弁解、釈明しなければという気持ちになってのことだったのであろう。

そのとき木戸に後悔の念があって当然だった。連合艦隊が出撃した。大敗したミッドウェー海戦から二年もの長い忍耐のあと、はじめて連合艦隊は正面切って敵艦隊に決戦を挑んだものの、すべての人の大きな期待は空しくついえた。前にも記したことの繰り返しになる。敵の艦隊にかすり傷を負わせただけで、空母機部隊は全滅してしまった。空母機搭乗員の養成は、敵の進撃のテンポの速さを考えれば、時間的にもはや不可能だった。航空機を随伴しない連合艦隊は無用の長物となる。しかも中国奥地のB29部隊がサイパン、グアムに移ってこよう。すべてを知った人びとは茫然としたのだが、この戦争をはじめてしまった責任者である木戸は茫然としただけではすむはずがなかった。

木戸が松平恒雄を招いたのは昨十九年の六月二十九日だった。木戸は外務大臣の重光葵と三日前に意見の交換をしたのだと松平に語り、かれも自分も同意見だと言って、つぎのように語り、語ったはずである。かれは松平に向かって、敗北、降伏といった恐ろしい言葉をはじめて使った。

いま戦いをやめようとしても、アメリカからは無条件降伏とさほど変わりのない厳しい条件を突きつけられることになり、グルーの説くところの無条件降伏のいささかの緩和があっても、国民はまだ負けてなんかいないと怒り狂うだろう。なによりも関東軍、支那派遣軍が武装解除に応じない事態にもなりかねない。その外地の混乱は市谷台に伝染し、海軍にも影響を与えることになる(105)。

松平は木戸が話し終えたあと、つぎのように言ったはずである。国民が降伏もいたしかたないと諦めるようになり、支那派遣軍や関東軍の総司令官が武装解除の恥辱にも耐えねばならないと考えるようになるのは、どのような局面になったときと内大臣は予測しているのか。よもやそのときまで座視するつもりではないはずだ。内大臣はいかなる状況になったときに降伏すると覚悟を決め、「常侍輔弼」の重責を果たすことになるのか。

もちろん、松平は木戸を脅かすような言葉を使うはずはなく、穏やかな言い方で問うたのであろうが、内大臣としての責務を果たす時機をしっかり見極めてほしいと木戸に釘をさしたことは間違いなかった。そこで繰り返して語ることになるが、六月二日に木戸は松平から内大臣の椅子を逐われようとしたとき、一年前に松平から言われたであろうことを思いだしたはずだし、その二日あとの六月四日、木戸は辞任の挨拶に来た松平から「政治家が悪者になるべきです」と言われることにもなったのである。

このことは最初に語った。そして木戸が米内に向かって、「悪者」にならなければならない「政治家」とは私のことなのかと松平恒雄が立ち去ったあとに気づいたのだと語ったことも前に記した。木戸が米内にそのように言ってみせたのは、内大臣の椅子から自分を逐おうとする企みに加担し、それに失敗すれば辞任するぞと自分を脅そうとした米内にたいする小さなしっぺ返しにすぎず、戦争の終結を天皇にやっと言上でき、天皇がただちに決意をしたことから、木戸は米内にほっとして顔を合わせることができ、軽口をたたいただけのことであった。

だが、木戸が米内に語った嫌がらせとも、軽口ともつかないそのひと言は、内大臣が自分の持った権力をどのような具合に行使してきたかを垣間見せてくれたものだった。内大臣は宮廷最高の地位に立つばかりではない。実際には統帥と国政とのはざまに立ってきた。かれの態度決定は間違いなく日本の命運を分けた。

そしてかれが米内に言ったひと言から察しがつくように、かれは自分の望むことでなければ、つぎのように言うことができた。そのような問題をお上に申し上げるのは私の仕事ではない。

内大臣がどのような力を持つのかをここで記したのは、昭和二十年六月の出来事だけではなく、昭和十六年十月、十一月にこれまた内大臣であった木戸が「お上にお言葉を望むとはなにごとか、君は輔弼の大任を負っているのではないか」といった態度をとりつづけたのを見なければならなくなるからである。

ここではお言葉といったが、御諚、優諚といってもよく、前に述べ、このあとでも記す「大命」も加えなければならない。

前に戻る。木戸が松平から「悪者にならなければいけない」と言われてから四日目の六月八日、御前会議が開かれた日の午後のことになる。木戸は執務室の机に向かった。呻吟《しんぎん》することなく、「戦局ノ収拾ニ邁進スルノ外ナシ」といった文章を綴り、「大命」方式による戦争終結の計画を記述した。ソ連に戦争終結の仲介を求め、天皇の特使を派遣する計画案をすらすらと記した。

「大命」とは、天皇が重要な国務を遂行するにあたって、政府機関を通すことなく、天皇自ら下す命令である。五月三十一日の六相懇談会で阿南惟幾が戦争終結を口に出すことはできないと言い、部下を抑えることも難しいと泣き言をこぼしたのにたいし、米内光政が一度は口にしようとして、「いや、止めましょう。やっぱり申しますまい」と口を閉じたとき、かれの顔を見つめていた五人がかれの言わなかった言葉は「大命」の二字だと思ったにちがいないとは前に記したことだ。

そして石渡荘太郎が内大臣になっていたら、米内光政はかれとともに「大命」方式による戦争終結の方式を協議することになったにちがいないということも前に記した。

木戸自身も今年の三月八日に「大命」の言葉を口にした。そのときに外相だった盟友の重光葵と戦争終結のための計画をたてた。木戸が宮中のことは責任を負い、対外、政府のほうは重光が責任を負うことにして、時機を選び、お上が和平仲介をソ連に頼んだらどうかと政府に「大命」をくだすという案を語り合い、二人は合意したのだった。[106]

一月のホットスプリングスの爆弾の炸裂に驚き、つづいて皇太后が宮廷に投げかけた爆弾の破裂に衝撃を受け、木戸はそのときいささか慌てて、盟友とそんな約束を交わすことになったのであろう。だが、やがて落ち着きを取り戻し、結局はなにもすることなく、それから三カ月あとに松平恒雄から投げつけられた爆弾に慌て、「大命」方式による戦争終結案をつくることになったのである。

かれはその計画書を「時局収拾案」と呼ぶことにした。そのもっとも肝心な問題については「名誉アル講和（最低限タルコトハ不得止《やむをえざる》ベシ）」と書くにとどめた[107]。昨年六月に重光葵と語り合い、松平恒雄にも語った「無条件降伏に近い降伏」を覚悟しなければならないとは書かなかった。

翌六月九日、第八十七回臨時議会の開院式がおこなわれ、天皇は臨席した。午前十一時、木戸は前日に書いた「時局収拾案」を内大臣秘書官長松平康昌に見せた。松平は宮廷内の秘密にされてきた重大な出来事をすべて承知し、松平恒雄前宮内大臣が内大臣を更迭しようとしたことを知っていたし、皇太后が内大臣の木戸に大きな不満を持っていることも承知していたであろうから、内大臣は戦争終結をお上に言上せざるをえなくなったと判断し、驚くことはなかったのであろう。

午後一時半、御文庫の政務室で、木戸は天皇に「時局収拾案」の説明をした。それを語り終えたあとのことであろう。木戸は東京帝大法学部教授の南原繁《しげる》と高木八尺《やさか》の進言を天皇に言上したのではなかったか[108]。

木戸は六月一日に南原と高木から本土の戦いとなるより前に戦いを終わりにしなければならないという主張を聞いた。木戸は南原と会ったのはそれが二度目だった。木戸は高木とは学習院中等科の同級生であり、二人の父親は明治四年の岩倉使節団に加わったアメリカ留学組だった。そして高木八尺は昭和十六年の夏に旧知のグルー大使に会い、日米首脳会談の開催を申し入れるといったことをしたのだし、十月十七日には、決して軍人内閣をつくってはいけない、第四次近衛内閣を成立させるべきだと説いた書簡を木戸に届けたのだった(109)。

南原繁と高木八尺は六月一日に木戸になにを語ったのか。それから一週間あとに南原は高木惣吉と会い、恐らくはまったく同じ話をした。高木はそれをノートにまとめ、それとは別に日誌に「深刻なる意見の開陳あり(110)」と記した。木戸も南原の話の要点を手帳に記したはずである。だが、日記には「深刻なる意見の開陳」とは記すことなく、「戦争の見透、対策等につき意見を述べられる(111)」と書いただけだった。

だが、南原と高木の諫言といってよいその進言は、その翌日、六月二日に起きた内大臣更迭の不意打ちと同じような大きな衝撃を木戸に与えたことは間違いなかった。かれは執務室にひとりいるとき、そして夜、眠りに入るまで、そして六月九日に天皇に「時局収拾案」を言上するまでの一週間のあいだ、いや、そのあとも今日までときに思いだすことになった鮮明な記憶のはずである。

天皇はどうであったか。木戸の当たり障りのない収拾案、敗北のあとにアメリカ側に突きつけられる苛酷な要求にたいする覚悟について、なにひとつ記していない、およそ呑み込みやすい収拾案を聞いたときには、天皇が驚くことはなにもなかったであろうが、南原と高木の進言を聞いたときには、高木惣吉、そして木戸が驚いたよりもずっと大きく、度肝を抜かれるといった驚愕だったにちがいなかった。

なし崩しに見境なく本土の戦いをはじめてしまったら、どういう事態が予期されるかと南原と高木が語った内容を木戸は天皇につぎのように言上したはずである。

まずアメリカ側でなにが起きるか。ヨーロッパの戦いが終わり、戦う相手は日本だけになり、出血をできるだけ減らし、早く戦いを終わらせたいのがアメリカ政府の願いであろう。そこで日本の皇室ができるだけ早く戦いを終わらせることをアメリカ側は望んでいよう。一億玉砕をスローガンにする戦いをつづけることになれば、アメリカは皇室が自分たちの利益にならないと思い、皇室の存続を主張する者はいなくなるのではないか。

天皇は木戸の説明にうなずきながら、思いだしたのは、一月のホットスプリングスのことであったにちがいない。日本にたいして強硬な主張をする人びとを抑え込むためには、「もう一回の戦果」が必要だと陸海軍の首脳が語り、天皇もそのとおりだと思い、雲南を攻略したらいいのだと考えたのだった。そのような考えは間違いなのだ、「もう一回の戦果」を主張して、本土決戦を敢行してはいけないのだと天皇は理解したにちがいない。

天皇はつづいて木戸からその東京帝大教授のもうひとつの予測を聞いた。一億玉砕を叫びたて、本土決戦をおこなって、多数の非戦闘員が殺される事態になれば、陛下は国民のことを考えておられないのか、どうなさっているのだろうという声なき声が国民のあいだに鬱積し、皇室にたいして国民の怨みがやがては噴出することになるだろうというのだ。

度肝を抜かれるといったほどの驚愕だったにちがいないと前に記したばかりだが、天皇はこれまでに皇族、内大臣、首相、閣員、統帥部総長、侍従長、侍従、武官長、武官、要するにだれからも、「国民の怨み」といった恐ろしい言葉を聞いたことがなかった。二月の七人の重臣が上奏した際にも、そうしたことを言う者はいなかった。天皇の耳に入ることはなかったのであろうが、たったひとりいたのではなかったか。皇太后である。昨年の末に皇太后は山本玄峰から、この戦争は負けですと教示されたことは前に記した。そして皇太后はそのあと高松宮から、秩父宮から、恐らくは書簡を通じて、この二人の息子がそれまで決して口にしなかった重大な問題、このままでは皇室の存亡にかかわる大事になると告げられたのではなかったか。そこで皇太后はこの一月の末に女官長に向かって、そして二月に内大臣に向かって、国民を苦しめ、国民の恨みを買うようなことになる戦いをつづける以外に方法はないのかと問うたのではなかったか。だが、女官長、内大臣は皇太后が語ったその肝心な部分を天皇に伝えることはしなかったのではないか。

天皇は木戸が語る説明を聞き、それこそ動悸が激しくなるような、パニックの波に襲われそうな思いとなったのではなかったか。そしてなるほどと理解したのではなかったか。

天皇が思いだすのは、四月のはじめに海軍首脳が陸軍は沖縄で決戦をしようとしないと批判したことであろう。上陸しようとする敵軍を水際で撃滅できず、持久出血の戦いを九州、関東でしたらどのようなことになるか。「皇室にたいして国民の怨みがやがては噴出する」

天皇ははっきり本土の戦いをしてはならないのだと思ったにちがいない。

ところで、木戸はもうひとつ、高木八尺が説いた意見、アメリカの国民世論はアメリカ政府部内で争うグルー勢力と反グルー勢力のいずれに味方をするであろうかという問題を天皇に言上したのではなかったか。

じつを言えば、高木が南原とともに木戸を六月一日に訪ねたとき、それを語ったという証拠はなにひとつない。高木の主張を天皇に言上したと木戸は日記に記述してもいない。

だが、アメリカの国内放送の概要、リスボンの公館からの外交電報、さらにシベリア鉄道経由のアメリカの新聞、雑誌を読んでいた人であれば、そして「もう一回の勝利」という宮廷と政府の最上部で使われている言葉の意味を承知し、内大臣と会うことのできる地位にいる者なら、間違いなく内大臣にアメリカの世論の危険な動きを伝えたはずである。

高木八尺は東大の教え子の外務省員からアメリカの資料を入手し、南原と協議していた。二人がただちにわかったことは、「もう一回の勝利」を求めて戦いをつづけてはいけないということだった。「もう一回の勝利」とはならなかったが、硫黄島と沖縄の激烈な戦いで、アメリカ軍もまた大きな死傷者をだしていた。二月十九日に硫黄島の地上戦がはじまってから三日あとに、二日間の戦いで一千人の海兵隊員が戦死したとアメリカ太平洋艦隊司令部が発表したことから、アメリカ国内は騒然となった。かれらのだれもが記憶しているタラワの戦死者数、九百人よりすでに多いと知ってのことだ。毒ガスを使えといった主張が新聞に載った。高木はさらに沖縄の戦いにたいする同じようなアメリカ国民の反応を当然ながら知り得たのである。

アメリカの新聞、雑誌を読んでいる者なら、だれもが気づくことであったから、外務大臣の東郷茂徳から木戸はそれを聞いていたはずだし、外務省嘱託となり、アメリカの調査を仕事としていた木戸の弟の娘婿、都留重人からそれを教えてもらって当然なはずだった。都留は二カ月のソ連出張を終え、五月三十日に東京に戻っていた。

木戸は南原から戦争をつづけてはいけないのだと告げられたあと、つぎに高木から「もう一回の勝利」が日本の立場を有利にすると考えるのは致命的な錯誤だとの説明を受け、まったく逆のことがアメリカで起きているのだと説かれたのであれば、東郷や都留の主張を天皇に伝えたか伝えなかったかはさておき、南原と高木の二人の考えを合わせて天皇に言上しようと思ったはずだった。

木戸は天皇に向かって「時局収拾案」の説明をして、そのあと南原繁が説いた恐ろしい予測を言上し、さらにそのあと、この二月以来、アメリカ軍の戦死者数が増えていることにアメリカ国民は怒り、敗戦後の日本に厳しい態度で臨めと説くようになり、なんのことはない、「日本処理案」のような懲罰的な講和を強く支持するようになっているのだと言上したのではなかったか。

天皇は参謀次長の河辺虎四郎や軍令部総長、豊田副武が説いたこの前日、六月八日の御前会議における「もう一回の勝利」の空虚な陳述を信じることはできなかったはずである。南原繁と高木八尺が説いたとおり、本土の戦いをしてはならないのだと天皇は思ったにちがいない。

そしてもうひとつ、木戸は天皇に言上したのではなかったか。本土の戦いとなる以前に戦いをやめねばならぬと考え、その降伏のあとを考えた人びとが胸中深く願っていること、木戸はかれの執務室を訪ねていただれかれからそのような考えを聞いたことがあったにちがいないし、かれもまた同じ願いを抱いていたはずである。内地を戦場にしてしまい、無益、悲惨な戦いをつづけるなら、「皇室にたいして国民の怨みがやがては噴出する」と南原の言葉を天皇に言上したからには、間違いなく最後に木戸はつぎのように説いたのである。

「日本はすべてを失うことになります。息子を失い、夫を失い、兄を失い、町という町を失い、今日も失っております。大海軍を失ってしまい、大商船隊も失ってしまいました。世界最大級の水豊ダムと世界一となるはずの大化学コンビナートを失い、南満洲鉄道を失い、台湾の製糖工場を失い、国内の製鉄所、火力発電所、肥料工場の大半を失うことになります。そして、日本は名誉を失い、力を失い、自信を失うことにもなります。

だが、どうにかして日本を再建しなければなりません。名誉を回復し、力を取り戻さなければなりません。そのためにはただひとつ、皇室を守ることからはじめなければなりません(112)」

木戸は天皇にこのように言上したあと、「国民のすべてがこのように考え、願っております」と結んだにちがいない。

天皇は聞き終わって、大きくうなずいたのであろう。天皇はこの日、六月九日にこの戦争を終わりにしなければならないと思い定め、本土の戦いを絶対にしてはならないと決意したのではないか(113)。

第36章　さらに前に戻って昭和十六年十一月三十日（六月十四日）

「これが天なり命なりとはなさけなき次第」——山本五十六、ぎりぎり土壇場ではなかった。

六月十四日の出来事を綴ってきた。とは言っても、記述の大半は今日、起きたことではなかった。一昨年の十二月からアメリカがはじめた日本への降伏呼びかけのための準備について、振り返ることからはじめた。

ジョゼフ・グルーが主唱した新路線は事実上、その前年、昭和十八年はじめに唱えた日本にたいする無条件降伏宣言をそっと撤回したものだった。日本をなるたけ早く降伏させることが不可欠と考えるようになったルーズベルトとグルーの合意があってのことだった。宮廷の保全を約束し、陸軍の首脳たちを戦争勢力と決めつけ、かれらと宮廷との間を割き、戦争終結にもっていこうとする方策だった。

ルーズベルトは戦後の中国が東アジアの安定勢力となるどころか、分裂し、動乱の状態になり、かれが使った形容で言えば、スペイン内乱の状態になってしまうのを予防しなければならないと思い、グルーは共産主義が支配する東アジアのなかの孤島となってしまうかもしれない戦後の日本がアナーキーな混乱に陥るのを是非とも防がなければならないと考え、こうして二人の旧友は対日戦を一日も早く終わらせなければならないという目的で一致したのだった。

ところが、日本側は、グルーの登場はアメリカ政府が兵士たちの犠牲の増大を恐れてのことだと思った。

もっとも、グルーの対日新路線を承知し、注意を払うようになったのは少数の人びとであり、外務省、陸海軍省、宮廷内の幹部、そして近衛文麿と吉田茂だった。そして前の章で記したばかりだが、東大法学部教授の高木八尺、学部長の南原繁も承知していたのであろう。

ところが、今年一月になって、アメリカ国内で反グルー勢力の逆襲がはじまった。かれらが集まり、日本にたいする戦後計画案を発表した。日本側では、だれが命名したのか、それを「日本処理案」と名付けた。その「処理案」なるものを各新聞に載せさせたのは陸軍省軍務局だった。密かにグルーの計画に呼応しようと考えている人びとにたいする恫喝というよりは威勢のあがらぬ嫌がらせだった。

グルー勢力をして反グルー勢力に打ち勝たせるためには、我が方の「もう一度の勝利」が必要なのだと反グルー勢力の台頭を恐れる人びとは考えた。天皇もそう思った。

沖縄の戦いは「もう一度の勝利」とはならなかった。そしてヒトラーが命を絶ち、ドイツが崩壊した五月はじめ、政府と軍、宮廷の幹部たちは、アメリカはいよいよ日本に降伏を呼びかけてくるものと思った。ルーズベルトは四月に急死し、副大統領のトルーマンが大統領になっていた。だが、かれの日本への呼びかけは通り一遍のものであり、いささかの真剣さもうかがえないことに、かれらは首をかしげた。

かれらはソ連に戦争終結の仲介を求めようとした。首相、鈴木貫太郎は最高戦争指導会議と臨時議会を開き、グルーに和平のシグナルを送ろうとした。宮内大臣、松平恒雄は戦争終結のためになにもしようとしない木戸幸一を内大臣の椅子から逐おうとした。

いずれの試みもうまくいかなかった。

木戸幸一が自分がしなければならないと決意したのはそのあとである。かれは天皇に戦争の終結を急がなければならないと説いた。天皇は戦争を終わりにしなければならないと思い定めた。前に見てきたとおり、六月九日のことである。

そこでつぎに記述するのは六月十日から十三日、そして今日、十四日のことになる。だが、木戸幸一が天皇にこの戦争を終わりにさせなければならないと言上することになったのだと記したいま、もう一度、昭和十六年に戻りたい。

木戸幸一がかれの小さな私心から冒してしまった恐ろしいかぎりの過ちを振り返ると前に記したが、ここで四年前に戻りたい。

それについて語ることになれば、山本五十六が戦争を回避しようとしておこなった最後の努力を記すことがさきとなる。

昭和十六年十月十一日、[1]山本五十六は堀悌吉《ていきち》に手紙を書いた。

堀は海軍内の穏健派のひとりであり、海軍幹部に限らず、少なからずの人びとから尊敬された人物であったが、それが災いして海軍内の強硬勢力に疎まれ、昭和九年に現役を逐われた。堀は山本と海軍兵学校の同期生であり、山本がもっとも心を許した親友だった。堀が予備役に編入されたとのニュースを海軍軍縮会議が開かれているロンドンで知った山本は、これもロンドンに来ていた時事通信社の海軍担当の記者に向かって、「海軍の大バカ人事」と嘆じたのだった。

昭和十六年のその十月、山本は連合艦隊旗艦、長門に座乗していた。長門は呉軍港の沖、柱島水道の艦隊泊地に錨を下ろしていた。山本は堀宛ての書簡のなかでつぎのように綴った。

「大勢は既に最悪の場合に陥りたりと認む。山梨さんではないが、之が天なり命なりとはなさけなき次第なるも、今更誰が善い悪いと言った処ではじまらぬ話也。

独使至尊憂社稷の（お上をしてひとり国家を憂えさせる）現状に於ては、最後の聖断のみ残され居るも、夫れにしても今後の国内は六《むずか》しかるべし」

山本五十六は、堀が現役の海軍将官ではないことから、腹蔵なく真実を語ることができると思い、かれが信頼する宮廷の高官、皇族に向かって、アメリカと戦争をしてはならない、お上の決断が日本を救うことのできるただひとつの道だと説いてもらおうと望んでのことだったのである。

堀はだれにそれを相談し、だれに語ったのであろう。

つづく十月二十四日、山本五十六は海軍大臣、嶋田繁太郎に手紙をだした。堀と同じく、嶋田も海軍兵学校の同期だった。無二の親友の堀ほどの仲ではなかったのは、このあとに記す嶋田宛ての手紙と堀宛ての手紙を較べれば、一目瞭然であろう。

ついでに記すなら、同期生のなかで、そのとき現役で残っていたのは、かれらのほかに軍事参議官の塩沢幸一と吉田善吾がいた。いずれも海軍大将であり、大将を四人も生んだ珍しいクラスだったのだが、前に記したとおり、もうひとり、だれよりも優秀な、中将で退役した堀悌吉がいたのである。

もうひとつ、付け加えるなら、軍令部総長の永野修身は山本や嶋田より海軍兵学校の卒業年次は四期上だった。

嶋田は支那艦隊司令長官から海軍大臣になったばかりだった。そこで山本はかれに宛てて、戦いの冒頭に敢行する予定のハワイ空襲の自分の計画についての説明をした。だれもが反対するのを抑え、やっとかれの主張が通りはしたものの、まだ軍令部第一部に反対の声があるのを山本は気にしていた。自分が考えた作戦をしなければいけない理由を記したあと、山本はつぎのように書いた。

「以上は結局小生技倆不熟の為、安全蕩々たる正攻的順次作戦に自信なき窮余の策に過ぎざるを以て、他に適当の担当者有らば欣然退却躊躇せざる心境に御座候」

そして山本はこの書簡の末尾に、これこそかれが望んでいること、戦争の回避、そのためのただひとつの方法をつぎのように記述した。

「尚ほ大局より考慮すれば日米英衝突は避けらるるものなれば此を避け此際隠忍自戒、臥薪嘗胆すべきは勿論なるも、夫れには非常の勇気と力を要し今日の事態に迄追い込まれたる日本が果たして左様に転機し得べきか申すも畏きことながら、ただ残されたるは尊き聖断の一途のみと恐懼する次第に御座候
何とぞ御健在を祈り上候　敬具(2)」

同じ十月、山本五十六は「聖断の一途のみ」との願いを記した手紙をまだほかにも出していたのではないか。そのとき重臣の一員だった米内光政宛てにである。米内と山本は明治の末に横須賀の海軍砲術学校の教官だったときに同じ下宿で生活したことから親しくなり、昭和十二年はじめには、そのとき次官となった山本が連合艦隊司令長官だった米内に大臣になってもらおうと駆けずり回り、そのあと二年四カ月にわたって二人は陸軍が推進するドイツとの同盟に反対をつづけたのだった。

米内は山本の最後の訴えを読んだあと、なにをしたのだろう。堀悌吉がしたであろうことを米内もしたにちがいない。内大臣、木戸幸一の理解を得ようとして、内大臣秘書官長の松平康昌にそれを伝えたのではなかったか。そしてついに実を結ぶことのなかった米内宛ての書簡は、昭和二十年五月二十五日の空襲のときに、米内の三年町の住まいとともに焼失してしまったのではないか。

山本が「聖断」を望む書簡を旧友と大臣に送ったその翌月のことになる。十一月十三

日午前八時すぎ、柱島水道の待機錨地に投錨している長門、赤城、加賀の周辺から内火艇が動きだした。柱島水道のこれら戦艦、空母の一群は山陽本線の列車の窓からは柱島にある二百六十メートルの高さの山が邪魔になり、見ることはできないし、神戸と別府を結ぶ関西汽船の客船からは大島や津和地《つわじ》島の百五十メートルの丘が屏風になって、これまた見ることができない。

岩国航空隊の桟橋に着いた内火艇から各艦隊の司令長官、司令官、参謀長、首席参謀が上陸し、航空隊構内の会議室に入った。第一艦隊、第二艦隊、第三艦隊、第四艦隊、第一航空艦隊、第十一航空艦隊の首脳陣である。連合艦隊司令長官は、軍令部総長から大海令第一号を受領してから六日あとのこの朝の九時、集まった四十一人にこの大海令を伝え、X日が十二月八日であることを明らかにした。X日とはアメリカと戦争を開始する日である。山本の訓示のあと、連合艦隊の作戦の最終的な打ち合わせをおこなった。

それが終わって、山本は重大な申し渡しをした。「目下ワシントンで行われている日米交渉が成立した場合は、X日の前日午前一時までに、出動部隊に引揚げを命ずるから、その命令を受けた時は、直ちに反転、帰航してもらいたい」

さらに付け加え、たとい攻撃隊発進のあとでも、命令を受けとったら、引き返させるようにせよと命じた。

機動部隊の最高指揮官、第一航空艦隊の南雲《なぐも》忠一中将が無理な注文だと反対した。

「出て行ってから帰ってくるのですか。そりゃァ無理ですよ。士気にも関するし、そんなことは実際問題として出来ませんよ」

攻撃隊出発のあとになれば、艦上攻撃機、艦上爆撃機には電信員が搭乗しているが、艦上戦闘機に付けた無線電話機は性能が悪く、母艦からの命令はまず聞き取れない。翼を振って合図するしかない。

二、三の指揮官が南雲中将の反論に同調した。それではまるで、出かかった小便をとめるようなものだという者もいた。

山本は雑音を制した。顔を引き締め、声を張り上げた。「百年兵を養うのは、何のためだと思っているか。もし此の命令を受けて、帰って来られないと思う指揮官があるなら、只今から出動を禁止する。即刻、辞表を出せ③」

さて、岩国航空隊で山本五十六が部下たちに「命令を受けた時は、直ちに反転、帰航してもらいたい」と重大な命令を下した翌日の十一月十四日、かれが待ちに待っていた電報が届いたのではなかったか。旗艦長門に毎日、千通以上届く電報のなかに司令長官宛ての親展電報があった。差し出し人は海軍次官だったのであろう。

これは私の想像であり、そこでこの電報の中身も私の想像となる。

連合艦隊司令部職員が読んでもまったく理解できない内容であったが、山本にはたちどころにわかったのであろう。

すべてが順調にいったという報告であり、大臣は陛下の内意を伺い、高松宮を軍令部第一部第一課に転任することの許しを得て、そのあと横須賀航空隊勤務の高松宮に軍令部へ移ることを内報したと告げてきたものだった。第一部第一課は戦争指導、用兵綱領、作戦計画をたてる花形の中央部署である。前に記したとおり、昨日まではという但し書きをつけねばならないが。

ところで、佐官以下の任官、進級、退職は、天皇への上奏、裁可を必要としない。大臣の委任事項となっている。だが、皇族の場合は天皇の内意を伺うのがしきたりなのである。

山本五十六はその電報を読み終えた直後、海軍省のひとりの局長に宛てて電報を打つようにと部下に命じたはずだ。翌十一月十五日に柱島の艦隊泊地の長門まで来るようにといった内容である。現在、この六月、東京・下関間を走る急行は一本だけとなってしまい、東京から岩国まで二十四時間かかるが、昭和十六年には十八時間かからなかった。

山本五十六が岩国航空隊で連合艦隊麾下の部下たちにX日は十二月八日だと告げた二日あとの十一月十五日の午後、定期便の内火艇から金星をつけた将官が長門の舷梯を上がった。気がつけば、兵の帽章には「大日本帝国海軍」と書いてあるだけだ。「軍艦長門」の艦名がない。船尾に取り付けられていた「ながと」と記した真鍮板も取り外されてしまっている。戦争はいよいよ近いのだ。かれは長官公室に案内された。長官が出てきて、来たかと言った。

長官私室に通されたのは兵備局長、保科善四郎である。そのとき五十歳だった。保科については前に触れた。昭和二十年の現在、かれは軍務局長であり、「今後採ルベキ戦争指導ノ基本大綱」を定めたこの六月六日の最高戦争指導会議、六月八日の御前会議に出席した十五人のうちのひとりである。

かれが昭和十年から十二年にかけて軍務局第一課長だったときに、次官だった山本がかれの仕事ぶりを高く評価し、全幅の信頼を寄せた。それ以前に米内光政も保科を買っていた。昭和八年に保科が第三艦隊の先任参謀だったときに長官の米内はかれに目をかけたのである。

保科が赤煉瓦から海上勤務となり、陸奥の艦長に任命されたのも、昭和十四年八月に次官から連合艦隊司令長官となっていた山本が強く推したからだった。昭和十五年十一月、新設されたばかりの兵備局長に保科を推したのも山本だった。

保科が山本を尊敬し、山本長官のためならば犬馬の労をとるのを惜しまないと思うようになっていたのは当然だった。山本はかれがもっとも信頼している部下を呼んだのである。(4)

山本は長官私室に招じた保科に向かって、五日あとの十一月二十日に高松宮が軍令部第一部第一課に移ると言ったのであろう。

なぜそれを私に告げるのかと疑問を顔に表した保科に、山本は机の引き出しから一通の書簡を取り出し、保科に向かって、これを君に預けると言い、まだ封はしていない、目をとおしてもらいたいと語ったのではなかったか。

保科は書簡の宛て名が高松宮宣仁《のぶひと》親王殿下となっているのにびっくり仰天したはずだ。なかをひろげて、驚きは倍加した。その最後にこの書簡を保科善四郎少将に託すと記してあって、殿下ひとりかぎりで、読後に焼却して頂きたいとあり、保科少将に委細は告げてあるから、かれから確かめられて欲しいと書いてあったのではないか。

茫然としている保科に向かって、あれを見給え、覚えているだろう、「百戦百勝も一忍に如かずさ」と山本は言ったにちがいない。

海軍省二階の薄暗い次官室に懸かっていた馴染み深い掛け軸だった。「百戦百勝不如一忍　玄峰⑤」

二日前、岩国航空隊の会議室に召集した連合艦隊麾下の各艦隊の首脳たちのなかから、「出て行ってから帰ってくるのですか。そりゃァ無理ですよ」と不服の声が上がったとき、山本はかれらに向かって、「百戦百勝も一忍に如かず」と大声をあげてもよかったのである。

その署名の玄峰とはだれか。三島、龍澤寺の山本玄峰である。昭和十九年末、かれが皇太后に向かって、この戦争は負けですと語ったことは前に記した。

保科善四郎は胸中の動揺を抑えようとして、「百戦百勝も一忍に如かず」と声をあげて読んだにちがいない。そのあとかれは大きくうなずいたのではないか。

二カ月前、九月十一日からの十日間にわたって、東京目黒の海軍大学校で連合艦隊による最後の対米英戦の図上演習がおこなわれた。そのあいだに兵備局長の保科は山本の宿舎に呼ばれ、持ち込んだ最新の資料をもとに、長官とともに数字を拾い、論証した。

そのとき、海軍は戦闘機が三百六十機、中攻と呼ばれる中型陸上攻撃機が三百二十機あるだけだった。連続攻撃を仕掛けなければならないという危急の事態になったら、機材の補充はできず、たちまち航空戦力は枯渇してしまう。そして中攻の月産機数は二十機に届かず、艦上爆撃機が十五機、戦闘機は四十機がやっとだった。練習機までを含めて、海軍機と陸軍機の月間生産数の総計は五百五十機、同じときにアメリカの月産は二千五百機だった。

山本が恐れ、保科が懸念し、もちろん、かれらだけでなく、永野をはじめ、各艦隊の司令長官、軍令部第一部の幹部たちのだれもが不安を抱いていたのは、戦いは否応なく長期戦になってしまい、それこそ二年さきにアメリカ海軍が太平洋で大々的な反攻を開始してくるときには、こちらの倍、三倍の膨大な艦船群と、こちらの倍、三倍の航空機を揃えることになり、わが海軍はこれに立ち向かうことができないというだれひとり異議を挟む余地のない予測だった。

山本はその図上演習の最後の研究会で、「自分はかねてから十分自信のある戦いをするためには、中型攻撃機一千機、戦闘機一千機を準備してもらいたいということを中央に進言しておいた」と語り、現在のこの状態はどうだ、「心外に堪えぬ」と言ったのだった。

そしてそのあとの九月二十九日には軍令部総長、永野修身に向かって中型攻撃機一千機、戦闘機一千機なしに戦うことはできぬと語り、「かかる成算少なる戦争はなすべきにあらず」と説いたのである。

もちろん、山本は永野も自分と同じ考えだと思ったはずだ。だが、山本がもうひとつ、承知していたのは、総長がその通りと言えないことだった。

永野は陸軍がソ連と戦いをはじめるのを是が非でも阻止しようとした。ソ連を敵にすれば、アメリカをも敵に回すことになり、日本は地獄に落ちてしまう。絶対にしてはならない戦争だった。前に述べたことだから、重ねて説明はしないが、南部仏印への進駐にたいして、アメリカが経済封鎖で応えるのは、永野とすれば覚悟の上だった。

永野が連絡会議で、そして天皇に上奏して、アメリカと戦わねばならないとの主張を繰り返したのは、陸軍の対ソ参戦を食い止めることが狙いだった。そして、勝ち目の乏しい、引き分けを望むことも難しいアメリカとの戦争は、政府と宮廷が望むはずはないと永野は読んでのことであった。

ところが、その読みが外れた。そして永野はアメリカとの戦争を回避したいのが本心だと天皇、首相、陸軍に言いだすことができない窮境に立たされてしまった。

切羽詰まっての策略にはじまり、誤魔化しから虚勢、すべてを運命に任せようといった諦観までの軍令部と海軍省の首脳陣の心理の動きを保科善四郎は承知していたのだし、かれもまた、不安を凍結し、欺瞞に閉じこもろうとしたひとりだった。

保科はあれを思い浮かべ、これを考え、自分の使命の重大さに震える思いとなったのであろう。日本の運命はまさしく「聖断」に懸かっているのだと思い、アメリカとの戦争に踏みださないための最後のただひとつの方法は高松宮から陛下に言上してもらうことしかないのだとうなずき、自分と高松宮がいかなる手だてを講じるかにすべては懸かっているのだと思いいたったとき、もう一度、武者震いしたのである。

さて、山本は保科を高松宮への使者に選んだのは、保科がアメリカとの戦争なんかとんでもないと自分と共通する認識を持っていることとはべつに、かれが高松宮と意思の疎通のあることを知っていたからである。高松宮が昭和十二年に軍令部員となったときに、保科は軍務局の課長だった。高松宮にとって保科は直接の上司ではなかったが、優秀な上官だと思い、義務の遂行が的確な人物と評価していた。

長門艦上で、山本は保科との話し合いの最後につぎのように言ったはずだ。

高松宮がお上に避戦を申し上げたあと、殿下はただちに海軍大臣、内大臣に会って、お上に言上した内容をこの二人に伝え、避戦への心構えにしっかり切り換えてもらうことが肝要となる。こうした計画の細部は殿下と協議してもらいたい。

明日の午前九時、岩国から九七式大艇が横浜に戻る。便乗できるように手配しておく。

さて、東京に戻った保科が高松宮に会ったのは、高松宮が軍令部第一部第一課に勤務するようになった十一月二十日以降のことではなかったか。保科は高輪の高松宮邸を訪問したのであろう。

保科はこれまで毎日の記録をつけてきたのであろうが、この負け戦のさきを考えれば、やがてはすべてを焼いてしまわねばと思っていよう。高松宮は日誌をつける長い習慣があった。だが、昭和十六年十一月十四日から十一月三十日までの日記を残していない。(6)

保科が高松宮に会ったのは十一月の何日だったのであろう。高松宮もまた、保科から手渡された山本の書簡を読んで驚いたはずだ。ただちに高松宮が気づいたのは、自分の作戦課への転任は山本長官のお声掛かりだということだったにちがいない。そして高松宮は保科に向かって、大きくうなずき、保科もうなずき返したのであろう。

高松宮の頭に浮かんだことは、保科が長門の長官室で思い浮かべたことと同じだったはずだ。

六月六日の駐独大使の外交電報にはじまるこの半年間の矢継ぎ早の出来事に海軍は振り回された。海軍は陸軍にたいして、なにやら仕組んでみたり、牽制をしたり、対抗策をとったりした揚げ句、アメリカと戦争をするという後のない土壇場にまで来てしまった。山本長官は非常手段に訴えるしかないと考えた。私に助力を求めてきたのだ。高松宮はこう思ったのであろう。

そして高松宮は山本長官が八月五日の一件を聞き知ってのことだとうなずき、そこで私からお上に言上させるのが一番有効と考えたのだと思ったにちがいない。

八月五日の出来事とはこういうことだった。その夜に皇居内でニュース映画会が開かれ、高松宮も出席した。そのあと、アメリカと英国が日本に仕掛けてきた経済封鎖の問題について、天皇と高松宮は話し合った。天皇は日米間の国交の調整はできないだろうかと語り、そしてまた、ソ連領の北樺太のオハ油田の石油を輸入することでやっていけないだろうかと言った。当然ながら天皇は対ソ戦の準備のことにも触れたはずだ。高松宮は首を横にふり、アメリカにたいして断固たる態度で臨むべきだと強く主張し、戦争を覚悟しなければいけないと説いたのである。

天皇はそれより前に軍令部総長の対米強硬論にびっくりし、口下手だからだ、決して本心ではないと海軍大臣の弁解を聞いて、それで収まったのだと思っていただけに、高松宮のこの主張にひどく驚いた。翌日には宮廷高官が高松宮の考えを尋ねることになり、さらに、海軍高官を訪ねて回ることになり、海軍はアメリカと戦うつもりでいるのかと問い質すことになった。

この騒ぎは海軍幹部たちのあいだにひろがる噂ともなった。たとえば昭和十五年末まで台湾総督だった海軍長老の小林躋造《せいぞう》をして、高松宮は開戦前の「中堅層強がりの一人」(7)と思わしめることになった理由でもあったのだが、小林を含めて、かれらのあらかたが知ることのない真相はつぎのようなことであったはずだ。

赤煉瓦勤務の海軍軍人であれば、なにか異常なことが起きれば、「これは陸軍の謀略ではないか」と考えてみる長い習慣があった。昭和十六年六月六日にヒトラーが駐独大使に、近くソ連を攻略すると告げてきてから、そして独ソ戦争がはじまって、海軍省と軍令部のだれもがすすきの穂に脅える落ち武者となった。七月に入って、陸軍のかつてない大規模な召集、動員がつづいて、満洲と北朝鮮に向かう鉄道と輸送船は兵員と武器であふれた。海軍幹部たちは陸軍が謀略を企らみ、ソ連軍が越境し、わが守備隊を強襲してきたといった話をつくりあげ、ソ連との戦争をはじめてしまうのではないかと極度に警戒するようになった。そこで海軍首脳部がなにをやったのかは、前に繰り返し述べた。

七月三十日の軍令部総長の上奏が天皇をひどく驚かせ、そのあと海軍大臣が召されるという騒ぎを引き起こしたのも、陸軍の対ソ侵略を阻止しようという狙いに尽きた。アメリカとの戦争は不可避だと永野修身が天皇に言上し、そのあとに及川古志郎が天皇に永野の主張を打ち消してみせるというお芝居だった。

ところが、それからわずか数日あとの八月三日になって、ソ連軍が満洲に先制の空襲を近く仕掛けてくるのではないかと関東軍と陸軍中央がひどく恐れているという情報が伝わって(8)、海軍首脳陣は一挙に緊張した。それはソ連と戦おうと決意した陸軍のつくりごとではないか、この夏も残り少なくなろうとしている、陸軍は遅疑逡巡をやめ、いよいよソ連と戦いをはじめるのではないか。石油は占領する北樺太の油田で間に合わせるつもりなのだ。霞ヶ関の海軍幹部はこう考えた。

大慌てで海軍省か、軍令部の部長、局長クラスの軍人が高松宮と話し合うことになり、ちょうどよい、明晩、皇居で集まりがあると高松宮は答えたのであろう。アメリカとの関係が悪化の一途を辿っているいまこのとき、極東ロシアで第二の支那事変をはじめる余裕は日本にまったくないと陛下に申し上げ、謀略を許さないという強い態度で陸軍に臨んでいただきたいと言上することになったのであろう。こうして映写会のあとに、高松宮は天皇に向かって、ソ連との戦争などするどころではない、アメリカと戦争せざるをえなくなっているのだと説く一幕となったのである。

さて、今回の高松宮の使命は、アメリカとの戦争は絶対に避けねばならないとお上に申し上げることだ。保科善四郎と高松宮は天皇への言上の内容を協議したのであろう。難しかった。

本当はつぎのように言上したかったはずだ。ソ連はドイツ軍に手ひどく痛めつけられ、大敗している。ところが、その惨敗のさなかのソ連とすら戦う勇気も力もわが陸軍にはないのかとお上と国民を失望、落胆させたことを恥ずかしく思っているのが、陸軍大臣と参謀総長、そしてかれらの部下たちだ。そこでかれらはその恥辱を晴らそうとして、英米軍を打ち負かして、マニラ、シンガポール、スマトラの油田をたちまちのうちに占領してみせるのだと胸を張って説きはじめた。ところが、三カ月で片づく、小さな、安上がりですむ戦い、連合艦隊司令長官が語ったところの香港やシンガポールの「雑兵力」をやっつけてしまえば、それですべては終わりだと陸軍首脳はとんでもない思い違いをしている。

そのようにはっきり、天皇に言上したい。だが、そんな具合に説いたら、天皇は侍従武官長にそれを告げることになり、武官長はただちに陸軍に報告し、参謀総長がつぎに参内して、南方地域制圧のあとの防衛の態勢に抜かりはないと奏上して、おしまいとなり、陸軍首脳の海軍にたいする悪感情だけが残ることになる。

では、つぎのように言上するか。海軍大臣と軍令部総長はアメリカとの戦いに自信を持っていないのが本心であるにもかかわらず、お上に苦し紛れの嘘をついてきた。なぜかと言えばとその説明をする。もちろん、これも天皇に言上できることではない。

どうしたらよいのか。ハワイ攻撃の計画に大きな欠陥のあることが明らかになり、こちら側の犠牲が大きなものになることがわかったということにしたらどうか。

攻撃作戦に参加している六隻の空母のうちの三隻はタンク容量が小さく、往復行動をおこなうためには洋上での給油が必要だ。油槽船から給油ホースを軍艦に取り付けるのは数分の仕事だが、ポンプで燃料を送るには数時間かかる。濃霧と荒波の北太平洋を越えての六千キロの大長征だ。もしも海が大荒れとなって、給油ができなければ、作戦に大きな狂いが生じる。この危険極まりない作戦は思いとどまるべきだ。

ハワイに向かっている機動部隊はただちに戻すように命令されることが焦眉の急となったとまずは言上することからはじめることにしたらどうか。そこまで言上するのはお上の様子を見てということになったのかもしれない。

言上しなければならないのは、知識の裏付けなどまったく必要としないごくごく当り前の予測を説くことだ。開戦して二年さきには、こちらがまったく手の届かないニューヨークやフィラデルフィアの海軍工廠で最新鋭の戦艦、空母がそれぞれ十数隻就役するということだ。こちら側は海軍工廠にすべての資源を結集しても、とても追いつくことはできないのだ。

かつて強硬派の海軍軍人たちが怒り狂ったのは、「押しつけられた条約」によって、米英海軍主力艦にたいして六割の「劣勢比率」となったことだった。ところが、開戦して二年あとには、「対米七割でなければならぬ」「対米六割では戦えぬ」と目の色を変えて叫んでいたロンドン軍縮会議の頃の騒ぎはうらやましい限りのことになり、「対米五割」、「対米四割」となってしまうのだ。お上にその容赦のない比率を申し上げなければならないと高松宮と保科は語り合ったのかもしれない。

そして保科と高松宮は山本が提示したであろう、もうひとつ重要な問題を協議したのである。高松宮がお上にアメリカとの戦争は絶対に回避しなければなりませんと言上したら、そのあとお上は東条総理、嶋田海相、永野軍令部総長、木戸内大臣を呼ぶことになろうから、先手を取らねばならない。天皇への奏上のあと、ただちに海軍大臣、内大臣に会い、お上との一問一答を伝え、まったく新しい局面に入ったことをしっかり認識してもらう必要があると語り合ったはずだ。

そして保科善四郎がそれは名案だと喜んだ計画案を高松宮が語ったにちがいない。

こういうことだ。それより二カ月半前の九月十六日、高松宮は木戸内大臣に向かって、このような重大な時局であることから、政府、統帥部の責任者が秩父宮に政府の重要な決定を言上するようにしたらどうかと申し入れた。高松宮は秩父宮の判断力を高く買っていた。天皇が秩父宮を敬遠していることは承知していたが、日米戦争になりかねないこの情勢のなかで、秩父宮の天皇への助言はどうしても必要になると高松宮は思ったのである。

十日あとに、高松宮は木戸から天皇の返事を聞いた。療養中の秩父宮は静養が必要だから、宮にたいして政府や軍の首脳が言上することは控えたいということだった。だが、高松宮が秩父宮を見舞われたとき、陛下の許しを得ての内外の問題を言上することは差し支えないということになった。こうして十月十一日と十一月七日に高松宮は秩父宮を訪ねたのである[9]。

そこで、十一月三十日の日曜日に高松宮は秩父宮へ報告に行くということにして、まずは参内する、そのあとただちに内大臣、海軍大臣に会い、かれらから秩父宮への報告のための説明を聞くことにすると定めた。

それを決めたのはいつだったのであろう。十一月二十七日に開かれた大本営・政府連絡会議で、十二月一日に開戦決定を承認する御前会議を開くことが決まった。山本五十六、保科善四郎、高松宮にとって、十一月三十日こそが最初で、最後、ただ一回の死中に生を求める決定的な日取りとなった。午前十時の参内が決まり、海軍大臣とは十二時半、内大臣とは午後一時半に高輪の邸で面談するとの約束も取り付けた。

「最後の聖断のみ残され居るも」——高松宮、ついに使命を果たせず

その十一月三十日、高松宮は午前十時五分、御学問所と呼びならわされている表御座所に入った。高松宮は最初に前日の重臣会議のことを天皇に尋ねたのは、秩父宮に報告するためというもっともな言い分があった。そしてワシントンにおける外交交渉について、天皇に問うたのであろう。そのあと高松宮がどのような口調で天皇に説きはじめた

にせよ、高松宮の説明に、天皇が問いかけ、双方の言葉が次第に激してきて、戦争をしてはなりませぬ、南雲長官が率いる機動部隊はただちに引き返させなければなりませんと説くのを聞くことになった天皇は、山本長官の話を聞いた保科兵備局長、保科局長の説明を聞いた高松宮よりもはるかに大きな驚きに見舞われ、目の前のすべてのものが揺らいでいるように感じたにちがいない。

明日の午後二時には、この渡り廊下のさきの東一の間で御前会議を開き、首相、軍令部総長、各大臣の説明があり、枢密院議長の原嘉道《よしみち》と大臣たちのあいだで質疑応答があって、開戦は決まる。そのすぐあと陸海軍統帥部総長に作戦実施の大命をくだす。ハワイには機動部隊が向かっている。マレー半島に上陸する部隊は海南島の三亜に集結している。統帥部、政府、そして第一線の部隊、すべては十二月八日未明の開戦の時刻に向かって、分刻みで準備を進めているのだ。いまこのときになって、なにを高松宮は言いだすのか。

天皇は戦争をしてはなりませぬと高松宮が繰り返し語るのを聞いているうちに、不安と混乱が渦を巻いて、堪えることができなくなったのであろう。怒鳴り声になり、なにをいい加減なことをお前は言うのか、軍令部に何日か前に移ってきたばかりの新参の課員がそんなとんでもないことを言うとはなにごとだと声を張り上げれば、天皇の脳裏に瞬間、浮かんだのは、秩父宮との言い争いだったにちがいない。

昭和十五年に発病する前の秩父宮は陸軍の佐官であり、参謀本部に勤務していた。天皇の一歳下のこの弟宮は理想主義者であり、陸軍中央の保守的な路線に反対し、同じ考えの同僚と討議した問題を天皇に説いた。そして秩父宮は支那事変を一日も早く終わらせるべきだと天皇に何度も主張し、首相と参謀総長の二人をお召しになり、はっきり下命されるべきだと迫ったこともあったのだし、その前のことか後のことか、すべては冥《めい》冥《めい》のうちに封じ込められてしまっているが、支那事変を終わりにさせようと考えて、参謀次長、多田駿と首相の近衛文麿が秩父宮を参謀総長にしようとする破天荒な計画をたてたこともあった。もちろん、潰されてしまった。

天皇の頭に秩父宮とのいさかいの数々が浮かぶことになったのであれば、天皇の苛立ちはさらに大きくなったのではなかったか。

天皇は当然ながら、人と言い争いをしたことはなかった。人と議論する経験は絶無だった。そして天皇はいびつな帝王学の犠牲者だった[10]。皇太子時代の天皇は文章をつくる訓練を受けたことがなく、即席の演説をする練習を積むことがなく、なによりも会話をするための語彙があまりにも不足していた。天皇は秩父宮を相手に議論をするのが大きな苦痛となった。こうして天皇は自己防衛策を編みだした。担当責任者以外の報告は聞かないという不文律をつくりあげることになったのだった[11]。

高松宮が説きはじめた戦争は回避すべきだという主張こそ、その決まりの許しがたい逸脱だった。興奮を抑えることができなくなった天皇は高松宮に向かって、大声をあげ、つぎのように言ったにちがいない。お前の上には第一課長がいる、お前は課長の許しを得て、そんなことを奏上しにきたのか。第一部長は承知しているのか、軍令部次長は知っているのか。どこのだれの話を聞いて、そんな出鱈目を言いにきたのか。

天皇はこのように語ったとはだれも証言していない。だが、四十歳の天皇の応答はこのような叱声になったのであり、三十六歳の高松宮もわれを忘れ、負けじと大声を上げることになり、なぜ、お上は日本の興亡が懸かっているこの重大な問題を冷静に聞こうとなさらないのかと叫べば、お前の話なんか聞きたくない、いますぐここから出て行けと天皇が怒声を上げることになったのであろう。

高松宮は手荒くドアを開け外へ出ることになり、天皇と高松宮の対話は三十分で終わってしまった。異様な大声の応酬は部屋の外まで聞こえ、階段の下の侍従詰所からなにごとが起きたのかと飛びでてきた侍従になにも言うことなく、廊下の曲り角の屛風のうしろにいる警護が任務の仕人《つこうど》をびっくりさせる荒々しい足どりで高松宮は廊下を歩いていったのであろう。

高松宮がしまったと思い、取り返しのつかない失敗をしてしまった、床に座り込んででも、お上の足にとりすがってでも、訴えなければいけなかったのだと臍《ほぞ》をかんだのは、あとを追ってきた城英一郎の驚きの表情を見たときだったのかもしれない。

海軍侍従武官の城はこの日、当直だった。かれは航空出身、一カ月前に大佐になったばかりだった[12]。かれが参内する高松宮を出迎えたのであろう。そして玄関に向かう高松宮をかれは追ったのではなかったか。

邸に戻った高松宮はずっと海軍省で待機していたであろう保科善四郎に電話をして、使命は失敗に終わったと詫びたのであろう。

まさしく想定外の事態となった。保科への電話のあとは海軍大臣の嶋田繁太郎に会わねばならぬ。自分は避戦をお上に説いて失敗したと海軍大臣に語り、恐らくはこのあと参内することになるであろう大臣に向かって、高松宮が奏上した通りでありますとお上に言上してもらいたいと頼むか。頼んでどうにもなるはずはなかった。

では、嶋田大臣のあとに会う予定の木戸内大臣を説得するか。これは論外だった。お上の説得に失敗のあと、高松宮は内大臣からお上に戦争の回避を決意していただくようにと説こうといった考えは微塵も持っていなかった。

そもそも山本五十六が内大臣を隠れ主戦派と見ていたはずだ。長門の艦上でかれは保科善四郎に向かって、真っ直ぐお上にお願いするしかない、内大臣を通すことにしたら、握り潰されるか、ねじ曲げられてお上に言上されることになる、陸軍にべったりのあの内大臣は自分の目と耳を塞ぎ、そればかりか、お上の目と耳を塞いできたのだと語ったことであろう。そして高松宮と保科も木戸内府は宮廷のガンだと語り合い、孝允公のあの不肖の孫は日本と宮廷を地獄の底に陥れるつもりなのだと嘆きもしたはずだった。

高松宮は諦めるほかはなかった。嶋田繁太郎にたいしても、木戸幸一にたいしても、御殿場の秩父宮に報告するのだと重ねて語り、前日の重臣会議の模様、最後の段階となっている日米交渉の妥結の見込みなどを尋ね(13)、高松宮は緊張を持続することに努め、自分の失望、落胆を相手に気づかれないように努め、もちろん、午前中の参内については、嶋田にたいして、そして木戸にたいしてもなにも言わなかったのである。

高松宮は木戸幸一を送りだしたあと、予定通り、御殿場へ出発した。東京に来ていた秩父宮妃と一緒だった。

午前中の一擲《いってき》、乾坤《けんこん》を賭す献言――「直諫《ちょっかん》」と言ってもよいのだが(14)――をお上が目前の霧が晴れたような思いだと理解され、軍令部総長と海軍大臣の胸の奥底に隠されている本心をその瞬間に了解されることになっていたら、どういうことになっていたか。高松宮はそう考えれば、改めて自分の失敗の由々しさに茫然とする思いだったにちがいない。

御殿場に向かう車中のなかで、高松宮は取り返しのつかない失敗をしてしまったと胸が張り裂けるような気持ちになったのであろう。お上を怒らせてしまうことなく、冷静な気持ちで聞いていただくために、論理的に話を進めることができなかった。そしてまた、険悪となった雰囲気を変えるためにとっさの機転をきかせることもできなかった。

そしてお上の面前に踏みとどまって話をつづける勇気もなかったのだ。このように振り返ることになれば、高松宮は烈しい憤りを自分に向けることになり、自己嫌悪に襲われたのであろう。

そして高松宮の自責心と絶望感は心拍に乱れを起こし、御殿場に着いてから、強心剤のジギタリスをもらって、飲むことになり、そのときに習慣病となっていた胃の違和感を覚え、神経性胃炎を起こし、下痢することにもなったのである(15)。

そこで天皇のことになる。高松宮と喧嘩になってしまった口論のあとに天皇はなにをしたのか。二日前に満六歳の誕生日を迎えた義宮《よしのみや》と三人の内親王と昼食をともにした(16)。天皇一家は子供たちを手元で育てることをしない宮廷の伝統に従ってきたから、ふだん接触のない子供たちとのこの日曜日の午餐を前々から天皇は楽しみにしていたのである。昭和八年生まれ、学習院初等科二年生の継宮《つぐのみや》は風邪をひいていて、出席できなかった。

高松宮、保科善四郎、そして山本五十六は、高松宮が天皇に向かって、アメリカとの戦争はしてはなりませぬと言上したなら、天皇はそのあとただちに内大臣と協議することになるにちがいないと考えたであろうとは前に記した。

天皇がすぐに木戸を呼ばなかったのは、木戸がそのとき自宅にいなかったからなのであろうか。それとも義宮、清宮《すがのみや》との午餐のあとでもいいと思ったからなのか。この容易ならぬ重大事に直面して、大元帥たるもの、侍従、侍従武官、内大臣に取り乱したと疑われる素振りを見せてはならない、ゆっくり時間を置いたほうがいいのだと天皇は自分に言い聞かせてのことだったのかもしれない。

では、天皇の感情は平静に戻っていたのであろうか。昼食のあいだ、義宮に語りかけながらも、天皇の不安は膨れるばかりではなかったのか。高松宮にたいする怒りはまだ収まってはいなかったのかもしれないが、天皇は後悔もしていたはずだ。どうして見境なく、あんな大声をあげてしまったのか。

そして高松宮が語った誤算、錯誤とはなにか。太平洋正面は海軍が守る、その海軍に大きな誤算があったというのは、ハワイ作戦、さらには長期戦になってからのことだ。そうであれば、高松宮が言ったとおり、開戦は思いとどまらなければならないのか。

義宮と清宮らが去ったあと、午後三時四十分、天皇は御学問所に入り、木戸を迎えた。天皇は午前中に起こったこと、高松宮が説いたことを語った。後刻、木戸は天皇が語ったことを日記につぎのように記した。

「どうも海軍は手一杯で、出来るなれば、日米の戦いを避けたい様な気持だが、一体どうなのだろうかね」(17)

木戸は天皇の前で、急いで考えをまとめようとしたにちがいない。木戸はこの午後、気に懸かっていたことがあったのではなかったか。二時間前、三笠宮も同席して、高松宮は私の話を聞こうとした。療養中の秩父宮に現在の内外の状況を知らせようということであった。ところが、高松宮の発言の随所にとげがあり、内大臣の私の責任を問うようなところがあった。木戸はそう思ったのではなかったか。

そして木戸は二時間前のことをさらに思い返して、高松宮が午前中にお上にそんな言上をしたという素振りをまったく見せなかったことを改めて思いだし、自分は主戦派だと高松宮から思われているがために私になにも言わなかったのだと思いいたったのであれば、つづけてかれはどのように考えたのであろう。

そしてべつの疑問が木戸の頭に湧いたはずだ。はるかに重要な問題である。海軍のだれが開戦反対をいまこのぎりぎりの局面になって、高松宮に告げたのであろう。高松宮が勤務することになった第一部第一課の佐官クラスの職員であろうか。部長や局長であろうか。かれらが高松宮に訴えたとして、高松宮がうんと言うだろうか。ただちにお上に申し上げると約束するだろうか。そんなことはありえない。では、永野修身だろうか。嶋田繁太郎だろうか。この土壇場になって、かれらは自分の口から言えないことを高松宮に語ってもらおうとしたのであろうか。いや、ちがう。高松宮の背後にいるのは別人だ。山本五十六ではないのか。そうだ、連合艦隊司令長官だ。

本当は木戸は分秒のあいだにこれは山本長官が仕組んだことだと思ったはずである。天皇はなにも知らなくても、木戸は山本が対米戦を望んでいないことを裏付けるいくつもの情報を得ていたはずだ。なるほど木戸のもっとも有効な情報源、松井成勲《せいくん》はその年六月に憲兵隊に捕らえられ、そのあと木戸邸の訪問を控えていた[18]。だが、松井などまったく必要としなかった。近衛文麿から連合艦隊司令長官が対米戦を回避したいと望んでいることを聞いたであろうし、秘書官長の松平康昌からこれまた何度か同じような海軍の内部情報を耳にしていたはずだ。そして山本が「聖断」を望んでいるのだというこれまた聞き捨てにできない情報も、木戸は松平から間違いなく聞いていたはずである。

天皇から高松宮が説いたことを聞きながら、木戸の脳裏には山本長官の像がしっかりと結ばれたはずだ。連合艦隊司令長官が戦争を避けたいと望み、直宮《じきみや》からそれを上奏させたのだ。

そこでなによりも肝心なことになる。木戸がアメリカとの戦争をしてはならぬとの思いをずっと胸に秘めていたのであれば、高松宮の「直諫」はこれこそ神風と思ったにちがいない。開戦へのすべての歯車が唸りをたてて回っている。明日は御前会議が開かれる、だが、それらがどうだというのだ。破滅への道を進む日本を引き戻さなければならない。選択の余地はない。決断は素早く、断固としておこなわなければならない。

かれは天皇に向かって、高松宮をもう一度、召されたらいかがかと言上しなければならなかった。幸い、明日の御前会議は午後二時からであります、これから直ちに高松宮をお召しになって欲しい、御殿場から至急戻られるように御下命して頂きたいと言わねばならなかった。

天皇に向かって、かれはさらにつぎのように言上しなければならなかった。高松宮に向かって、絶対に他言をしないからと誓われて、だれが開戦を回避したいと願っているのかとお尋ねになり、そして戦いを避けねばならない理由をもう少し詳しく語るようにと仰るべきでございましょう。私が侍立いたします。

そこで、なによりも肝心なことをもう一度言わなければならない。山本五十六が、保科善四郎が、そして高松宮が疑ってきたとおり、木戸幸一はアメリカとの戦争を回避しようとはまったく思っていなかった。

かれがアメリカと戦ってはならないとずっと思っていたのであれば、そもそも明日の御前会議で開戦を決めるというぎりぎり間際になって、高松宮が天皇に避戦を直訴する事態などになるはずもなかった。

アメリカとの戦争を回避しようと考えたことのない木戸は、高松宮をもう一度、お召しになるべきだとは言わなかった。木戸は迷わなかった。いまさら迷ってどうなるかという気持ちだったのであろう。軍令部総長は負けはしないと何回も語ってきたではないか。準備は万全だと海軍から来ている侍従武官も説いているではないか。それを信じることだ。山本長官、高松宮の訴えを奇麗さっぱり葬り、天皇の不安を拭い去ることにした。訳はなかった。その日の夜に木戸は日記につぎのように綴った。

「依って、今度の御決意は一度聖断被遊《あそばさ》るれば後へは引けぬ重大なるものであります故、少しでも御不安あれば充分念には念を入れて御納得の行く様に被遊《あそばされ》ねばいけないと存じます、就いては直に海軍大臣、軍令部総長を御召になり、海軍の真の腹を御たしかめ相成度、此の事は首相にも隔意なく御話置き願い度いと存じますと奉答す[19]」

木戸がそのときはっきり予測できたのは、天皇の海軍大臣と軍令部総長への問いかけが、頬を震わしての詰問になろうと、椅子に腰掛けるようにとまずは勧め、笑顔をつくって尋ねることになっても、二人の回答が戦争を回避したいのが本心でございますとなるはずはないということだった。

天皇は木戸の助言にうなずいた。ところで、天皇は木戸とともに首相、東条英機を呼んでいた。木戸が退出したあと、東条の拝謁となった。海軍の一部に戦いに不安があるということだがと天皇が尋ねたのにたいし、そうしたことは聞いたことはございませんと東条は至極当たり前の答えをした[20]。

そこで海軍の二人の最高責任者のことになる。侍従武官、城英一郎からの電話で、参内するようにとの指示を受けた永野修身はどう思ったのであろう。身震いしたのではなかったか。まさに秒読みとなったこの段階で、ポーカーの勝負カンを自慢にするあの男は勝負にでたのだ、それが成功したのだと思ったのではなかったか。

その勝負手がどのようなものだったのかも、永野にはただちに見当がついたはずだ。高松宮の第一部への転任が山本五十六の発意であろうと前に私は推測を記した。開戦に際して、海軍の中枢機関に高松宮を置くようにして、殿下の海軍の履歴を飾るようにすべきだと山本が説くのを永野は聞き、それは表向きの理由に過ぎず、「聖断」を願っての布石にちがいないとうなずいたはずだ。残された最後の一日にとうとう山本は手をくだした。高松宮が今朝、参内して、アメリカとの戦争をしてはなりませぬ、真珠湾攻撃は中止しなければなりませぬと言上したのだ。

そして永野修身は安堵感が体全体にひろがったのであれば、かれの脳裏をかけめぐったいくつかの思いはつぎのようなものであったはずだ。

四カ月前の七月二十一日の連絡会議でアメリカとの戦いはいまやらねばならないと語って以来の苦しみからやっと解放されるのだ。「明年後半期はもはや歯はたちかねる。そのあとは益々悪くなる」とかれは首相、陸軍首脳を前にして説きながら、まるっきり辻褄の合わない、出鱈目な対米即時開戦をその日に唱えてしまったのは、ただただ陸軍をして対ソ戦をさせないためだけのことだった。その日以来、嘘を繰り返す羽目となり、部下たちの士気を維持するために虚勢を張りつづけ、もうひとつ、日本に長期戦をする力がないことを忘れようと努める自己催眠をつづけてきた長い愚行から、この土壇場になって救われるのだ。

そして戦争をはじめてしまっていたら、やがてしなければならなくなる弁解も頭をよぎることになり、そんな情けない言い訳とも無縁となるのだと思ったかもしれない。あのとき戦争をしなかったら、日本に内乱が起きた、陸軍がクーデターを起こした、陸海軍が相撃つことになっただろうといったたぐいの出鱈目な話を嘘をついているという恥ずかしさを忍んで語らなくても済むのだ。

嶋田繁太郎はどう思ったのであろう。昼過ぎにかれは高松宮に会っていたから、高松宮の態度、話しぶりから、永野修身が考えたようなことが午前中に起きたのだとは想像できなかったにちがいない。だが、明日の御前会議を控えて、日曜日のこの突然のお召しはなにごとだろうと思えば、山本五十六がこの最後の最後の瀬戸際に、戦うことは破滅につながるとお上の耳に入るような手だてを講じたのではないかと嶋田が想像したとしてもなんの不思議もなかった。来春になればルソン島に三百機のB17が増強されてしまう、それより前に戦いをはじめねばならないのだと思うように努めてきた愚昧としか言いようのない自己欺瞞からやっと解放されることになるのかとほっと息をついたのかもしれなかった。

午後六時十三分、海軍大臣と軍令部総長は御学問所で並列して拝謁した。天皇は二人に椅子を勧めた。「いよいよ時機は切迫して矢は弓を離れんとしておるが、一旦矢が離れると長期の戦争となるのだが、予定通りやるかね」と問うた。

軍令部総長と海軍大臣はこれはどういうことなのだろうと瞬時には理解できず、つぎの瞬間にすべての希望が崩れ落ちていくのを全身で感じたはずである。

永野修身は「いずれ明日委細奏上すべきも、大命降下あらば予定通りに進撃いたします」と述べた。

「大臣としてもすべてよいかね」と天皇は嶋田に尋ねた。「物も人も共に十分の準備を整えて、大命降下をお待ちしております」と答えた。(21)

嶋田と永野が退出したのが六時三十五分だった。すぐ木戸が呼ばれた。木戸の日記はつぎのとおりだ。

「六時三十五分、御召により拝謁、海軍大臣、軍令部総長に先程の件を尋ねたるに、何れも相当の確信を以て奉答せる故、予定の通り進むる様首相に伝えよとの御下命あり。直に右の趣を首相に電話を以て伝達す」(22)

もう一本の道、べつの道を進むことができたにもかかわらず、日米の力の差を顧みることをまったくせず、日本をアメリカとの戦争の道へ進ませたのは、ほかのだれでもなかった。内大臣、木戸幸一だった。(23)

午後六時前、このお召しはいったい、なにごとであろうと皇居に向かう車中のなかの永野修身が考え、もしかしてという夢を描き、嶋田繁太郎もある期待を抱いて表御座所に向かっていたとき、山本五十六はすでに保科善四郎からの電報を受け取り、避戦の念願が粉砕されたことを知ったのではなかったか。

翌十二月一日の朝、長門に海軍大臣の召電が届いた。連合艦隊司令長官が出征するに先立っての拝謁が三日の午前中にある。一日午後四時、山本は岩国駅から列車に乗った。

木戸幸一、いったい、なにを望んだのか――「陸海軍の真の協調」

木戸幸一は天皇に向かって、軍令部総長と海軍大臣をお召しになるようにと言ってしまった。たしかに木戸は大きな間違いを冒した。だが、日本をアメリカとの戦争に引きずり込んだのは内大臣、木戸幸一だと責めるのは、かれにたいして苛酷にすぎるのではないか。木戸を弁護するそんな声がこのさきいつか上がるかもしれない。

ちがう。もう一度言おう。十一月三十日午後三時半、木戸は天皇に向かって、高松宮を再度、お召しするようにお願いいたしますと言わなかった。かれのその誤りは、すでに定まっている大勢の末尾に加えられるささやかな挿話では決してなかった。歴史の本文の隅に記される小さな脚注ではありえなかった。

木戸は、もっとも肝心な月、昭和十六年十月のはじめから、戦いを回避するための努力の妨害、阻止をつづけた。十一月三十日の山本五十六の「聖断」の願いをかれが潰したのは、かれがしてきた仕事の完遂だった。

十月のはじめに戻ろう。日米間の外交交渉は昭和十六年の二月にはじまったのだが、二月に戻るのは無益だし、七月、八月、九月に戻るのも無駄である。

すべては十月二日にはじまった。アメリカは日本にたいして、全面経済封鎖を解除するための条件をはっきり提示した。こういうことだった。アメリカ国務長官のコーデル・ハルは駐米大使の野村吉三郎に向かって、日本軍隊が仏領印度支那と中国からの撤収について、日本政府の考えを宣言することがきわめて有効だと説いた。日米両国の首脳会談を開きたいと求めていた首相、近衛文麿の願いを斥け、アメリカ側が日本に求めた最終的といってよい要求を明言したのである。

中国撤兵の問題はすでに八月からアメリカ側が示していた提言であり、首相の近衛文麿、陸海軍の指導者、そして木戸幸一がとっくに承知していたことだった。アメリカが交渉を引き延ばすのをやめ、十月二日になって、それを厳しい要求に変えたのは、ルーズベルトが自信を大きく回復したからだった。

前年、昭和十五年九月には、かれと部下たちは英国が持ち堪《こた》えられまいと見ていた。そしてこの二カ月前、昭和十六年八月にはソ連の政権が瓦解するのではないかと恐れていた。だが、十月のはじめ、ワシントンの政府首脳はもはやソ連の政権が瓦解することはありえない、英国は安泰だ、ドイツの勝利はもはやないと判断して、日本にたいして強硬な態度で臨むことになったのである。

首相の近衛文麿はどうあっても、アメリカとの戦争を避けようと願っていた。かれはハワイか、アラスカ洋上でルーズベルトに中国撤兵を約束し、会見地から電信をもって天皇の裁可を求めて、調印するといった計画をたてた。海相の及川古志郎、外相の豊田貞次郎もそれに望みを懸けた。

付け加えておこう。豊田貞次郎はその年七月十六日に松岡洋右を放逐したあとの外相だった。憲法の決まりから、首相の近衛は閣員の松岡を罷免する術がなかった。内大臣の木戸と前もっての打ち合わせをしてのことであったが、内閣総辞職をして、再び近衛に大命降下という面倒な回り道をして松岡を排除しなければならなかった。近衛が松岡を追放しなければならなくなったのは、かれがシンガポールを攻撃せよと主張するかと思えば、つぎにはソ連と戦えと説き、おこなわれている対米交渉には反対し、閣内を引っかき回すようになっていたからだった。

さて、松岡の後任の豊田はその年に予備役となった海軍穏健派の提督のひとりだった。かれが各新聞社の政治部記者たちからアメリカにたいして政府は弱腰にすぎるのではと批判されたとき、声を荒げ、「君らは日本がアメリカと戦えると思っているのか」と言ったのだった。九月十三日のことだった。

近衛は首脳会談の日取りを提案し、ふたたび新たな日取りを告げ、空しくワシントンに訓令を繰り返し、ずるずると日がたった。そして十月二日のアメリカの回答は有無を言わせぬものであり、首相と外相、そして海軍がしがみついていた日米首脳会談への希望を打ち砕いた。

近衛は陸軍大臣を説き伏せ、中国撤兵に賛成させなければならなくなった。だが、首相が陸軍大臣を説得しようと試みても、うんと言うことはありえなかった。それを承知していたからこそ、大きな外圧を利用して、陸軍首脳たちを諦めさせ、因果を含めようとして、首相、外相、海相はアラスカ沖の首脳会談に希望を託したのだった。

だが、本当の話をするなら、近衛がアラスカの洋上から天皇に裁可を求めるといった非常手段を採る必要などさらさらなかった。陸軍大臣と参謀総長にたいして、天皇からの御諚があれば、それですべては片づく問題だった。そのためには内大臣、木戸幸一がお上に撤兵が不可欠となっている理由を説明し、陸軍の首脳にお言葉を頂きたいと言上すればよいことだった。

そこで木戸幸一のことになる。木戸は中国からの撤兵に反対だった。かれはそれを明らかにしたことはなかった。言葉を濁し、曖昧な態度をとりつづけた。そして胸中では中国からの撤兵はしない、してはならないと思っていたのである。

近衛は木戸の態度に疑いを抱いていたが、もちろんのこと、木戸もまた自分と同じように、恐ろしい結末が予想できるアメリカとの戦争には絶対に反対だと信じていた。

首脳会談がご破算になってしまったあと、十月九日に近衛と木戸が話し合った。前に述べた通り、柱島の山本五十六が東京の堀悌吉に宛てて、「大勢は既に最悪の場合に陥りたりと認む」と記し、ただひとつ、「聖断」を希求すると書いたのは、その二日あとの十月十一日だった。

その十月九日、近衛が木戸に向かってなにを説いたのかは、近衛はなにも残していないようだし、木戸は日記に近衛の発言を記していない。だが、はっきり見当はつく。近衛はまことに困難な状況となってしまったとつぎのように語ったのだ。

十月三日着のハルの口上書が明らかにしたとおり、ルーズベルトとの首脳会談を望んだ私の計画は無になった。政府と統帥部が九月六日に定めた外交交渉の期限は十月上旬までだから、いよいよ決意をしなければならない。中国撤兵を陸軍に呑ませる手だてを講じるしかない。だが、首相の私が陸軍大臣を説得しても、どうにもならない。お上のお言葉が必要だ。

こう言って、近衛は木戸の返事を待ったのではないか。木戸は賛成とは言わず、反対とも言わず、べつの話をはじめたのであろう。そもそもあの九月六日の決定が拙速だったのだと言い、唐突に過ぎたと批判したのである。

木戸はその日の日記につぎのように書いた。「九月六日の御前会議の決定は、余より見れば聊《いささ》か唐突にして、議の熟せざるものあるやに思われる」

木戸は九月六日の御前会議の決定を非難し、それが今日の窮境を招いたのだと言わんばかりの態度をとった。そして自分の計画を近衛に語った。木戸はその案を同じその日の日記に記している。「政府はこの際直ちに対米開戦を決意しない」「米国の経済圧迫を顧慮することなく」「支那事変の完遂を第一義とする。重慶、昆明の作戦を敢行する」

「十年ないし十五年の臥薪嘗胆を国民に宣明する」[24]

近衛は木戸のその計画に反対した。[25]

当然だった。「米国の経済圧迫を顧慮することなく」と木戸は言った。アメリカとのあいだの関係を正常化することなしにということだった。アメリカと英国とオランダ領東インドからの石油の輸入がとまったままで、海軍が貯蔵する六百五十万トンの燃料油がジリジリと減っていく毎日がつづけば、人造石油が生産できるようになるのはいつのことかわからない状態なのだから、海軍の首脳陣はフィリピンにおけるアメリカ空軍の増強を横目で見ながら、いてもたってもいられなくなるのは目に見えていた。スマトラ、ボルネオの油田を制圧しようと主張する強硬派にだれもが反対できないようになるのは必然だった。

近衛にしてみれば、いや、かれだけでなく、永野修身にとって、嶋田繁太郎にとって、山本五十六にとって、かれの麾下の第一艦隊、第二艦隊、第三艦隊、第四艦隊の各司令長官にとって、アメリカとの戦争を避けたいと心のなかで願っているすべての人たちにとって、木戸の案はまさに無策であった。いや、最悪、そして最凶だった。

つぎのことは記しておく必要があろう。木戸幸一の「重慶、昆明の作戦を敢行する」といった計画案は、それより一カ月前、八月末に海軍が陸軍と天皇に示した「昆明作戦を敢行する」といった計画案と似ている、同じではないかと思う人がいるかもしれない。

九月六日の「国策遂行要領」決定の直前、軍令部と海軍省はそれまで陸軍側と討議していた「国策遂行要領」案を根本的に変えた案を陸軍側に示し、天皇に提示した。対米英戦争の準備をいつまでに終えるといった文言をすべて削り去り、対米英戦争の敢行を決意するといった文字など根こそぎ削ってしまった「要領」案には、昆明攻略の作戦をおこなうといった一項目があるだけだった。南方作戦に陸軍が使う予定の地上部隊、そもそもは対ソ戦に備え、満洲に展開した大軍を転用しようということだった。だが、陸軍側が剣もほろろの扱いをして、海軍のその計画を潰してしまった。

それから一カ月あとの木戸が近衛に示した案は前に記したばかりだが、もう一度繰返そう。「政府はこの際直ちに対米開戦を決意しない」と説き、「米国の経済圧迫を顧慮することなく」というものだった。一カ月前の海軍の案は木戸のその案とは百八十度違っていた。海軍の真の狙いは、対米交渉をつづけ、妥結のための譲歩をおこない、「米国の経済圧迫」をやめさせることにあった。

木戸からかれの計画案を聞いた近衛のことに戻る。近衛は首をかしげたにちがいない。木戸の本心は海軍首脳を追い立て、アメリカと戦うしかないと決意させるようにしてしまい、陸軍の主戦論と一致させてしまおうという算段を隠しているのではないかと疑ってはみたものの、よもや、そのような恐ろしい詭計をもてあそんでいるはずはないと思い直し、そしてまた暗闇に目をこらすような不安感を近衛は抱くことになったのではなかったか。

さて、木戸は近衛と話し合ったことを日記に記したが、自分の計画が近衛に反対されたことは記さなかったし、近衛が間違いなく言ったであろう中国撤兵の問題を記述することもしなかった。もちろん、木戸は中国撤兵の問題にたいする自分の考えを文字にすることは、自分の日記のなかであっても用心深く避けた。前にも述べた通り、かれの執務室に人を招いての話し合いで、中国撤兵の問題が取り上げられることになれば、必ず話題を他へ移したはずだ。近衛に向かって十月九日に言ったように、九月六日の御前会議で戦争をすると慌ただしく決めてしまったことを非難するばかりで中国撤兵の四文字には決して触れようとしなかったのである。

そこで首相の近衛はなにをしたか。内大臣が「米国の経済圧迫を顧慮することなく」と説いているのであれば、近衛は木戸の協力を得られないと覚悟しなければならなかった。かれは独力で陸軍大臣、東条英機をさらに説得し、中国からの撤兵にうなずかせなければならなかった。近衛は、木戸と意見を交わした二日前の十月七日、そして三日あとの十二日に東条と話し合った。東条はうなずかなかった。三度目、十月十四日午前九時、近衛は重ねて東条と会い、繰り返し訴えた。

「一昨日以来種々熟考し、昨日外相の意見も聞いたが、外交交渉で他の諸点は成功の見込みはあるが、中国からの撤兵問題が難点だ。名を捨てて実を取るという態度で、原則としては一応撤兵を認めることにしたい。……この際は一時屈して撤兵の形式を彼に与え、日米戦争の危機を救うべきである。又この機会に支那事変に結末をつけることは、国力の上から考えても、国民思想の上から考えても、必要だと考える」(26)

東条は聞き入れなかった。

「撤兵は軍の士気の上から同意できない。この際米国に屈すれば、彼は益々高圧的となって、停止する所がないであろう。その様な状態での事変の解決は、真の意味の解決とはならない。数年のちには必ずまた戦争が起きるだろう」(27)

近衛はまたも東条を説得できなかった。それでも、そのあとの午前十時からの閣議で東条にこの問題を持ちださせまいとして、閣議のあとにまた二人で会おうと念を押した。ところが、東条はほかの閣僚たちに現在の状況を知らせる必要があると切りだし、閣議に持ちだすと言った。総理に閣内を統一する責任があるのはもちろんだが、われわれにもまた輔弼の責任があるという主張だった。

閣議がはじまって、はたして東条は口を切った。外交上の打開の方法があるのかと外相の豊田に問うた。豊田がその方法は撤兵することだと言い、これをやれば見込みがあると説いた。中国撤兵には絶対に反対だと東条は興奮気味に論じたてた。(28)

東条が閣議で中国撤兵に反対だと言ってしまい、「駐兵は軍の心臓」などと大見得を切り、撤兵をアメリカに約束しようと説く首相と外相と正面衝突となってしまったのだから、閣内不統一はいまや隠しおおすことはできなくなった。万策尽きたと近衛が思ったのであれば、東条は近衛に「引導を渡した(29)」のだとそのあと部下たちに語ったのである。

この十月十四日の閣議から二日あと、第三次近衛内閣は総辞職した。

木戸幸一は同じ日の日記に、「近衛、電話、辞表、突然なるに驚く(30)」と記した。木戸はそのとき本当に「突然」と思ったのか。前に記したように、それより一週間前には、かれは日記のなかで「唐突」という文字を使っていた。

九月六日の御前会議の決定を指して、「唐突」だったと記したのだし、そのように口外もした。なるほどその御前会議で「外交交渉が十月上旬に至るも貫徹の目途ない場合は直ちに開戦を決意する」と決めていた。国民はなにも知らされていなかったから、突然にその九月六日の決定を知ったら、びっくり仰天し、まさしく「唐突」と受けとめたにちがいない。だが、海軍、外務省の幹部、首相がいずれも本心を口にできないままに定めたその取り決めが、一カ月とはっきり日限を切ってしまっていたのは、どういう狙いがあってのことなのか、木戸はなんの間違いもなく推測できたはずであった。

閣内の争いに決着をつけ、政府と参謀本部との対立に黒白をつけ、なによりも平和的解決を選び、そして新しい出発を呼びかける宣言を政府、そして天皇が発表するためには、まず最初に天皇から統帥部総長に戦いをやめよ、新たに戦いはしないとの優諚を下すのがただひとつの方法であり、それを天皇に助言するのは、この異種混合の奇妙な政体の手綱を握る天皇に「常侍輔弼」の責務を持った内大臣なのだと政府と統帥部の首脳は承知していた。そして木戸が天皇にそれを言上するのであれば、天皇を説得するのにかりに時間がかかるとしても、一カ月は十分に過ぎる時間だとだれもが思ったはずだった。木戸にもわかりすぎるほどにわかっていたはずである。

にもかかわらず、木戸は「唐突」だと言った。胸中の狼狽、動揺を「唐突」といった言葉で誤魔化しただけのことであった。かれが十月十六日の日記に、「近衛、電話、辞表、突然」と記したのも、まったく同じだった。十月十一日に山本五十六が堀悌吉に宛てて、「最後の聖断のみ残され居るも」と書いていたことを木戸は松平康昌から聞いてはいなかったのか。山本五十六だけではない。近衛文麿も、豊田貞次郎も、及川古志郎も、そして永野修身も、だれもがそっと望んでいるのは天皇の御諚による解決、山本五十六が記した「最後の聖断」なのだと木戸は承知してこその狼狽だったのではないか。

当然ながら木戸のその動揺、狼狽には大きな心の咎めがあったはずだ。だれもが取り上げることを望んできたもっとも肝心な問題に口を閉ざし、アメリカとの戦争を回避するための努力をなにひとつしようとせず、言い抜けと誤魔化しをつづけるだけのことをかれはしていて、心の咎めがなかったはずはない。

だが、木戸は撤兵問題にはまったく触れない決意だった。かれは十月九日に近衛に向かって、「米国の経済圧迫を顧慮することなく」といった案を出し、近衛が反対したことは前に記したたし、海軍首脳にとっては、まさに最悪、最凶の案でしかないことも前に記した。木戸はその案をそっと引っ込めた。かれは九月六日の御前会議の決定が早急に過ぎたのだという批判をつづける戦術にしぼった。

ここで説明する必要があろう。九月六日の御前会議で、天皇は明治天皇の平和を祈願する御製を詠みあげたということを聞き知っている人であれば、木戸が九月六日の決定を取り上げ、近衛を「唐突」と非難したのは、近衛が早々に戦争をすると決めてしまったことを批判しているのだと常識的な見方をすることになろう。木戸自身、そのときにそう思っていたのであろうか。だが、繰り返し語ることになるが、その九月六日から十月十四日まで内大臣はアメリカとの戦争回避のためになにひとつしなかったことを忘れてはいけない。

十月十四日の午前中の閣議のあと、午後二時半、木戸が東条と意見を交換した。東条が閣議のやりとりのすべてを語り、中国撤兵の是非をめぐって、外相、首相と正面衝突をしたことを説明した。木戸は言った。「陸軍は九月六日の御前会議を基礎として戦争できると言っているが、海軍は不安がある、この点が総理が踏み切れぬ処だと思う」(31)

これこそが九月六日の決定は「唐突」だと非難をつづけた木戸がその本心を明かしたものだった。

無駄なお喋りをすることになるが、木戸幸一以外、だれが内大臣であっても、その十月十四日に閣内不統一をもたらした責任者である陸軍大臣と面談したのであれば、陸軍大臣に説かねばならない最優位の主題、陸軍大臣に第一に問うべき問題は、中国撤兵の問題について、なによりも延安が指導する共産勢力が支配をひろげている華北における軍隊駐留の問題のはずだった。三十年の駐留などと言わず、一年半から二年程度のあいだに逐次撤兵をするとアメリカに約束できないものか、細目は重慶政府と協議をするとアメリカに申し入れることにしたらどうか、そうした条件で妥協できないか。このような問いかけをしたはずだった。木戸はそれをしなかった。

東条はそのあと陸軍省に戻って、部下たちに内大臣との会話の内容を語った。東条がべつの軍人に語った木戸が説いたことの要点もまったく同じであった。「陸海軍がほんとに融合して、もっとざっくばらんにできないものか、それができなければもはやどうにもならない」

奇怪なことだった。中国から撤兵すべきだと口にできない及川と永野がいて、これまた中国撤兵の問題に決して触れまいとしていた木戸がいた。その木戸が求めたたったひとつのことは陸海軍の「融合」だった。かれが望んだ陸海軍の「融合」とは、いったいなんであったのか。

そこで近衛文麿のことになる。

十月九日、かれが木戸に会ったとき、同格の国務大臣である私が中国撤兵を陸軍大臣に説得しても、どうにもなるはずがない、お上のお言葉が必要だと言ったのではないかと述べた。私の想像なのだとも付け加えた。十月十四日の閣議で閣内不一致が明らかになったあと、近衛が十月十六日に天皇に辞表を捧呈するまでのあいだにも、木戸に同じことを重ねて述べたはずだ。木戸は日記になにも残さず、近衛はかれが信頼している部下にもそれを語ることをしなかったようだが、近衛が木戸に戦争回避のためのただひとつの決め手となる解決策を説いたことは間違いない。だが、木戸はまたも九月六日を持ちだしたにちがいない。そしてこの巻の百九十九頁に記した内大臣の言葉をここで述べねばならない。その究極の力を持った宮廷の高官は首相の近衛に向かって、口にははっきりと出さないながら、「お上にお言葉を望むとはなにごとか、君は輔弼の大任を負っているのではないか」といった態度をとりつづけたのである。近衛の最終の願いは木戸に再び無視されて終わった。

だが、近衛は天皇に捧呈した辞表のなかで、閣内不統一の理由をしっかりと書き記した。中国撤兵問題をめぐっての自分の考え、自分の主張、陸軍大臣の主張を記し、「懇談四度に及びたるも、終に同意せしむるに至らず」と総辞職にいたった理由をはっきり申し述べた。

翌十月十七日の午後、後任の首相を決める重臣会議が開かれた。近衛は出席しなかったが、これまた閣内不一致の理由を辞表に記したのよりもさらに詳しく述べた書類を提出した。

アメリカとの戦争を避けるためにどうしなければならないかをはっきりと正確に説明した近衛のその文書を、内大臣の木戸は重臣たちに読み上げた。「今日迄のところはアメリカの主張と思考せられる重点は概ね次の如し、……撤兵に関する日本の誠意を確かめたきこと。……ウエルズ国務次官は要するに夫れは日本の誠意如何に懸かる次第にして、日本が誠実に撤兵する意向ならば其の履行に付いて話し合いの仕方あり得るべし」「総理大臣としては、支那事変の未だ解決せざる現在に於て、更に前途見通しのつかざる大戦争に突入するが如きは、支那事変勃発以来重大なる責任を痛感しつつある者として到底忍び難きところなり(32)」

奇怪なことだとまた言わねばならない。そのあと木戸は総辞職にいたった経緯を説明した近衛の文書に一顧だに与えなかった。最悪の事態を避けようと努めた、説得力のこもったその文書をまったく無視した。木戸に心の咎めはもはやまったくないようであったし、駐兵問題は口にしないという決まりをいよいよしっかり守ろうとしていたようだった。かれは前首相のくだくだしい、だらしのない言い訳など忘れてしまってくれといった態度で、かれのおはことなっている九月六日の近衛主宰の会議の批判をした。それより三日前に東条に向かって喋ったのと同じ話を重臣たちに語ったのである。

そのなかで、木戸は「唐突」とは言わず、「怱卒《こっそつ》」という耳慣れない言葉を使った。同じ意味である。にわかに、突然にということだ。

「結局今日の癌は、九月六日の御前会議の決定である」「御前会議の重大なる決定は怱卒の間に決定せられて居ると言うのが実情である」「そうすれば此事態の経過を十分知悉し、その実現の困難なる点も最も身を以て痛感せる東条に組閣を御命じになり、同時に陸海軍の真の協調と御前会議の再検討を御命じになることが最も実際的の時局収拾の方法であると思う(33)」

奇怪なことだと繰り返し言ってきたが、まだまだ奇怪なことがつづいた。その重臣会議の議事録を木戸は残しているのだが、出席した九人の重臣たちはだれひとり、閣内不統一の原因であり、後継首相にそのどちらを選ぶかに日本の運命が懸かっている蔣介石の国民政府との戦いを終わりにする問題についてまったく触れようとしなかった。まさか、その問題を取り上げた重臣たちの主張、質問を木戸が記録から削ってしまったのではなかろう。

どうして重臣たちはアメリカが日本に求めた要求を取り上げることをせず、これを論じることを避けたのか。岡田啓介、米内光政といった海軍出身の長老は、山本五十六が「聖断」に最後の望みをつないでいると告げてきた堀悌吉宛ての手紙をすでに読んでいたはずである。そして前に記したように、米内自身も、山本から「聖断」を期待するといった書簡を受け取っていたのではなかったか。

岡田はつぎのように問うただけだった。「今回の政変経緯より見て、陸軍が倒したと見るべきであろうが、その陸軍を代表する陸相に大命の降りることはいかがであろうか」

木戸はつぎのように反駁した。「事の真相を見れば必ずしも陸軍のみに責任ありとは言えないように思う」

同じ言葉を繰り返すが、最悪、最凶も極まれりといった言い草だった。岡田は木戸のそのような鉄面皮な嘘、言い逃れを無視して、そもそも第三次近衛内閣の閣内不統一をもたらした中国撤兵の是非について、内大臣個人はどのように考えているのかと単刀直入、問いたださなければいけないはずだった。

岡田はそうした問いをしなかった。米内もそうした質問をしなかった。木戸側の資料だから、もうひとつはっきりはしないが、「近衛総理は、海軍が判然としない、頼りない、と云うので投げだしたのではないのですか」と木戸が語った虚妄をそのまま米内は口移しに喋っていた。この昭和二十年五月の海軍大臣のかれの勇気のある、しっかりとした主張を思い浮かべるなら、まさに別人の発言だった。

岡田、米内であれ、ほかの重臣たちであれ、内大臣を恐れる者などいないはずだった。たしかに木戸はそのときも、四年のちの現在も大きな力を持った宮廷高官である。だが、あいつは俺の考えに逆らい、語ってはならないことを持ちだした、夕食までのあいだに逮捕しろ、今夜中に処刑してしまえと腹心の秘密警察のボスに命じることのできるどこその国の独裁者なんかであるはずはなかった。

府中刑務所に収監されているプロレタリア独裁、そして永久独裁を信奉する共産主義者が政権を握ることにでもならない限り、日本の政体が極度に権威主義的であるのは間違いないとしても、独裁者などが存在する余地はなかった。

そして中国撤兵に反対する陸軍将官が部下を煽動し、兵士たちを率いて叛乱するといった事態になると懸念する者はいないはずだった。だれもが二・二六は大丈夫かと口にはすることになろうが、暴動が日本全土にひろがるなどと想像する人はいるはずもなかった。日本帝国の崩壊につながるなどといった警告はためにする発言だった。

なるほど参謀本部の作戦課には辻政信といった、およそ尋常でない軍人がいた。日米首脳会談が開かれることになったら、使節団が乗った横浜港行きの臨時列車を多摩川の鉄橋で爆破してやると平然と説くような男だった(34)。だが、かれが利用する無法者によるテロの威嚇を恐れて、発言を控えようと岡田が考えたはずはなく、ほかの重臣にしてもかれと同じ勇気を持っていたはずだった。

どういうことだったのであろう。これは山本五十六がはっきり承知していたことであり、付け加えるなら、木戸幸一にもわかっていたことなのだが、岡田も、米内も、永野修身、及川古志郎と同じ足かせをはめられていたということだった。現役を退いたとはいえ、海軍の長老であるかれらは、陸軍がはじめた戦いの後始末となる撤兵の問題に触れることはできなかった。陸軍の問題に介入はしない、めったな批評をしないようにしてきたのは、自分たちの城である海軍を守るための処世のイロハだった。

付け加えておこう。この昭和二十年四月、海軍幹部が陸軍をはっきり批判、非難し、陸軍は決戦ができない、ゲリラ戦をするだけだと説いて回っていたことは前に記した。そう、昭和十六年に海軍は陸軍がやっている戦いにひと言の口出しもできなかったのである。

岡田と米内が二人が二人ともに次期首班の選定にあたって、「海軍がこの際出ることは絶対にいけないと思う」とこればかりは躊躇も気兼ねも見せずに明確に語ったのは、つぎの内閣が必ずや直面することになると思っていた中国撤兵の主題は海軍出身の首相にはとても取り組むことができないと思ってのことだった。

だが、岡田と米内の頭につぎに浮かんだのは、べつの恐ろしい疑問だったのではないか。はたして撤兵問題はつぎの内閣が取り組む焦点となるのだろうかという自分への問いかけであり、それにたいする恐ろしい答えだった。この重臣会議における内大臣の発言と素振りから判断するなら、次期首相にだれがなるのであれ、木戸は新首相に向かって、撤兵問題は新内閣が論議する問題ではないといった態度をとるのではないかという危惧ではなかったのか。

そして木戸が遮二無二、東条英機をつぎの首班に推し、重臣たちが不承不承、それに従った。

山本五十六が堀悌吉に宛てた手紙に、かれらの先輩の提督、学習院院長の山梨勝之進の言葉を引用し、日本がアメリカとの戦いへの坂道をずるずると滑り落ちていく哀れなさまを無念に思い、「これが天なり命なりとはなさけなき次第」だと記していたことは前に述べた。山梨勝之進は海軍兵学校で山本や堀の七期上だった。海軍穏健勢力の中心にいた海軍次官の山梨は昭和八年に現役を逐われた。前に述べたことだが、堀が現役を逐われたのがその翌年だった。次期首相を決める重臣会議が終わったあと、己の義務を果たすことができなかったことを恥じなければならない岡田と米内もまた、「これが天なり命なりとはなさけなき次第」と嘆息しただけだったのであろうか。

文官出身の重臣、若槻礼次郎や広田弘毅はどうであったか。全面撤兵などとんでもない、支那事変四年間の二十万の戦死者とその遺族になんと言って詫びるのだ、日本の名誉は地に堕ちてしまうと怒りを抱いていたわけではあるまい。アメリカと戦えば、訳もなく勝利を収め、戦いは向こう二年のちには終わると想像していたわけでもあるまい。英国はまもなくドイツと和を講じる、アメリカは戦争をつづける意欲を失うと思っていたわけでもあるまい。だが、だれひとり、アメリカ、英国との戦争を絶対にしてはならないと言う者はなく、中国からの撤兵の屈辱を忍ぶよりも、アメリカと戦争すべきだと内大臣は考えているのかと問いただす者もいなかった。

かれらは家に戻って、不安が強く胸を刺さなかったのか。どうにもならないという奇妙な諦めの空気が支配するなかで、木戸の言いなりになってしまい、中国撤兵の問題を提示しなかったことを悔やみ、自分の不甲斐のなさに良心の咎めを感じ、明け方まで眠られないということはなかったのか。

奇怪なことはまだあった。いや、これを奇怪だとは言うのは間違っている。若槻、岡田をはじめ、広田、米内、阿部信行、原嘉道といった重臣たちのおよそ責任感を欠いた態度、それとも、まことにシニカルな態度と言うべきか、かれらと較べれば、はるかに素直で、まっとうな判断のできた人たちがいたと言うべきなのであろう。その日、十七日、陸軍大臣秘書官や軍務課や軍事課の課員たちは近衛文麿に大命再降下があって、第四次近衛内閣が発足すると予測していた[35]。

大臣が十月十四日の閣議で閣内不一致をはっきり形にしてしまったのは、首相とのあいだでずるずると論争をつづけていてもしようがない、この撤兵問題をお上の決断に任せるしかないと考えてのことだとかれらは理解していた。そこで大臣に宮中からお召しの電話があったと知ったとき、撤兵拒否の態度を検討し直したらどうかという御言葉があるのだとかれらは思ったのである。

かれらは、内大臣と重臣たちの多くが重慶政権との戦いを終わりにするときだと思い、兵士たちを故郷に、家庭に戻すときだ、決してアメリカと戦ってはならない、外交による和解こそが正しい解決方法と考えていると思ったのである。

かれら陸軍軍人は海軍の幹部たちがアメリカとの長期戦に自信を持っていないことを承知していたのだし、戦争を避けたいと口にだすことができない事情もはっきりわかっていたのである。そこでかれらにしてみれば、天皇の最高の顧問、天皇にもっとも近い側近は、国土の安全と国民の安泰、そして皇統の永続を第一義に考えるであろうから、アメリカ、英国を相手に戦争をするといった、八分通り凶とでる道を選ぶようなことは絶対にしない、一六勝負の賭博者の真似をするはずはないと思い、宮廷最高位のあの人物が、よもや徳富蘇峰や参謀本部第一部長の田中新一、海軍軍務局第二課長の石川信吾、これら百二十パーセントの好戦家たちと共通する考えと気分を持ち、撤兵なんかしてたまるか、アメリカとの直接対決もやむをえない、日本が負けるはずがないと思い込んでいるなどとは、およそ想像を超えることだったのである。

かれらが間違えて当たり前だった。木戸をよく知っていた近衛も同じ間違いを冒した。木戸が必ず九月六日を持ちだし、韜晦《とうかい》の態度にでることから、近衛はかれを深く疑いながらも、かれが陸軍大臣を首相にしようとするからには、大命降下に際してのお上の東条英機へのお言葉によって、中国撤兵の問題を解決することになるにちがいないと信じるように努めたのだし、首相となれば、東条も海軍の真意を心にとどめることになると思ったのである。

もちろん、木戸は近衛のこれこそ最後となる望みを無視した。かれは新首相の東条に向かって、天皇のお言葉だと言って、九月六日の決定を「白紙還元」するようにと勧告したとき、かれが十月九日に近衛と協議することを避けた最重要の懸案、かれが十月十四日に東条に問うことをしなかったもっとも重大な主題、後任首班を決める同じその日の重臣会議で討議を避けたもっとも肝要な課題、いずれも同じ問題、重慶の国民政府との戦いをやめるか、つづけるか、要するに撤兵の是非は、「白紙還元」の外にあったのである。

撤兵問題を抜きにした木戸の「白紙還元」とは、結局のところ十月十四日にかれが東条に説いた「陸海軍……融合」、十月十七日に重臣会議でかれが望んだ「陸海軍の真の協調」を求めるだけのことだった。撤兵の問題が論議の外に置かれたのなら、新海軍大臣にアメリカとの戦争を決意させるためには、ごくごく短い時間で足りるはずだった。木戸に言わせれば、「唐突」でもなければ、「忽卒」でもなかったということになるのだろう。首相と陸海軍の統帥部総長の三人が参内し、開戦の決意を天皇に上奏したのは、近衛文麿の退陣から十七日あとの十一月二日だった。

そしてこれまた何度も繰り返してきたことになる。これこそが本当に最後の戦争回避の機会、十一月三十日の高松宮の「直諫」に直面して、情報に通じていたはずの内大臣であるならば、それが連合艦隊司令長官のそれこそ秒読み段階となっての最後の訴えだと瞬時に思い当たったはずであり、これは容易ならぬ大事だと考えるのが当然であったにもかかわらず、容赦なく潰してしまったのは、もう一度繰り返すが、木戸が十月はじめからつづけてきた仕事の仕納めをしたということだったのである。

大戦争はいくつもの大きな問題が積み重なり、絡み合って起きるものだとだれもが思い、私もそう信じていた。

そうではなかった。木戸の私心にすべてはあった㊱。かれが海軍首脳にアメリカと戦うのだと決意を固めさせたのだ。その根源にあったのは、かれの私心だった。

悲しいことだが、これが真実だった。

山本五十六が同僚と部下の反対を押し切り、三百五十機の航空機を一挙に投入しておこなう予定の真珠湾攻撃は、たしかにかれがずっと温めていた作戦計画ではあったが、最後の最後までアメリカとの戦いを避けたいと願っていたかれの苦し紛れの、破れかぶれの軍事作戦というのがより正確であろう。戦いの劈頭に敵主力を叩き、彼我戦力のバランスを覆す以外に、我が方は手の打ちようがないと考えての奇襲だった。

そして高松宮の「直諫」が失敗に終わってから一年四カ月足らずあとに山本は戦死した。かれが軍令部総長に戦いは避けねばならないと説き、航空本部長に戦いの用意などできてはいないではないかと詰責したとおりの戦いの展開となり、南部ソロモン群島と東部ニューギニアで艦隊と航空隊を激しく消耗させる戦いに引きずり込まれるようになっていた。そのときにはわからなかったが、日本海軍が主導権を握っての戦いは昭和十七年十一月中旬の三日間にわたる第三次ソロモン海戦が最後となった。つづいては檜貝襄治、三原元一といった海軍至宝の二人の飛行長をはじめ、優秀な飛行将校をそのソロモンの水域で失い、まさにそのときに山本は死んだのである。

高松宮の「直諫」から三年と七カ月のち、山本五十六が不可避と予告した敗北が明日に迫るときになって、松平恒雄と米内光政は、高松宮のあの「直諫」の一カ月前にかれらがやらなければならなかったことをやっとやろうとした。木戸幸一を内大臣の椅子から逐おうとした。

慌て、驚いた木戸がなぜ松平と米内は自分を追放しようとしたのかと考えれば、この戦争を終わらせる手だてはないのかと今年はじめに皇太后に詰問されたことを思い浮かべることになり、つぎに脳裏に浮かび、急いで消し去ろうとした明瞭な記憶があったはずである。言わずとしれて、昭和十六年十一月三十日にかれがやってしまった今更取り返しがつくはずもない大きな過ちである。そしてそれより前、十月の日々におかした過ちである。

木戸更迭の計画が失敗に終わってから一週間足らずあとの六月八日、かれは戦争を終結するための「時局収拾対策」をつくった。それを天皇に提出した。天皇はそれに賛成した。そして昨日、六月十三日、木戸は日記につぎのように記した。

「米内海相と御文庫にて会談、時局収拾対策を話す。三時半、鈴木首相来室、時局収拾対策を話す。憂を同じうせらるる心境を聴き安心す。……六時、近衛公、三井夫人軽井沢よりの帰途来邸、少時時局につき懇談す(37)」

そして今日、六月十四日の朝、米内光政が高木惣吉に向かって、内大臣がソ連に戦争の終結の仲介を求める案を作成したこと、お上がそれに賛成されたことを告げた。これは最初に記した。米内は高木に向かって最後に言った。

「昨日から考えをかえたから心配はいらぬが、僕が辞めるという噂が耳に入ったら打消してくれ。阿南が左近司のところに手紙を書いて寄越したらしい。僕が辞めて内閣が行き詰まりはしないかと心配してるらしい(38)」

ひとつ付け加えよう。

今日、六月十四日、沖縄の戦いは終わっていない。孤立した陣地の地下壕から出て戦う兵士たちの死に物狂いの抵抗はなおもつづいている。沖縄本島最後の戦場はその最南端の海に取り囲まれた四十平方キロの丘陵地だ。爆弾と砲弾の炸裂によって剝き出しの岩肌となり、ナパーム弾の投下によって地面は焼けただれている。この狭い地域に第三十二軍の残存部隊と一般住民が追い詰められている。毎日、一千人から一千五百人の将兵が死に、同数の一般住民が殺されている。組織的抵抗はこの数日で終わることになろう。

もうひとつ加えよう。六月十四日、ワシントンでのことになる。陸軍参謀総長ジョージ・マーシャルは麾下の太平洋の前線指揮官につぎのような指示をだした。日本はまもなく崩壊するかもしれず、まもなく降伏するかもしれない。その用意を怠らないようにせよ。(39)

第37章

大宮御所、そして日比谷公会堂（六月十四日）

天皇、皇太后を訪問

さて、今日、六月十四日の宮廷のことになる。

午後一時半、天皇と皇后、侍従長、宮内大臣、武官長、皇太后宮大夫《こうたいごうぐうだいぶ》、侍従、女官長までの十数人の一行を乗せた四台の乗用車は御文庫を出発する。先駆車、御料車、そのうしろに二台つづく。前広芝から御研究所、仮殿の横を進む。

天皇から侍従まで、昨夜は眠りについてまもなく、午後十一時半に起こされた。警戒警報がでた。夜中に起こされるのは久しぶり、今月に入ってはじめてだった。だが、だれもが五月二十三日か、二十五日夜に、官舎か、自宅を焼かれ、空襲の記憶と苦痛はなまなましかったから、寝床から起きるのは素早かった。外は雨だった。ラジオは数目標が来襲すると伝えた。つづいて情報ははっきりし、四目標が犬吠埼付近にあると告げた。福島地区から新潟地区へ向かうと知らせた。つぎに新潟へ侵入と伝えた。新潟港への機雷の投下だった。再び鹿島灘から「南方海上に退去しつつあり」との放送にやれやれと思い、「午前二時、警戒警報解除」を耳にして、皇后から女官長までは眠ることになったのだった。

自動車の隊列は半蔵門を出て、焼け野原になった麴町を進む。四谷見附橋を渡って左折して、大宮御所に向かう。

天皇は三月十九日に三月十日の江東全滅あとの焦土を車の窓から見た。深川の富岡八幡宮の境内で内務大臣、大達《おおだち》茂雄の空襲被害の説明を受けた。帰路には小名木橋で車を止めさせ、橋の上からどこまでもつづく焼け跡を見た。(1) 二十数年前の大震災の東京の光景を天皇は思いだした。御所の赤坂離宮と政務を執る皇居のあいだを行き来するときに見たのはなにひとつない焼け野原だった。その記憶と比べて、コンクリートの焼けただれた建物があちこちに残っているだけに、無惨さはこちらのほうがひどいと天皇は思ったのである。

皇后は五月五日の朝、靖国神社参拝の行き帰りに一番町、二番町の焼け跡を見た。朝日新聞の記者は「黒いうつろな窓をのぞかせたビル、乱れ落ちた電線、緑の芽ぶきもなく焼け立つ樹木」をご覧になったのだと記した。(2) 五月二十五日の夜に明治宮殿のすべてが焼けてしまったから、天皇、皇后は我が家の焼け跡を見て回るという経験もすることになった。

大宮御所も、東隣の東宮仮御所、秩父宮邸とともに、同じ五月二十五日夜の空襲で全焼してしまい、皇太后は防空室住まいをしている。ここもまた御文庫と呼ばれており、宮廷の人びとは赤坂の御文庫と呼んでいる。

皇太后は焼け残った東家、遷錦閣の前で天皇と皇后を出迎えた。皇太后は一行のさきに立ち、御所の焼け跡を案内して回る。焼けた木と灰の匂いがたちこめる。昭和五年に新築された御所を訪ねた思い出がだれの胸にも浮かび、たかだか十五年ですべてがなくなってしまったのだと思ったとき、かれらは息苦しくなったのである。

フキョ、キキョと二声、大きな声がする。少しおいて、また二声響く。天皇が茶畑のさきの焼け残った立木の梢を探し、皇太后にホトトギスですねと問いかける。今年も来たと皇太后が答える。このときはじめて皇太后と天皇は笑顔を交わしたのではないか。

天皇と皇后が大宮御所を訪ねたのは、皇太后に疎開を決意してもらおうとしてのことだ。大宮御所が五月二十五日の夜に焼けてしまう前から、天皇は皇太后に疎開を勧めてきた。大宮御所が焼けてしまったあとには、天皇はさらに熱心に皇太后に疎開するようにと説いてきた。皇太后は使いの者に疎開はしないと答え、このまま東京に残るとにべもなかった。

ところが、昨日、六月十三日に新しい事態が生じた。侍従武官長が陸軍大臣の指示を受け、内大臣に向かって仮皇居を建設している松代《まつしろ》についての説明を正式におこなった。(3)侍従武官長はさらにつづけて、皇太后の疎開地も松代近辺にしたいと述べ、お許しを得たいと言った。そのあと内大臣は宮内大臣、次官、侍従長と協議した。天皇と皇后が明日、大宮御所を訪ね、直接に皇太后を説得することになった。

天皇が承知していたのは、松代には行かないと皇太后から言われることだった。軽井沢、日光、どこでもいいから、疎開して頂く。天皇はこう願った。じつは天皇は朝から体がだるかったのだが、無理をしての訪問だった。

天皇が恐れていたとおり、皇太后は疎開して欲しいと説く天皇の言葉をまったく相手にしなかった。

なぜなのか。皇太后が疎開をしないと説く背後には、大きな問題がある。

前に記したことを繰り返す。

五カ月半前の今年一月の末のこと、皇太后は宮廷の女官長、保科武子を呼び、この戦争をいつまでつづけるつもりか、老人と子供と女だけが残って、この国はどうなるのかと語って、お上は牧野伯、近衛公を招き、二人の考えを聞いたらどうかと説いた。

皇太后は男勝りの性格で、めそめそと愚痴をこぼすことはしない。五月二十五日夜の空襲で御所が焼かれてしまったあとも、泣き言をまったく言わない。だが、皇太后は不快なことは不快と語り、気に入らなければ、気に入らないと言い、自分の考えをはっきり喋ってきた。

さらに前に記したことを繰り返す。

皇太后の皇后時代のことになるが、山県有朋や西園寺公望といった元老は皇后が清国の西太后のような垂簾《すいれん》政治をおこなうことになるのではないかと恐れた。皇后は山県や西園寺と何回か衝突したあと、政治の問題には口出ししないように努めることになった。だが、それから二十年近くがたった今年一月になって、自分が言わなければ、だれひとり口にだせないことを自分が言わなければならないと思うようになった。この戦争をいつまでつづけるのかという問いである。

天皇は驚き、内大臣は慌てた。近衛文麿と牧野伸顕を参内させたのでは、陸軍がなにごとかと疑惑を抱く。七人の重臣ひとりひとりを参内させて、天皇はかれらの主張を聞くことにした。近衛を除いては、戦争をつづけねばならないとだれもが説き、皇太后の考えどおりにはいかなかった。

ところで、皇太后は女官長の保科武子を呼び、お上は牧野伯、近衛公を招き、二人の考えを聞いたらどうかと説いただけでなく、前にも記したことだが、お上は皇族方の考えも聞かれたらどうかと提言したのだった。三月二日に天皇は高松宮、三笠宮、朝香宮、東久邇宮、賀陽宮《かやのみや》と晩餐のあとに話し合った。皇族たちは「最悪事態の処置を促進すること」について、天皇の考えを尋ねることを予定していたのだが、話し合いはたちまちとげとげしい雰囲気となり、天皇はお前たちに助言を求める考えはないといった態度をとることになってしまい、高松宮から賀陽宮まで、いずれも大きな失望と不安を胸に抱いて席を立つことになってしまい、天皇はどうして自分は忍耐ができずに腹を立ててしまったのだろうという後悔とこれまた大きな不安を抱いて、会議室を離れたのである。

そしてこの話し合いが失敗に終わったことも皇太后は聞き知ったはずだった。

それから三カ月あとのことになる。五月十七日の夜、高松宮は宮内大臣、次官、皇太《こうたい》后宮大夫《こうぐうだいぶ》、宗秩寮《そうちつりょう》総裁を高輪の自邸に招いた[4]。

高松宮が宮廷の高官たちに説いたのは、天皇の動座の問題だった。

動座とは天皇の座所をほかへ移すことだ。昨年の夏から、学童の集団疎開と縁故疎開がはじまって、一般家庭の疎開がそのあとにつづき、工場疎開もはじまって、官庁の疎開もおこなわれている。天皇の動座とは、この場合、天皇の疎開のことにほかならない。

いよいよ本土決戦を迎えることになれば、大本営を長野県の松代に移転する、当然ながら天皇の仮皇居もそこにつくるということは、陸軍首脳が昨年十一月に工事を着手する前から決めていたことであった。

そして海軍首脳は陸軍の意図を知って、遅まきながら、奈良県の大和航空基地に隣接する丘陵地帯に、これまた坑道を掘り、大本営をつくる計画をたてた。もちろん、松代にではなく、大和への天皇の動座を海軍は望んでのことだ[5]。

海軍の幹部が恐れているのは、もしも天皇が陸軍が建設している松代の地下施設に動座してしまえば、天皇は徹底抗戦を説く陸軍の虜《とりこ》となってしまい、戦争を終結する機会を逸してしまうのではないかということだ。そこで、海軍は大和に大本営をつくる計画をたてたのである。

高松宮の勤務先の横須賀の砲術学校を訪ねてきた海軍の高官から、高松宮はこのような説明を聞いたのであろう。なによりも陸軍の松代への動座計画を阻止しなければならない。こうして高松宮は宮廷の高官たちを説得し、陛下の動座の問題は宮廷が主導して決めねばならないと説いたのである。高松宮は注意深く、松代の名前をあげず、大和の地名も口にしなかったのであろう。

ところが、宮内大臣、次官、だれも高松宮の主張に賛成しなかった。動座は宮廷内で決めることだとは言わなかった。動座するとなれば、大本営も同じ場所に移らなければならない、大本営の移転は統帥部が決めることであり、宮廷が口出しすることではないと宮内大臣が語って、論議はそのさきに進まなかった。高松宮が知らなかったのは、宮廷幹部はなにも言わなかったが、かれらは松代で陸軍が仮皇居をつくっていることをとっくに承知していたことだ。昨年十一月に着工した「重要倉庫」の建設は、この二月に大本営建設工事と呼ばれるようになって、侍従武官長からかれらは告げられていた。いまとなって異論を差し挟むことができなかったのである。

そしてその集まりのもうひとつの議題である皇太后の疎開問題については、高松宮は大宮様は決して疎開はしないと語った。東京はやがて危険な状態になるとだれかがくどくどと語りだした。高松宮は我慢できなくなった。すべてを道連れにしてずるずると戦いをつづけようとする首脳者がいると非難して、皇太后が逃げたりせず、敵の手のとどくところにおられても、敵は皇太后を乱暴に扱うことはないだろうと言うことにもなった。⑥

売り言葉に買い言葉で、皇太后が青山にとどまっておられても、危害を加えられることはないと高松宮は言ったまでで、宮内大臣も、次官も、高松宮が言わんとするところは、そんな状態になる前に戦いをやめねばならないと説いているのだとはわかっていたのだが、それを論議することはできなかったのである。

言い争いとなって、敵は皇太后を乱暴に扱うことはないだろうと高松宮は語ったと述べたのだが、もうひとつ、付け加えておこう。高松宮がそう言ったのは、グルーの「滞日十年」の一節を思いだしてのことであったはずだ。そして高松宮がそう語ったとき、向かいに座っていた宮内大臣の松平恒雄がかすかにうなずいたにちがいなかった。

こういうことだった。グルー夫人のアリスが昭和十六年五月に皇太后を訪ねた。来日して九年になるアリスが皇太后の謁見を許されたのはそのときがはじめてだった。グルーの日記にはつぎのように書かれていた。「アリスは本当に皇太后を尊敬しており、もう一度お目にかかりたいといっていた」そしてグルーはその日の日記をつぎのようにしめくくっていた。「私がこの会見のことをこんなに詳しく書くのは、日本の皇室がアメリカとの親善を熱心に希望しているのは重要なことだと考えるからだし、またこの話が天皇にはじまってつぎからつぎへと伝わっていくのは良いことだと思うからだ」(7)

グルーはその日記を昨年五月に刊行するにあたって、今度こそはここに書かれていることが日本で「つぎからつぎへと伝わっていくこと」を想像し、期待したにちがいなかった。事実、そうなった。グルーの「滞日十年」が公開されてまもなく東条内閣の瓦解となったことは、グルーとルーズベルトを驚かせ、同時にかれらに自信を持たせたにちがいないと前に記した。

日本側では関係者がだれひとり日記に記していないが、近衛文麿、吉田茂が「滞日十年」を手にしたはずであり、それを読んで、どのように考えたかを私は推測し、これも前に記した。鈴木貫太郎がそれを読み、やろうと試みたことも記述した。高松宮も「滞日十年」の内容を承知していたのではないかとは述べたばかりだ。

高松宮は日記のその一節を皇太后から教えられたのが、まずは「滞日十年」について知る最初ではなかったか。皇太后にその部分の訳文を手渡したのは松平信子だったにちがいない。信子は秩父宮妃の母であり、皇太后と親しい。信子にそれを渡したのは夫の松平恒雄であろう。そして「滞日十年」を松平宮内大臣のところに持参したのはかれがアメリカ駐在大使、英国駐在大使だったときにかれに仕えた外務省の後輩であったはずだ。かれらはグルーが駐日大使であったときにかれの執務室の机に飾られた写真が松平夫妻と子供たちであることを聞き知っていたのである。

さて、高松宮が松平恒雄とほかの宮廷高官を説得することができず、空しい話し合いに疲れ果てれば、宮内大臣、次官、総裁は、天皇、皇太后、内大臣、侍従武官長にどのようにこの集まりを報告したらよいのかと頭を痛め、この秋、この冬に日本はどうなってしまうのだろうかと沈鬱な思いを抱いて家路についたのである。

翌五月十八日、高松宮は大宮御所を訪ねた。当然ながら皇太后は皇太后宮大夫から前夜の集まりで論議された問題の報告を耳にしていた。皇太后は高松宮に向かって、お上の松代行きには反対だと再び語ったにちがいない。松代行きを断念していただくためにも、私は決して東京を離れないと高松宮に重ねて語ったのであろう(8)。

この一月以来、皇太后と天皇の関係は修復することができないまま、冷えきってきていた。両者の和解のためには木戸が天皇の感情をほぐさなければならなかった。だが、木戸は皇太后の戦争にたいする考えの背後には高松宮と近衛文麿の唆《そそのか》しがあると睨んでいたから、天皇と皇太后とのあいだは疎遠であるほうが望ましいと思っていたにちがいなかった。五月二十五日の夜、御所が焼かれ、大宮御所も焼かれたあと、高松宮は天皇に皇太后を見舞われてはいかがかと書簡を送ったのだが、これも相手にされなかった(9)。

そこでそれから半月余りあとの今日、六月十四日のことになる。皇太后は天皇と皇后に面と向かって、私はここを離れるつもりはないとその態度を変えない。天皇、皇后は午後三時には帰途につく予定だったのが、さらに三十分、説得をつづけた。だが、天皇は皇太后を説き伏せることができないまま、皇后とともに傷心を抱え、大宮御所を離れることになった。天皇は皇太后が東京を離れないと頑張る理由をはっきり理解しているのであろう。勝ち目のない戦いをつづけ、長野の山のなかに隠れ、そのさきどうするつもりなのかと問うているのだとわかっているのであろう。

天皇は皇太后に向かって、内大臣についての誤解を解こうとしたかったに相違ない。木戸幸一は責任を回避する卑怯者でもなければ、面倒なことは見ないようにしている臆病者でもないと語って、木戸が「時局収拾案」をつくったこと、政府首脳の賛成を得て、戦争終結に取り組むことになるのだ、ご安心して頂きたいと説明できないことを無念に思ったのではないか。天皇は最後に、疎開しないと仰せられているが、考え直されることを期待して、お返事をお待ちしますと語って、席を立った。

天皇は再び麴町の焼け跡を見て、午後四時近くに御文庫に戻る。天皇は出迎えた侍従のひとりに洩らした。「おたたさまは、わかってくださらなかった(10)」

天皇は午前中から体の具合が悪かったことは前に述べたが、大宮御所から戻って、いよいよ気分が悪い。皇后、そして侍従が休まれるようにと勧める。

田中喜代子の誕生会

六月十四日だ。午後七時に近い。日は落ちたが、まだ明るい。日比谷公園の南の端にある日比谷公会堂正面の二階の玄関から地上に下りる広い外階段に人があふれている。軍服の若者がいれば、珍しいことにスカートの女学生がいる。そのあいだに年配の男女が交じる。そして学生服か、作業着の理科、医科の学生、女子大生、中学生、女学生だ。

いずれも勤労動員されている学生、生徒たちなのだが、全部が全部、工場をさぼって、音楽会に来たのではない。

「職場なき学徒」がいる。これは新聞がつけた名称だ。五月下旬の東京と横浜の空襲のあと、工場が焼けてしまい、工場内の爆撃の穴を埋め、焼け残った鉄屑を集めるという作業も終わって、家にいる者が増えている。人手が足りない、明日からでも来て欲しいというような工場はもはやないし、長野や福島の疎開工場へ行くということになれば、操業は形ばかりであろうから、農耕作業ということになる。学校側はまだ決めていない。そして「授業停止」という文部省の通牒があることから、かれらは学校にも行っていないし、その学校も焼けてしまっているか、軍の機関に接収されてしまっている。

工場を休んで音楽会に来た者はどうか。後ろめたいという気持ちはさほどない。工場が焼けていなくても、従業員の住まいが焼けてしまっているから、家族を連れて疎開地まで行く、住む所を探さねばならないといって、現在、出勤する者は半分以下になってしまっている。そして材料、部品、燃料がいよいよ少なくなってしまっているのだから、適当な口実があれば、工場を休んでもいまはなんのおとがめもない。

階段を下りてくる人びとの胸に「歓喜の歌」のフィナーレの興奮が残っている。今日は日本交響楽団の交響曲第九番の演奏があった。

昭和四年に落成したこの公会堂は日本の音楽史の歩みを映してきたコンサートホール

である。一流外国人演奏家による国内初演はここでおこなわれるのがしきたりだった。

もちろん、日比谷公会堂は公会堂としての利用がその本来の目的である。この十五年間の昭和の歴史の一こま、一こまはこの公会堂の壁、天井にしっかり刻まれてきた。講演会、発会式が開かれ、激励会、決起大会がおこなわれた。政治家、軍人、学者が日本の直面する問題を堂内のあふれる聴衆に語りかけ、なにをしなければいけないかを説いた。ラジオがそれを全国に中継することもあった。

いま外階段を下りている人たち、公園の出口に向かう人たちは、読んだことはなくても、本屋で山積みされ、何十万部と売れた徳富蘇峰の著書を知っていようし、かれのラジオの講演を耳にしたことはあろう。かれがこの公会堂で演説したことを知っている人もいるだろう。

昭和十六年の後半に日比谷公会堂で蘇峰は何回も講演した。戦争か、和平の分かれ道に立った日本を遮二無二、戦争への道へと日本人すべてを引っ張った人物を挙げるとすれば、間違いなくその筆頭は徳富蘇峰であろう。「正義の一本道を守りて、直前勇心すべきだ」「今日は決して成敗利鈍を計較するの場合ではない」とこの公会堂でかれは声を張り上げた。

昭和十六年九月十三日にかれは中野正剛とともにここで演説した。かれと中野が攻撃したのは、それより一カ月前の八月中旬にルーズベルトとチャーチルが大西洋上で会談し、公表した共同宣言だった。「傍若無人なる英米世界支配の宣言」と批判し、「危機座視するを許さず」と蘇峰は説いた。

　アメリカとの戦争を是が非でも回避しようと望んでいた第三次近衛内閣は情報局に命じて、そのあと蘇峰や中野の新聞、雑誌に載せる文章の英国、アメリカにたいする強硬な主張を削り、公開演説をさせないようにした。だが、近衛内閣が退陣し、十月十七日に東条内閣が発足し、十一月五日の御前会議で戦争の決意をいよいよはっきりさせることになった。その決定事項はもちろん、会議の開催自体も秘密にされていたが、その五日あとの十一月十日、蘇峰はこの公会堂で「太平洋を眺めて」と題して演説し、戦え、戦わねばならぬと二時間にわたって説き、いまや遅疑逡巡するときではないと叫んだ。

　はっきり開戦を定めた十二月一日の御前会議のあとのことも付け加えておこう。もちろん、この会議も秘密にされていた。その翌日、蘇峰はまたこの公会堂で、英国は「なんの余力があって、もうひとつ東洋で戦いがやれますか」と声を張り上げた。蘇峰の念願通りにアメリカとの戦いははじまった。十二月十日のかれの講演会は「米英撃滅国民大会」となり、大々的な動員をおこなうことになって、座席数二千人の公会堂ではとても入りきれず、後楽園球場に講演の場を移し、かれは「興国の暁鐘」と題する大演説をした。十二月十八日には再び公会堂で「大東亜戦争の由来と前途」と題して、これまた二時間の演説をした。入りきれない人のために公園内の音楽堂に拡声器を置いて、その第二会場をぎっしり埋めつくしたのだった。

公園があふれる人で埋まったといえば、公園の北の端の広場を中心に十万人を集めての国民大会が開かれたことがあった。昭和十八年十一月七日のことだった。ビルマのバーモ、インドのチャンドラ・ボースをはじめ、五カ国の大東亜の代表を集めての大東亜会議を開催したときだった。

今日の音楽会に出席した人たちのなかにも、新聞の写真やニュース映画で盛会だった大東亜会議のいくつかの場面を覚えている人がいるだろう。

それから一年少しあとの今年の一月二十七日午後二時過ぎのことだった。指揮官機のミスが理由か、中島の武蔵製作所を狙い損ねた五編隊のB29五十余機が海へ出る直前に爆弾を投下した。いくつかの編隊は銀座の真上で機体下面の爆弾庫の扉を開いた。

その日、歌舞伎俳優の中村福助は明治座でやる「野崎村」の初日にそなえ、有楽町の邦楽座を借りて、稽古をしていた。空襲のサイレンが鳴って、地下室へ下りかけたのだが、日比谷公園へ逃げようということになった。朝日新聞社前の道路を走った。新聞社の前、ニュー・トーキョーの周辺に爆弾が落ちるのはその少しあとだった。福助は足が悪く、大正六年生まれであったが兵役は免除になっていた。それでもかれは仲間とともに公園まで懸命に走った。敵機の編隊が一群、また一群と真上を飛び、重なり合う爆音に交じり、第一生命のビル屋上の高射砲の発射音がつづいた。なんの音か金属音が響き、さらに空気を切る摩擦音、そして爆発音がつづき、真っ黒な煙がつぎつぎと上がった⑾。敵編隊が去ったあと、中村福助とほかの役者たちが、邦楽座に戻ろう、爆撃を受けてはいないだろうなと語り合っていたとき、公園の入り口からトラックが入ってきて、かれらが腰を下ろしているさきに止まった。恐ろしい光景を見ることになった。死者を下ろしはじめた。

有楽町駅の中央出札所とその近くに二発の二百五十キロ爆弾が炸裂した。切符を買うために行列をつくっていた人たちと電車から降り、空襲が終わるのを待っていた人たちをなぎ倒し、吹き飛ばした。そこだけで七十人以上の人たちが殺された⑿。朝日新聞社と毎日新聞社のトラックが何往復かして、遺体を日比谷公園に運び込んだのだ。

それから五カ月近くがたつ。八十三歳になる蘇峰は現在も健在である。東京の半分が焼け野原になってしまった今、そして沖縄も敵の手に渡ってしまった現在、この公会堂で演説しようとかれは思っていないだろうし、いまこそ国民を激励して欲しいとかれに頼む人もいないだろう。

満堂の聴衆すべてが立ち上がり、「蘇峰先生万歳」と叫んだ日は遠くに去ったが、公会堂のたたずまいは四年前と変わらない。だが、時計塔の時計の針は止まってしまっているし、公園のさきを見れば、空を向いた高射砲の砲身が見え、気がつけば、公園内の銀杏、スズカケノキ、欅《けやき》の梢のさきがすべて伐られてしまっている。見通しをよくするためだ。そして公園内の空き地という空き地はすべてさつま芋畑に変わっている。畝をつくってあるだけのところは、さつま芋の苗が手に入らないからだ。公園の端に並んでいる木造の建物は兵舎だ。農作業をしているのは兵士たちだ。

兵舎の向こう、公園の西側の街区には海軍省、大審院、司法省、大東亜省がある。この階段からはわからないが、いずれも廃墟になってしまっている。五月二十五日の夜にすべて焼かれた(13)。

公会堂の二階の玄関をでて、外階段を下りてくる人の群れはまだとぎれない。第九を聴くことができるのは、これが最後だという噂がひろまり、前に記したとおり、それこそ明日入隊する学生、徴兵延期のある医学生、工場を休んだ女子大生、これも工場を欠勤した中学生が日比谷に来た。

階段を下りてくる人たちのなかに上田タカ子がいる。「歓喜よ、美しい神の閃光よ、楽園からの娘よ」の讃歌はまだ耳に残っている。彼女は神奈川県立平塚高女の四年生である。彼女と並んで階段を下りる若い男は同じ工場で働く横浜高工航空工学科の学生だ。佐藤輝文という。

かれは昭和十八年四月に入学した。航空戦力が不足している、航空機の生産を倍、三倍にするのだと叫ばれるようになったときであったから、横浜高工というより、日本の全高工のなかの花形学科だった横浜高工の航空工学科の競争率は、十二倍という狭き門だった。

うっかり以前の名前を書いてしまったが、横浜高等工業は横浜工業専門学校、そして航空機科と名称を変えている。昭和十八年十二月に大学と専門学校の大規模な整備をおこない、文科系の入学定員を半減し、理科系の入学定員を増やすことにしたときに、名称も変えたのである。

佐藤輝文のクラスは昨年六月から勤労動員となり、立川の陸軍航空技術研究所と日本国際航空の平塚工場に行く者とに分かれ、輝文は平塚工場で戦闘機のプロペラ設計の計算に取り組み、一日中、タイガー計算機を回している。寮は市内の旧花柳街にある伊勢本という料理屋だ。休みの日に近くの知り合いを訪ねたタカ子とたまたま顔を合わせたのがきっかけで、工場内で周囲にだれもいないときにふた言三言言葉を交わすようになった。そして佐藤が第九を聴きに日比谷まで行こうと誘ってくれた。

もちろん、日比谷公会堂に行くのははじめて、新橋駅で降りるのははじめて、そもそも男の人と東京に出かけるのははじめて、平塚の町を男の人と歩いたこともない。

東京に行って、空襲は大丈夫だろうかとタカ子が聞いて、大丈夫さ、ドイツの昔の偉い総理大臣が「第九をいつも聴くことができたら、私はいつだって勇敢でいられる」と言ったのだ、第九を聴きに行くんだから、絶対に大丈夫だよと保証してくれた。そしてタカ子はかれから「歓喜の歌」の歌詞の「フロイデ」が歓喜、「フロイント」が友と教えてもらったのである。

昨夜、彼女は心配する母親に向かって、ヒトラー総統と同じように偉いドイツの政治家が大丈夫だと言ったという話はしなかったが、音楽会が終わるのは七時前、その時刻にB29や艦載機が来たことはいままでにないのだから絶対に大丈夫と声を張りあげたのだった。これも佐藤さんがお母さんにこう言いなさいと教えてくれた文句だったが、タカ子は母親には級友と三人で行くのだと嘘をついたのである。

一緒に歩く佐藤がタカ子を励ますように小声で唄う。「おお　友よ、快き歓喜に満ちた歌をこそ、歌わむ」

いま空襲のサイレンが鳴りだして、東海道線が動かなくなっても、なにも恐いものはない、平塚までだって、歩いて帰れるとタカ子は胸を張る。

階段を下りてくるなかに夏目十郎がいる。神奈川県立一中の四年生だ。今日はクラシック好きの伯母のお伴だが、かれ自身も音楽好きだ。昨年の秋にこの日比谷で第六、田園を聴いたのが忘れられない。かれは東横線の綱島駅にある安立電気の綱島工場に勤労動員されている。かれの仕事は航空機用無線機や部品の包装だ。今日は工場を休んだ。

階段を下りてくるなかに田中喜代子がいる。彼女は東京女高師文科の三年生である。彼女は公園の外へでて、日比谷の交差点まで行く。公園を囲む矢筈の鋼鉄製の柵を美しいと思ったのが、いまはないのに気がつく。彼女がはじめて公会堂の音楽会に来たのは一年生のときだった。昭和十八年六月である。半年にわたってとびとびに開かれたブラームスの連続公演の五回目、最終回だった。「交響曲第四番」を聴いた。

それからの二年のあいだに喜代子の生活は激変した。昨年の夏に授業がなくなり、工場で働くようになった。

喜代子が学ぶ女子高等師範の説明をしておこう。女高師は東京と奈良に二つだけある国立の女子専門学校である。専門学校は三年制が普通だが、女高師は四年制である。卒業生も、在学生も、もちろん、教官たちも、女子教育の頂点にある学園と自負し、事実、日本各地の県庁所在地の最優秀の女学校の粒えりが東京女高師に集まる。京都市の生まれだと言ったら、聞くまでもない、京都府立第一高女の最優等生だったのである。

さて、昨年八月に文科と家政科の三年生は陸軍糧秣廠、理科三年生は海軍水路部の仕事を学校内ですることになった。文科、理科、家政科、体育科の二年生の全員百二十人は板橋の造兵廠に通うことになった。東京第二陸軍造兵廠の板橋製造所である。赤羽線の十条駅から一キロ足らずのところにある。

第二陸軍造兵廠は板橋火薬製造所の後身であり、火薬、炸薬を製造している。現在、もっとも大量につくっているのは爆弾に装塡する五番管状薬と呼ばれる火薬だ。わずかながら薬莢や手榴弾、弾丸をつくっている。田中喜代子はプレスを操作し、鉄板に穴を開けたり、押しつけて形をつくるといった仕事をしている。彼女の親友の岩淵敬子は旋盤を前にしてのネジ切りだ。

仕事は昼夜二部交代だ。夜勤は月曜日の夜から土曜日の夜まで一週間つづく。日曜日の朝七時ごろ寮に帰り、月曜日の朝から日勤へと代わる。夜勤明けの日曜日はだれも寝ない。大掃除をして、洗濯と繕い物をする。月に二回ある休日のうちの一回はこの夜勤明けの日曜日ということになっている。これを休日だというのはいささかひどい。しかも夜勤明けの昼間は就寝時間だということになっているから、寮の昼食はない。だれもが家から送ってもらった煎り大豆をボリボリ食べて、夕食を待つ。

もう一回の休日は土曜日に日勤が終わったあとの日曜日である。この日は本当の休日だとだれもが思う。月曜日は昼間のあいだに寝て、夕方に出勤するのだが、休みが二日つづくようにだれもが思った。

喜代子はプレスを扱うあいだには、ヤスリ掛けもしなければならない。ハンドルを握るために手のひらに豆ができたし、指にはヤスリの切り傷がいくつもでき、指さきは荒れ、方解石のようにボロボロとなった皮膚のあいだに、油が黒く染みついてしまった。

手を拡げて、自分の指を見るのは情けないかぎりだった。情けないことはほかにいくつもあった。昨年十月には雨がつづいた。傘の骨が三本折れてしまったが、代わりの傘はなく、そのボロ傘をさしての工場の往復だから、上着から雨水が滲み、気持ちが悪い上に、体は冷えきった。

雨が降ってさらに困ったのは、ボロボロになってしまったズック靴を履いては行けないことだった。大事にしまっておきたい革靴を雨の日に履いていかねばならないのは辛い。この革靴も修繕が必要なのだが、靴を修理する店がない。

京都の家に傘を送って欲しい、靴を探して欲しいと喜代子は手紙を書いた。傘は昨年末に母が江戸川区武島町の伯父の家宛てに送ってくれた。

栄養不足で抵抗力がなくなっているためか、小さな怪我がすぐに治らなかった。昨年十一月のことだが、喜代子は寮の自室で押しピンを踏みつけた足の裏が化膿し、手術をする羽目になり、二、三日、工場の病室に入った。

そして空襲がはじまった。喜代子と同じ工場で働く仲間たちは空襲は昨年の十一月一日にはじまったのだと思っている。陸軍首脳部は、東京への空襲がはじまったら、最初に狙われるのは陸軍の造兵廠だと思い込んでいた。彼女たちの職場である板橋工場は南北に伸びる赤羽線の西側にあり、その東側にははるかに広大な東京第一陸軍造兵廠の十条工場がある。さらにその東には東京第二陸軍造兵廠の王子工場がある。そして王子区と滝野川区にまたがるこの一帯には、日露戦争時代から、火薬製造工場、兵器補給廠、軍倉庫、いくつもの軍機関があり、少し前までは軍都と誇らしげに呼ばれたものだった。

こうしたわけで、敵の空襲の第一目標は東京造兵廠になると陸軍大臣から兵器行政本部長、造兵廠長までが覚悟していたことから、かれらの不安は喜代子たちにまで伝染した。

十一月一日午後一時過ぎから四時までＢ29偵察機一機がはじめて関東の一万メートルの上空をゆっくりと飛び、横須賀海軍工廠の乾ドック内の空母、信濃から東京郊外にある中島の発動機工場、武蔵製作所までを撮影した。多くの都民が東京のはるか上空を飛ぶ銀色の飛行機を仰ぎ見た。敵機は一機だけだった。ところが、背をかがめて入る、狭い、暗い壕に喜代子と仲間たちは正午から午後三時三十分まで入っていた。「何回も編隊が頭上を飛んで、もう大丈夫かと思って壕から出ようとすると、また新しい編隊が来る[14]」とそのあと日記に書き記したのは、味方機の爆音だった。

敵機の偵察飛行はそれから毎日のようにつづき、実際の空襲は十一月二十七日にはじまり、二回目が十二月三日だった。喜代子たちは知らなかったが、二度ともに敵の爆撃目標は中島の武蔵製作所だった。陸軍首脳部は敵の三回目の爆撃は開戦の記念日になると信じ、必ずや造兵廠が爆撃されると思った。十二月八日には夜勤と日勤の学徒は休みとなった。空襲はなかったから、喜代子は学寮の壕に入ることもなく、母親に手紙を書くことができた。

空襲は十二月十三日、十八日、二十二日とつづいた。中島の武蔵につづいて、名古屋の三菱の発動機製作所と航空機製造所が爆撃された。

アメリカの統合参謀本部がグアムの爆撃機部隊に与えた爆撃目標は中島と三菱を筆頭

に二十ほどの航空機エンジン工場と組み立て工場であり、東京、名古屋、大阪、小倉の陸軍造兵廠などは味噌っ滓の扱い、そしてまた、横須賀や呉の海軍工廠、各地の造船所も爆撃目標に入れていなかった。五月十日に徳山と岩国の燃料廠を爆撃した以外、東京・横浜間の京浜運河沿いにある石油各社の製油所をはじめ、日本海沿岸の新潟、柏崎、秋田の製油所も爆撃リストに入っていなかった⑮。航空機製造工場を壊滅することにつづいての敵側の計画は市街地を焼き打ちすることだった。

空襲の危険が増し、加えて暖房がないことと食糧の不足があって、学校側は全寮制の決まりを緩め、通学を認めることになった。喜代子の母方の親類が小岩に住んでいる。昨年の末、小岩から通うようにしたらどうかと二回ほど速達で京都の母は言ってきた。喜代子は迷った末に断った。

空襲は次第に激しくなった。真上を敵機が飛ばなくても、サイレンが鳴るごとに壕に入らなければならず、喜代子たちは真っ暗な壕のなかで寒さに震えることになった。寮にいるときは、昼でも夜でも寝ている時間だから、起きるのが辛かった。サイレンが鳴っても、起きないようになった。

そして彼女たちはラジオを持たないから、「敵は富士山西方を経て山梨地区に侵入しつつあり」「敵の攻撃目標は京浜東南方なり」「敵は焼夷弾を投下せり」「敵は引きつづき京浜地区に侵入しつつあり」といった恐ろしい放送を聞かなくて済んだ。空を見張っている宿直の職員に任せっきりだった。

五百人以上の学生、生徒のいる学校は特設防護団を置くことになっている。学校を自分たちの手で守るための自衛消防隊である。消防用の水槽を設け、手押しポンプがある。もっとも一台だけだ。見張りの職員が真上に近づく敵編隊を見つければ、半鐘を打ち鳴らす。喜代子たちはその早打ちで目を覚まし、飛び起きる。寝台を降り、防空帽と非常持ちだし袋を持ち、冬のあいだはもうひとつ、毛布をかかえて、壕に走った。

彼女たちだけでなく、都民だれも同じだが、就寝のときに寝間着に着替えることはなくなった。喜代子のズボンは壕のなかの泥で汚れた。空襲が終わり、警戒警報のサイレンが鳴り、寝室に戻って、そのまま寝台で横になった。雪どけの泥んこの庭を行き来して、その靴のままで廊下を歩き、自習室に入るようになったことから、美しかった寄宿舎はみるみるうちに泥だらけになり、汚れ果てた。

冬の日曜日には窓ぎわに置かれたラジエーターの上に腰掛け、本を読んでいたという上級生の思い出話も、鹿鳴館以来の伝統と誇らしげに語った東京女高師の毎日もはるかに遠い夢となった。ラジエーターは喜代子が入寮したときから、燃料がなくて使われることがなかった。それどころか、燃料がないことから、風呂に入れるのが十日に一回になろうとしていた。黒い油がしみ込んだひび割れの指は、寒さであかぎれができ、痛いばかりか、ときに血がにじんだ。

夜の壕のなかで、毛布をかぶり、寒さにちぢこまり、うとうとすれば、時間の経過がわからなくなった。入学祝いに貰った腕時計があっても、暗闇では針が読めなかった。祖母から教わった知識を皆に教えてくれた級友がいて、星空なら喜代子と友だちは壕の外にでて、オリオン座の中心にある三つの二等星を見て、およその時間の見当をつけるようになった。

直立した三つ星が文理大の方向、真東の空にあれば、午後八時ぐらい、真夜中になれば、中天に斜めに並んだ。星が見えない曇った夜であれば、遠くの雲が地上の火災で赤く映えていた。空襲解除のサイレンが鳴って壕の外へ出て、西の空に三つ星が一列に横に並んでいれば、午前三時近くだった。「入廠」は朝七時だから、おちおち寝てはいられない。明日一日はそれこそ睡魔に苦しめられることになると憂鬱だった。

勤労動員がはじまってから、なにか楽しいことがあったろうかと喜代子が考えれば、もちろん、彼女の誕生会だった。喜代子の親友、岩淵敬子と林基世の二人が開いてくれた。誕生会は昨年の十一月十二日だった。その二日あと、喜代子は京都の母につぎのような手紙を書いた。

「十二日の夜、林さんと岩淵さんが私のためにお誕生日の会をして下さいました。お赤飯と、パンと、おまんじゅうと、ゼリーと、お豆と、するめとを、お二人の叔母様方の家で作って、持って来て下さったのです。

お赤飯は、いいお米なのでとても美味しいでした。直径二〇センチ位の、黒塗りに金模様で中は赤塗りのお椀に、いっぱい作ってきて下さいました。(お椀の絵)こんな形です。

おまんじゅうは、パンのような皮で中にあんが入っており、上にくるみがのせてありました。このくるみは、五月に甲府旅行をしたとき買ったのを、岩淵さんが残しておいて下さったのでした。あ、そうそう、私の大好きなドーナツもありました。

ゼリーは、おいもを寒天でかためたもので、お砂糖をふんだんに使ってあってとても甘くて美味しいでした。

私のお部屋のお寝室で、箪笥の引出しを二つ抜いて並べ、その上に襖を置き、白いカーテンをかけ(テーブルクロスのつもり)、その上に二人が園芸の大岩先生の目をぬすんで盗《と》って来て下さった、真紅のバラが飾られました。

十二日の夕方、工場から帰ったら、岩淵さんの方は武蔵小山のご親戚から、林さんの方は音羽のご親戚から、右の品々をとどけておいて下さったので、寮のお食事も一緒に運んで、お寝室でいただきました。

松茸の入った塩こんぶもありました。五月二十八日の、岩淵さんのお誕生日以来の楽しい夜でした。

昨年は、お父様が十四日のお誕生日に来て下さいましたが、今年は工場の、しかも夜勤最中でもあり、それに何時空襲があるかもわからないので、お誕生日どころではないと思っていましたのに、ほんとにうれしく涙がこぼれそうでした。そして、その夜は三人一緒のおふとんにくるまって、寝ました。ちょうどお母様からの小包も着いたので、早速開け、真っ赤なおりんごが白いテーブルの上に盛られ、スイートポテトのケーキが黄色の色どりを添えました。柿やお蜜柑も、お部屋の方みんなに喜んでいただきました。

本当に楽しい夜でした。一生忘れられないと思います。

この次は林さんの番で、林さんの誕生日は二月二十六日です。林さんは、何よりもおすしが大好物だそうですので、今度は私が武島町にお願いして、ちらし寿司とのり巻きを作ってあげたいと思います。それで、もし手に入ったら、白米とその他の材料を、二月までにお願いします。京都もたいへんでしょうから、あまり無理をして下さらなくても結構ですが、もし出来たら、林さんを喜ばせてあげたいのです。……」⑯

林基世と岩淵敬子の誕生会

いま、喜代子が考えて、十一月十四日の誕生会が楽しい思い出となっているのは、あのときにはまだ空襲がはじまっていなかったからだと改めて思う。それから四カ月あとの林基世の誕生会は、海上封鎖による全身の衰弱と空襲による深傷のなかにある東京の様相をそのまま写しだすことになった。

　喜代子は三月三日に母宛てに手紙を書いた。勤務時間が変わり、金曜日までが日勤、土曜日が休み、日曜日から夜勤となる。そこでこの日の昼に音楽会に行った。母への手紙のなかでつぎのように書いた。

「今日は神田の共立講堂で、学徒慰問音楽大会があって、シューベルトの未完成交響曲その他を久しぶりに聴くことができました。お昼に中継放送があったようですが、お聴きになりましたか(17)」

　日比谷公会堂のことを最初に記したから、付け加えておこう。昭和十三年に建設された共立講堂は東京では日比谷公会堂と並ぶ大講堂なのである。

　そして喜代子は手紙の冒頭にはつぎのように記した。

「お母様
　二十七日付けのお手紙拝見しました。お米やおはぎのこと、悲しくて仕方がありません。とどけていただいたお荷物の中には、お母さまからのお手紙にあった、おはぎもお米もなく、また、それを何回もお手紙で言っても届かないのでもどかしくなり、つい怒ってしまったのです。ごめんなさいね。

　でも、おはぎはかえすがえすも残念です。お母さまが、着物と交換して下さったものを盗まれてしまうなんて。卒業して家に帰ったら、きっと、おはぎを作って下さいね。

私がもういやになるまで。

林さんのお誕生日は、とうとうお米が間にあわなかったので、三月十日の夜勤明けにすることに致しました。……

工場のお仕事は忙しいし、寮に帰っても電灯はつかないし、水は出ないし、火はないし、毎日お塩の冷たいご飯だし、あれやこれや、お手紙は来ないし、いろんなことが一緒になって、気をいらいらさせるのだと思います[18]」

喜代子はそのあと岩淵敬子の骨折の経過について報告した。敬子は一月二十四日に雪の道で転んで、腕の骨を折った。喜代子の足の裏の傷はやっと治ったが、敬子の骨折はまだ治らなかった。喜代子は書いた。

「岩淵さんの手の副木もやっととれましたが、まだいろいろなことはご自分でなされないので、私のお部屋に寄居していらっしゃいます[19]」

喜代子が親友の岩淵敬子のために親身になるのは当然だが、もうひとつ、理由がある。喜代子は京都、林基世は岡山の出身だが、岩淵敬子は台湾の台南から来ていて、帰省ができず、家族が訪ねてくることもできず、いまは母親からの航空便を受け取ることもできない境遇となっていることから、私が心遣いをしなければと思っているのだ。

喜代子は敬子から東京に試験を受けに来たときの神経をすり減らす一週間の旅の話を聞いたことがある。一次試験は台北でおこなわれ、二次試験は東京でおこなわれることになっていた。

昭和十八年三月十九日に台湾航路の高千穂丸が基隆《キールン》港を出てすぐのところで敵の潜水艦に沈められた。八百人を超す死者、行方不明者がでた。

彼女はその十一日あと、三月三十日に出帆する富士丸に乗船した。客室で横になろうとせず、夜のあいだ、甲板に近い階段に座っている乗客が何人もいた。渡された乗船心得のなかに「漂流中の食糧はカツオブシがよい」とあった。「心得」のひとつ、木片に体を結ぶことができたとして、「心得」のひとつ、フカに襲われないまじないの白い長い布を足に結んでいたとして、そしてカツオブシを手に持っていたとして、さて、十時間、二十時間、海面上に頭を出していたら、救いの船が来るのかと考えているうちに、ばかばかしくなり、受験参考書に注意を集中しようとした。

だが、すぐにまたべつの不安が心臓の動悸を早めた。試験開始時刻の一時間前の午前八時までに東京の山手線の大塚という駅に行き着くことができ、音羽の高台にあるという学校に駆けつけることができるのだろうか。

四晩五日かかって、門司港に着いたのが四月三日の昼前、試験日は四月五日だった。両親がどれだけ不安な思いでいたのかはいまになればよくわかると敬子は語り、いまも東京の空襲のニュースを聞くたびに、両親は心配をつづけているにちがいないと語ったのだった。

喜代子は母親への手紙をつづけた。

「家でもこの頃は大へんでしょうね。一年生のときにはまだあんな物も送ってもらえたのに、こんな物もあったのにと思い出すごとに、京都でもどんなに不自由だろうと思います。

何だかもっと書きたいことがありそうですが、もう消灯予鈴がなりましたから、これでお終いにします[20]」

さらに喜代子は付け加えた。

「三月の動員解除は、ほとんど絶望。でも、硫黄島のことを思えば何も言えませんね。今日は桃のお節句ですね。お雛様をお飾りになりましたか。

何にもなくてもいい、寒くてもいいから家へ帰りたい[21]」

喜代子と級友たちは昨年の夏に造兵廠で働きはじめたときに、二十年三月十五日に動員解除になると告げられていた。今年に入って、教室に戻れるなんて夢のまた夢と思うようになっていたのだが、もしかしてとだれもが一縷の希望をつなぎ、そうなったら、まずは帰省すると言い合っていたのだった。

三月十日は土曜日、喜代子が母宛ての手紙に記したとおり、休日だった。林基世、岩淵敬子とともに江戸川区武島町の伯父の家に行った。誕生会を開いてもらうことになっていたのだが、喜代子は伯父の家に着くなり、いきなり胸を突かれたほどに驚いた。京都の両親もどれだけ驚くだろう、知らせなければと言えば、林基世が今晩、空襲があったら書くことはできなくなると言い、いますぐ書いたほうがいいと勧めてくれたことから、伯母から貴重品となっている便箋をもらって、つぎのように記した。

「今、武島町にうかがっています。

昨夜の空襲で、おじ様の御徒町のお店が全部焼けました。自転車二台の他、何一つ残っておりません。

おじ様もおば様も、その他の方達も、衣類は全部お店の方に置いてあったので、みんな焼けてしまい、もう何もないそうです。

今、道夫さんとお店の方とがようやく避難していらっしゃって、ご飯をがつがつ食べていらっしゃいます。

そんなこととは知らず、林さんのお誕生日が延期になって十日にご馳走をお願いすることになっていたので、今日、うかがってしまいました。

目も廻るようなお忙しさですので、ほんとうに申しわけなく思っておりますが、おば様はガスが出ないので薪で煮て下さったり、とても親切にして下さいます。

お父さまから、お見舞いかたがた、選りにも選ってそんな日に、面倒なことをお願いしたことを、お詫びして下さい。

空襲のこと、くわしく書きたいのですが、とても書けません。何しろB29一二〇機の、初めての夜襲（五時間にわたる）ですから。

おじ様はとても悠々としていらっしゃって心丈夫ですけれど、工場もお店も焼けてしまっては、ほんとうに大へんだろうと思います。保険もストップするだろうと、おじ様は言っていらっしゃいます。感慨無量です。

おば様もおじ様も、一昨日、衣類を疎開なさろうとして、浴衣から、シャツから、靴下・靴・コートなど、何もかも荷造りして運んでいらっしゃったのですが、荷物が重くて車がひけなくなったので、御徒町の倉庫に入れてお帰りになったら、それが昨夜すっかり駄目になったのです。

おば様も、羽織が二枚とその他少ししか衣類はなく、おじ様の服もシャツも何もないそうです。靴下なんかも、新しいのが何ダースもなくなったそうです。今着ていらっしゃるもの以外は、殆どすべてといってもいいようです。道夫さんもそうです。

ほんとうに、着るものがないのがどれ程たいへんなことか、初めてわかりました。おば様の常着の銘仙程度のものなど、何もないのです。京都でどうにかなるものならと思いますが、今はどうにもならないでしょうね。

おしるこやパン（ジャムとバターつき）などを、今、作って下さっています。よくよく、お礼を申し上げて下さい。

おしるこは先刻ご馳走になりましたけど、ほっぺたがおちる程美味しくて、中のお餅も香ばしくてとても美味しいでした。お父さまお母さまや芳子ちゃんたちにも、食べさせてあげたい位でしたよ。

この夏工場で配給になった下駄をお手伝いさんにあげました。それから、みどり色の鼻緒（これも十月頃配給になったので、今度もし帰省できたら、お母さまにプレゼントしようと思っていたのです）を、今日、持ってきてさしあげましたら、喜んで下さいました。

信郎さんが上京なさったら、是非たずねて下さるよう、お手紙に書いて下さい。いらっしゃる日は、予め知らせて下さいということも。上京なさったら、きっとびっくりなさるでしょう。

小岩は無事です(22)」

それから一カ月あとの四月十三日の夜のことだ。喜代子の隣の寮が焼かれた。女高師の寮は本館のうしろの丘に第一寮が四棟、その隣に第二寮の二棟がある。その第二寮に焼夷弾が落ちた。寮生がバケツ・リレーで水を送ったが、どうにもならず、寮は焼け落ちた。喜代子たちが入っている第一寮の四棟は無事だった。第二寮には寮生はいなかった。

同じ夜、第一、第二造兵廠にも焼夷弾が落ち、古い木造の工場が何棟も焼けたが、喜代子たちが働いている工場は無事だった。アメリカ側は「東京陸軍造兵廠地域」が攻撃目標だと強調したのだが、東京北部市街地の焼き打ちが本当の狙いだった。前に記したとおり、陸軍造兵廠など問題にしていなかった。

五月に入って、寄宿舎は停電と節電で、暗闇の場所が多くなった。寮の入口で注意深く足をあげる。廊下の角に手をのばす。ゆっくりと歩く。トイレまで暗闇だ。食堂に入るとホッとした。といっても、黒い布でおおわれたいくつかの電灯が食卓の上を照らしているだけだ。

本を読むこともできず、部屋に入ったら、昼の休み時間に読んだ小説の話、人生論を語り合い、ほかは歌を歌うことだ。一部屋で歌声があがれば、つぎの部屋、さらに向こうの部屋でも歌声になった。だが、夜中に空襲があるかもしれず、なるたけ早く休まなければならなかった。

五月八日のことだった。市川羽左衛門が亡くなったと級友が言った。休み時間に工場の事務室に行き、喜代子と敬子は新聞の記事を探した。五月六日に羽左衛門が疎開先の長野県の湯田中の温泉旅館で亡くなったという訃報とかれの芸歴を読んだ。

喜代子、敬子、基世、もうひとり、土屋次子、この四人にとって忘れることのできない冒険譚があった。

昨年四月に新入生の歓迎会をやることになって、文科二年生の喜代子は同室の敬子と相談して、土屋次子、林基世とともに「勧進帳」をやることにした。彼女たちはそのあと歌舞伎のレコードを聴くのが病み付きとなった。食堂の隣の娯楽室に電蓄があり、レコード棚には歌舞伎のレコードがあった。「源氏店」のレコードを喜代子たちは二十回以上も聴いた。大当たりをとった羽左の与三郎の名台詞をすっかり覚えた。

「そりゃァサたった二百でも帰《けえ》る場もあり、百両もらっても帰《けえ》られねえ場所もあらァ。サア俺が掛け合うのを、そっち方でみていねえ。モシお富、イヤサお富さん、コレお富、久しぶりだなァ」

そのレコードを毎日のように聴いていた昨年六月はじめのことだった。四人のうちのひとりが外出から帰って、素晴らしい話を披露した。軍需会社幹部の伯父から芝居を観にいくかと言われたというのだ。歌舞伎座で羽左衛門主演の「義経千本桜」をやる、「椎の木・鮨屋」の場の上演なのだという。三人でも四人でも入場できる。

四人は顔を寄せ合わせた。いがみの権太だ、どうしても観たい。絶対に行く。公演のある午後は防空演習をすることになっていた。防火用水の水を汲み、バケツ・リレーをする訓練だ。そんなことはいつだってできるが、このチャンスを逃すことはできない。処罰は覚悟の上、行こうということに決まった。図書室から大正はじめに刊行されたマリンブルーの固表紙の有朋堂文庫を借りてきて、「義経千本桜」を回し読みした。

校門を出て、大塚窪町から都電に乗ったときには、四人は塀を乗り越えようとする脱獄囚の気持ちだった。歌舞伎座ははじめて、はじめて観る羽左衛門はレコードよりもずっと良い声、すべては夢のなかの出来事であった。だが、そのあとの処罰は現実のことだった。毎日、反省録を書いて舎監に提出し、校外へ出ることは無期禁止となった。教官たちが彼女たちのために舎監に謝罪してくれて、やっと禁足が解けた。

五月八日のことに戻れば、喜代子、敬子、基世は寄宿舎の部屋に帰れば、羽左衛門の話になり、当然ながら昨年の大冒険のことになって、羽左の芝居を観ることができてよかったと語り合ったのである。

工場の昼夜二交代の制度に変わりはない。だが、原料が少なくなり、無駄話をしている時間が多くなった。はたして鑢《やすり》で鉄線を磨くこの非能率極まる作業は本当に必要なことなのだろうかと喜代子は疑うようにもなった。

五月十八日に喜代子は母に手紙を書いた。「岩淵さんのお誕生日が五月二十八日なので、林さんは音羽のご親戚で、私は武島町のおば様にお願いして、何かご馳走をつくっていただくつもりです。

私のお誕生日には、岩淵さんと林さんが二人であんなにご馳走して下さったのですから、今度は岩淵さんのために、すばらしいお誕生日をと思っております。何でも手に入る材料を武島町宛に送れたら送って下さい。たいへんなときですから、決して無理をして下さらなくてもいいのです。が、せい一杯のお祝いをしたいのです。

二・三月分俸給、あわせて六〇円いただきました。

童謡〝茶の木〟の歌詞、至急書いて送って下さい。喜代子

お母さま㉓」

それから五日あとの五月二十三日の深夜に東京中心部の南半分が焼かれた。そして二十五日の夜、月齢は十四だった。窓際の月明かりのなかで、トランプをしていた部屋もあった。それでもだれもが十時前には寝た。サイレンが鳴ったときに、起きる者はいなかった。眠りについて三十分がたつだけだった。半鐘は鳴らなかった。「退避」と叫ぶ声が廊下から聞こえて、寄宿生たちは飛び起きた。

寄宿舎の周りにはいくつも壕がある。壕は彼女たちがつくった。上に載せる板がなくなってしまい、強制疎開になった家の畳を載せ、土をかぶせた壕もある。しゃがんで二人が入れば、いっぱいだ。つくってから半年になり、頭の上の畳は水を吸って腐りかけているが、暗闇のなかでは気にならない。爆音が近づき、そして遠ざかるのを待つことを繰り返した。

爆音が消え、高射砲弾の破裂する音もしなくなったが、べつの音がする。外へでた。強い風が顔を打ち、火の粉が空を飛んでいる。周りはぐるりと火の海だ。正門のある東側の大塚窪町、そして跡見高女が燃えている。北側の大塚坂下町、大塚仲町、西側の大塚町も焼けている。早稲田、江戸川の火が女高師キャンパスの南側の小日向台町に上がり、東京高等師範の付属中学が火の手に包まれ、轟々と唸る火の音が近づいた。寄宿生

と宿直の教官が懸命に飛び火にバケツの水をかけて回ったのだが、午前三時四十分、寄宿舎の屋根に炎が上がり、火の粉が舞いだした。廊下が煙突となって大量の煙を吐きはじめた。消火が無理なら、部屋に戻って、ノートや手紙、書籍を持ちだすこともはや不可能だ。大塚消防署のポンプ車が一台だけではどうにもならない。煙にむせてあえぐ寄宿生たちはグランドまで引き下がり、座り込んで、すさまじい音を立てながら、つぎつぎと炎上する寄宿舎を呆然と見つめたのだった。

その空襲の翌日に喜代子は思った。林基世の誕生会はあの三月十日にぶつかってしまった。二日あとの五月二十八日に予定した岩淵敬子の誕生会はこれでは延期せざるをえない。はたしてこのさき誕生会を開くことができるのだろうか。

喜代子たちの宿舎は正門から入って右側にある付属高女の二階の教室となった。蚊帳とむしろをひろげ、その上に布団を敷いた。修学旅行のようだと言ったのは負け惜しみである。空襲直後の奇怪な高揚感はとうに消え、だれも落ち込みは激しい。

着替えをする場所もなければ、洗濯するための盥《たらい》もない。焼け残った第一寮の風呂場が炊事場、食堂を兼ねることになった。狭いので順番を待って、交代で食卓なるものに就かなければならない。

先輩たちが東洋一と誇らしげに語った素晴らしい寄宿舎のすべてが灰になってしまい、小学校のときから愛用していた鋏、小箱、嵯峨焼きの鈴といった思い出の品々もすべて消えてしまった。そしてあのオリオン星座を見ることもできなくなったのだと喜代子は思う。五月になって、日が暮れて、西の空の地平線にほんのしばらく残る三つ星を見ることができたのが、もはや三つ星は完全に姿を消してしまった。喜代子は大きな喪失感に打ちのめされる思いとなったのである。

憐れな罹災者となったのは彼女たちだけではない。東京に住む通学生の家も五月二十三日と二十五日の空襲でほとんどが焼かれてしまった。喜代子のクラスの十数人が家を失った。

喜代子の親しくしている同級生に通学している者はいなかったが、工場に現れない友だちを心配して、休日に彼女の家があったところへ行った者が何人もいた。目安になるものがまったくなくなってしまい、どこが友だちの家の焼け跡なのかわからなかった。尋ねようにも人がいない、なにもわからなかったと疲れ切った顔で語る級友の話を聞くのは、だれにとっても辛いことだった。このようなひどい目にあったときに、ただひとつ心の支えになる友情の絆までも断ち切られてしまったのだ。

やがて級友の一人二人は、焼け跡に建てたというバラックから工場に通ってくるようになった。軍需会社の首脳である父親がいて、区役所から強制疎開の古材を払い下げてもらい、仮住まいを建てる力を持っていてのことだ。家族が疎開してしまい、この不便で、非衛生な寮に戻ってきた者もいる。

喜代子は日比谷の交差点に立ち、公会堂を出るときにはぐれてしまった岩淵敬子を待っている。彼女が現在の幸せと思うことはただひとつ、ピアノ室が焼け残ったこと、消灯時間まで灯がつくことだ。敬子の伴奏でシューベルトの「魔王」を唄うことができる。だが、それもおしまいとなる。

喜代子は今しがた、「歓喜の歌」の合唱を聴きながら、涙をこぼした。東京とも、第九ともお別れだと思ってのことだ。

彼女たちは東京を離れ、群馬県に行くことになっている。二年生は明後日、十六日に出発する。喜代子たち、三年生は二十二日の出発だ。

学校当局の計画は政府と軍が現在やっていることと似ている。なにもかもどうにもならない。すべては行き当たりばったりなのだ。ひとつの農家に二人ずつ泊まり込ませる。住まいと食料の問題は解決し、空襲の心配もなくなる。いままで働いてきた工場は原料と材料、石炭の入荷は減るばかりだし、工場の首脳はいまや工場疎開のことで頭がいっぱいだ。彼女たちを引き止めようとしない。

学校当局の今年の新入学生にたいする計画はさらに行き当たりばったりだ。新入生の入学は四月ではなく、この七月に延期されている(24)。だが、新入生を女高師の講堂に迎えての入学式をする予定はない。疎開を計画している工場が新しい入学生の行く先になる。群馬県になるか、長野県になるのか、まだ決まっていない。

喜代子たちは赤城山の山麓の農村に行く。すでに女学校時代から農村へ勤労奉仕には何回も行った経験があるから、六月の山村の農作業は麦刈りになるのだろうと承知している。二人ずつというが、だれと組むことになるのだろう。いよいよ、皆はちりぢりになる。これからどうなるのか、だれに尋ねたらよいのか、だれがわかっているのだろうと喜代子は思う。

そしてちりぢりになってしまうのだともう一度口にすれば、あのときが最後だったのだと喜代子は思う。昨年の十一月はじめだった。工場から戻って、寮の食堂で夕食をとっていたとき、舎監の先生から食事のあとに玄関前に集合するようにとの指示があった。灯火管制がはじまっていたから、玄関の前は暗闇も同然だった。ラジオから葬送曲のような「海ゆかば」の演奏がはじまり、だれもがこうべを垂れた。つづいて神風特攻隊の攻撃を伝えるニュースがあり、そのあと年若い特攻隊員が一人ずつ故郷の両親に自分の決意を語り、別れの言葉を喋った。喜代子は体がこわばったままだった。すすり泣く声が聞こえた。そしてだれもがひと言も口をきかないまま、部屋に戻ったのだった。いま、喜代子が思うのは、東京女高師の全員が一堂に集まったのは、あの夜の玄関前の集まりが最後だったということだ。

岩淵敬子の姿はまだ見えない。今日は一日、曇り空だったのが、公園の上の空の高い雲の切れ目に弓張り月になりかけた白い月がぼんやり浮かんでいる。

（第12巻了）

引用出典及び註

(1) 特に重要と思われるものについてのみ出典を明記した。
(2) 引用中の旧仮名は新仮名に改めた。また読みやすさを考慮し、表記を改めたり、言葉を補ったりした場合がある。
(3) 「木戸幸一日記」「天羽英二日記」等、文中にて出典がわかるものは、特に出典を明記しなかった場合がある。
(4) 同一資料が二度以上出てくる場合は、発行所及び発行年度は初出時に記載するにとどめた。

第35章　この一年半を回顧して

（1）「昭和二十年　第7巻」二九五―二九九頁
（2）「昭和二十年　第1巻」三五五頁
（3）「昭和二十年　第2巻」一〇頁
（4）「昭和二十年　第1巻」一八六―一八七頁
（5）「昭和二十年　第1巻」一九九頁
（6）ジョージ・サンソムは戦後はスタンフォード大学に籍を置き、「日本の歴史」全三巻を完成させた。一九六五年にかれはアメリカで没した。優れた日本の研究家であり、なによりも日本の良き理解者であったかれが日本で忘れられているのは、グルーと同様、戦後の日本の歴史学界を支配したマルクス主義者に毛嫌いされてのことであった。
（7）「古在由重著作集　第六巻」勁草書房　昭和四二年　二七六―二八六頁

（8） The Violence of History, *Time*, October 8, 2007
（9） 「昭和二十年　第10巻」一〇二一一〇三頁
（10） Josef C. Grew, *Ten Years in Japn*, Simon and Schuster, 1944, p. 481.
（11） 「昭和二十年　第4巻」二三三頁
（12） 「昭和二十年　第10巻」一〇四頁
（13） 「昭和二十年　第10巻」一二三頁
（14） 防衛研究所図書館所蔵「大本営陸軍部　戦争指導班　機密戦争日誌　下」軍事史学会　平成一〇年　六一二頁
（15） 清沢洌「暗黒日記」評論社　昭和五四年　五〇〇頁
（16） 細川護貞「細川日記」中央公論社　昭和五三年　三二一頁
（17） 「昭和二十年　第10巻」一二四―一二五頁
（18） 井口貞夫〈日本外交史の一駒〉「追憶野村吉三郎」昭和四〇年　九頁
（19） 大須賀瑞夫インタビュー「田中清玄自伝」筑摩書房　平成二〇年　一二九―一三〇頁
（20） 「昭和二十年　第7巻」二七六頁
（21） 〈沢本頼雄海軍次官日記〉「中央公論」昭和六三年一月号
（22） 寺崎太郎・幸子編著「寺崎太郎外交自伝　付・英成戦時日記」平成一四年　一一二頁
（23） 主婦の友社編「貞明皇后」主婦の友社　昭和四六年　二三七頁
（24） 「昭和二十年　第9巻」四三四頁
（25） 皇太后について記述したことから、ここで原武史氏の貞明皇太后論について触れなければならない。と言うのも、原氏はその「昭和天皇」（岩波新書、平成二〇年）の論考のなかで、私の「昭和二十年」第9巻の一節を取り上げ、つぎのように述べているからだ。

昭和二十年一月二十八日に貞明皇太后は天皇の使いに向かって、「いつまで戦争をつづけるつもりか、この戦争をやめるわけにいかないのか」と私が説いたことを記したあと、原氏は「もしそうなら、皇太后の認識は高松宮や近衛と変わらなかったということになる」と述べ、「そうではあるまい」と主張したのである。

では、原氏にとって、貞明皇太后はどのような人物であったのか。同じ「昭和天皇」のなかで、原氏はつぎのように述べる。

「『かちいくさ』を祈る皇太后は、戦況の悪化に反比例するかのように、神がかりの傾向を強めつつあった。

天皇は、そのような皇太后に手を焼きつつも、影響を免れなかったのではないか」(同書一四二頁)

事実はどうであったか。本文で記すことになるが、ここで繰り返す。

昭和二十年五月十七日に高松宮は自邸に宮内大臣、次官、その他の宮廷高官を招いた。高松宮はかれらに向かって、天皇の疎開地は宮廷で決めるべきだと語り、陸軍の言いなりになっていることを批判した。そしてまた、皇太后が移転する大本営の近くに疎開するといった計画に反対した。

高松宮はその夜の集まりで自分が語った言葉を日記につぎのように記した。

「敵が関東に上陸して来た場合、……大宮様は敵の手のとどく処におられても乱暴はされぬだろう」

高松宮がそのように語ったとき、皇太后宮大夫がその席にいたのだし、その翌日には高松宮が皇太后を訪ね、前夜の会合の模様を語っていたのだから、それこそ相模湾に敵地上軍が上陸し、東京が敵軍に占領される事態になっても、東京にとどまるつもりだとは、まさしく皇太后自身の考えだったのである。

原氏は皇太后が「戦況の悪化に反比例するかのように、神がかりの傾向を強めつつあった」と叙述した。本土の戦争がつづくさなか、敵軍に侵攻された東京にとどまるのだと主張した皇太后は、はたして原氏が描くイメージ通りの女性なのであろうか。

原氏は、「皇太后の脳裏には、新羅との戦争に際して、『暫く男の貌を仮て……』と述べた、あの神功皇后がなかったであろうか」とも述べた。松代に行くつもりはない、東京に残るつもりだと語った皇太后は、その時期に神功皇后を思い浮かべていたのであろうか。

そして原氏は、「天皇は、神がかる皇太后の影響を免れることはできなかった」と述べ、天皇は「四五年六月まで戦争の継続に強い執念を見せた。祭祀の主体は天皇であっても、その背後には常に皇太后の影がちらついていた」と綴っている。

たしかに天皇の背後には「皇太后の影がちらついていた」。だが、原氏が説くところとはまったく違う。高松宮が宮廷の高官たちに天皇の疎開地は宮内省が主導で決めるべきだと説いたのは、はっきり口にはださなかったが、松代に行ってしまえば、お上は陸軍の囚人になってしまうとの懸念があってのことだった。そして皇太后が東京にとどまると言い、高松宮がそれを支持したのは、天皇が松代に行くことを阻止しようと願ってのことだった。

「大宮様は敵の手のとどく処におられても乱暴はされぬだろう」と高松宮が語ったのは、これも本文のなかで記すことなのだが、東京に残るのは危険だ、いや、安全だといったそんな争いではなかった。本土の戦いをはじめる前に、この戦争をやめなければならないということであり、皇太后の考えでもあった。

天皇の背後に「皇太后の影がちらついていた」のは、その年一月からずっと変わりはなかった。一月二十九日に木戸が天皇から皇太后が語った内容を聞き、日記に記した「極めて機微なる問題」、そして原氏が言い換えた「書くのもはばかられる」問題とは、皇太后が勝利を祈願するようにと天皇に呼びかけていたことでもなければ、統帥部総長に徹底抗戦するようにと言って欲しいと天皇に求めていたことでもなく、この戦争を終わりにする手だてはないのかと天皇へ問うていたことなのである。

(26) 木戸幸一「木戸幸一日記　下」東京大学出版会　昭和四一年　一一六九頁
(27) 「木戸幸一日記　下」一一六九頁
(28) 「昭和二十年　第11巻」一三六―一四〇頁
(29) 「昭和二十年　第2巻」五四頁
(30) 「高木惣吉　日記と情報　下」みすず書房　平成一四年　八五四頁
(31) 木戸日記研究会編「木戸幸一関係文書」東京大学出版会　昭和四一年　四九八頁
(32) 「木戸幸一関係文書」五〇〇頁
(33) 石内徹編「神西清日記　Ⅱ」クレス出版　平成一七年　四四七―四四八頁
(34) 太田正雄「木下杢太郎日記　第五巻」岩波書店　昭和五五年　三八〇―三八一頁
(35) 念のために記すなら、「木戸日記」には、近衛文麿、牧野伸顕の上奏内容を皇太后に報告したと記してはいない。日記にはつぎのような記述があるだけだ。「皇太后陛下に拝謁、三時より四時三十五分迄、戦局の推移、見透、世相等につき委曲奏上す」（「木戸幸一日記　下」一一七二頁）

しかし、同じ「木戸幸一日記　下」の昭和二十年一月二十九日の項からその二月二十日まで一カ月の記述を子細に読めば、まずは皇太后が天皇にこの戦争をどのように終わらせるつもりかと尋ね、皇室にもっとも近い二人の重臣、この戦争下にあっても、アメリカ政府の高い地位に就いている人物から信頼されている牧野伸顕、近衛文麿の考えを聞いて欲しいと望んだであろうこと、木戸幸一が七人の重臣の考えを天皇が聴取する計画に変えたこと、近衛文麿、牧野伸顕の上奏が終わった時点で、それらを報告するために木戸が大宮御所に向かったことまで、出来事のひとつひとつのつながり、皇太后がやろうとしたことのすべてが浮かび上がる。貞明皇太后こそ、戦争を終わらせるべきだと天皇に、宮廷幹部に説いた最初の人物なのである。

(36)「昭和二十年　第11巻」一二六頁
(37) 黒島亀人については「昭和二十年　第2巻」一九四―二〇八頁を見よ。
(38) 中山定義「一海軍士官の回想」毎日新聞社　昭和五六年　二三五頁
(39) 史料調査会訳編「第二次大戦　米国海軍作戦年誌」出版協同社　昭和三一年　一六四頁
(40) 滝奥春人編「メインタンクブロー」呉鎮守府潜水艦戦没者顕彰会　平成八年　四一九―四二一頁
(41) *International Herald Tribune*, Jan. 12, 2007
(42)「昭和二十年　第11巻」一八〇―一八一頁
(43)「昭和二十年　第11巻」九頁
(44)「昭和二十年　第11巻」一八〇―一八一頁
(45) 太田喜弘〈参謀本部一部長　宮崎周一中将　懊悩の沖縄作戦日誌（二）〉「軍事研究」平成一九年五月号　一五三頁
(46) 小山仁示訳「米軍資料　日本空襲の全容　マリアナ基地B29部隊」東方出版　平成七年　三九―四四頁
(47)「昭和二十年　第7巻」一四八―一五二頁
(48) 大蔵省財政史室編「昭和財政史――終戦から講和まで　第二〇巻　英文資料」東洋経済新報社　昭和五七年　三九頁

(49)「昭和二十年　第3巻」七三―八五頁
(50)「木戸幸一日記　下」一一八一頁
(51)「井上成美」井上成美伝刊行会　昭和五七年　四五九頁
(52)「昭和二十年　第8巻」三九六―四〇二頁
(53)「昭和二十年　第3巻」一八六―一八七頁
(54)「昭和二十年　第10巻」二四二―二四五頁
(55)防衛庁防衛研修所戦史室「戦史叢書　沖縄・台湾・硫黄島方面　陸軍航空作戦」朝雲新聞社
昭和四五年　四五〇頁
(56)上原正訳編「沖縄戦　アメリカ軍戦事記録」三一書房　平成八年　二九頁
(57)大田嘉弘〈参謀本部一部長　宮崎周一中将　懊悩の沖縄作戦日誌（二）〉一五三頁
(58)「戦史叢書　沖縄方面陸軍作戦」昭和四三年　二八七頁
(59)「戦史叢書　大本営陸軍部⑽」昭和五〇年　一一三頁
(60)二隻の駆逐艦を沈め、一隻の戦艦、一隻の軽空母、十一隻の駆逐艦、二隻の護衛駆逐艦に損傷
を与えた。
(61)「戦史叢書　大本営海軍部・聯合艦隊⑺」昭和五一年　二八六頁
(62)小山仁示訳「米軍資料　日本空襲の全容　マリアナ基地B29部隊」六三―六九頁
(63)「昭和二十年　第6巻」四八―五〇、八一頁
(64)「昭和二十年　第6巻」五〇―五五頁
(65)宇垣纏「戦藻録」原書房　昭和四三年　四九九頁
(66)「昭和二十年　第6巻」八〇頁
(67)「昭和二十年　第10巻」二五三―二五四頁

(68)「戦史叢書　沖縄・台湾・硫黄島方面　陸軍航空作戦」五五五頁
(69)〈日本の戦史（155）八原大佐と沖縄作戦（70）〉「軍事研究」平成一九年六月号　一四九頁
(70)西田幾多郎「西田幾多郎全集　第一八巻」岩波書店　平成一七年　四一九―四二〇頁
(71)河辺虎四郎文書研究会編「承詔必謹」国書刊行会　平成一七年　三九頁
(72)伊藤整については、つぎの巻に記した。「昭和二十年　第7巻」三五八―三八七頁
(73)伊藤整「太平洋戦争日記（三）」新潮社　昭和五八年　三〇三―三〇四頁
(74)清沢洌「暗黒日記」六八一―六八二頁
(75)清沢洌「暗黒日記」六八二頁
(76)「昭和二十年　第9巻」三八五―三八六頁
(77)岩国市史編纂委員会編「岩国市史　史料編三―一　近代現代」平成一六年　八九〇頁
(78)エルヴィン・ヴィッケルト　佐藤真知子訳「戦時下のドイツ大使館」中央公論社　平成一〇年　一五九頁
(79)「昭和二十年　第7巻」六六二―六六六頁
(80)「戦史叢書　沖縄・台湾・硫黄島方面　陸軍航空作戦」五五五頁
(81)「昭和二十年　第9巻」一二六―一三五頁
(82)「昭和二十年　第9巻」一五七―一六一頁
(83)「昭和二十年　第8巻」二七八―二七九頁
(84)「昭和二十年　第8巻」二八四―二九〇頁
(85)「昭和二十年　第9巻」四三六―四三七頁
(86)「昭和二十年　第9巻」四一九―四二〇頁
(87)「昭和二十年　第3巻」三六七―三八九頁

(88)「朝日新聞」昭和二〇年六月一〇日
(89)佐藤元英編「GHQ歴史課陳述録(上)」原書房　平成一四年　五〇五頁
(90)「昭和二十年　第11巻」三一三―三一六頁
(91)「昭和二十年　第11巻」三二四頁
(92)*Grew Diary*, May 29, 1945 Grew Papers
(93)「戦史叢書　大本営海軍部・聯合艦隊(7)」三四八―三四九頁
(94)アーノルド・ロット　戦史刊行会訳「沖縄特攻」朝日ソノラマ　昭和五八年　三頁
(95)「昭和二十年　第9巻」一二六頁
(96)「昭和二十年　第9巻」一〇二―一二六頁
(97)「昭和二十年　第9巻」九一―一〇二頁
(98)「戦史叢書　海軍航空概史」昭和五一年　四五〇頁
(99)古川美智雄〈特別攻撃機白菊と共に〉海軍予備学生の記編集委員会「海軍予備学生之記」昭和四七年　一六六―一六八頁
(100)太田喜弘〈参謀本部一部長　宮崎周一中将　懊悩の沖縄作戦日誌　(三)〉「軍事研究」平成一九年六月号　一五八頁
(101)「昭和二十年　第11巻」二六五―二八六頁
(102)河辺虎四郎文書研究会編「承詔必謹」八一―八二頁
(103)下村海南「終戦記」鎌倉文庫　昭和二三年　四七頁
(104)「高木惣吉　日記と情報　下」みすず書房　平成一四年　八八四頁
(105)「昭和二十年　第10巻」五八頁
「木戸幸一日記　下」一一一二頁

(106)「昭和二十年　第9巻」四四二頁
(107)「木戸幸一日記　下」一二〇九頁
(108)南原繁と高木八尺についてはつぎに記した。「昭和二十年　第10巻」七一―一〇〇、二〇二―二一三頁
(109)「昭和二十年　第10巻」八七―一〇〇頁
(110)高木惣吉「高木海軍少将覚え書」毎日新聞社　昭和五四年　二七一頁
(111)「木戸幸一日記　下」一二〇六頁
(112)「昭和二十年　第10巻」一五四―一五五頁
(113)「昭和二十年　第10巻」二六二―二六六頁

いくつかの釈明が必要だろう。木戸幸一は日記に南原、高木の進言を天皇に伝えたことを記していない。当然、天皇がどのような反応を示したか、どのように語ったのかも記述していない。書かなかっただけなのである。天皇は南原、高木の進言を承知していた。戦後、つぎのように述べている。

「この頃の与論に付一言すれば、木戸の所に東大の南原〔繁〕法学部長と高木八尺とが訪ねて来て、どうして〔も〕講和しなければならぬと意見を開陳した」(寺崎英成／マリコ・テラサキ・ミラー編著「昭和天皇独白録」文藝春秋　平成七年　一四三―一四四頁)

だが、天皇が語ったのはこれだけであって、南原・高木の進言を木戸から聞いたのは六月九日だとは述べていない。なによりも肝心なこと、その切実な説明が胸に沁みた、その日に終戦を決意したのだと語っていない。

さらに付け加えるなら、南原も、高木も、この進言について、戦後、なにひとつ記していない。しかし、南原も、高木も、かれらの進言が役に立ったことを承知していたのである。

木戸はといえば、戦後、どのような謝辞も残していないが、南原・高木の重要な問題の歯に衣着せぬ指摘が有り難かった、なによりも進言のタイミングが非常によかったと思っていたはずである。

そして天皇はかれら二人が自分の視野をひろげてくれたのだと思い、自分の態度決定に正確な助言を与えてくれたのだと南原と高木に感謝の気持ちを持っていたのだと私は理解している。なぜなら、南原繁が戦争終結のために述べた進言は、まさに宮廷と政府の戦争終結への行動の筋道を定めたシナリオそのものだったからである。

高木惣吉は、本文に記したとおり、南原繁の提言を記録していた。木戸が説明を受けた内容はそれと同じだったはずだ。

つぎにその主要な部分を写そう。

「一億玉砕で行くと、重大なる国体問題で行き詰まる。米国は、ソフトピースとハードピースとある。皇室を利用し得る限り利用する。米の出血を多量にせざる範囲にて利用する。一億玉砕に迄持って行って、皇室が米英の眼より見て役に立たなかったということになれば、これを存続する意味はなくなる。

国民より見ても、声なき声を聞くべきである。天朝はどうなさっているかということになる。一億玉砕に行っては、天朝に対する恨みは噴出する。外と内よりとの不信は、国体の基礎を揺るがす。それを蘇聯は狙ってるところで、日本の国家を蘇聯化する最良の条件となる。

戦争終結の大義名分に則る要あり。盟邦亡び、自国のみ戦うは、朕の心に非ず。世界人類の為に、内に向かっては国民を塗炭の苦しみより救う。歴史に残すに足る。国民の側より見れば、努力にも拘らず戦局は今日に立至れり。領土、経済の犠牲を忍びても、皇室を残さんとの真心に合致す」(「高木惣吉　日記と情報　下」八八一―八八二頁)

南原繁と高木八尺がつくったこの計画書は、近衛文麿であれ、吉田茂であれ、米内光政であれ、東郷茂徳であれ、松平康昌であれ、高松宮であれ、木戸幸一も加えてよいが、かれらがそっと考え、そっと語っていたこととなにひとつ変わりなかった。だが、それらをひとつに上手にまとめ、その輪郭がはっきりしていること、論旨が統一していること、そしてまことに率直なもの言いではあったが、近衛・吉田の構想と違って、陸軍現指導部の更迭といった面倒、憂鬱な提案のないことが魅力的であり、前に記したとおり、宮廷の戦争終結のための規範となったのであろう。

ある事実を記そう。高松宮は昭和二十年十二月十六日から翌二十一年六月三十日まで毎日曜日の午前中、南原繁から政治史の講義を受けた。これも私の推測になるが、高松宮は南原の五月末の進言が日本と宮廷を救ったと感謝の気持ちからの敗戦のあとの接触が、週一回の勉強会になったのだと私は理解している。

もうひとつある。同じ昭和二十一年のはじめのことだが、侍従長、藤田尚徳は海軍軍人の履歴を持つことから、辞任は不可避ということになった。すでに前年十一月に木戸幸一が内大臣を辞任するのと同時に、内大臣府は廃止となっていたことから、侍従長はそれまでの狭い視野を超えて、発言し、行動しなければならなくなっていた。アメリカの事情に精通し、アメリカ人に多くの知己を持つ民間人を侍従長に起用すべきだと高松宮と南原繁の考えが一致し、高木八尺こそということになったのではなかったか。

付け加えるなら、高木八尺は近衛文麿、木戸幸一と昭和二十年十月に接触していた。近衛が自決する前、木戸がアメリカ軍に拘禁される前のことだった。新憲法をつくる計画があってのことで、高木はまたマッカーサー総司令部の政治顧問団の一員であるジョン・エマーソンと意見を交換していたのでもある。

高木は結局、侍従長とはならなかった。天皇が侍従長に選んだのは宮内省に十九年勤務した宮内次官の大金益次郎となるのだが、南原繁と高木八尺の二人が昭和二十一年はじめの宮廷の最高人事の人選に関係していたという事実は、この戦争を一日も早くやめねばならないと説いた前年五月の二人の進言が戦争終結の基調となる原理となり、そしてその成功が宮廷内で二人の評価を高めていたことを示すものだったのではないか。

なお、南原繁、高木八尺、そして木戸幸一が昭和二十年五月末の進言について沈黙を守った理由については、このさきで叙述する機会があろう。

第36章　さらに前に戻って昭和十六年十一月三十日

（1）書簡の差し出し日を十月十一日としたが、十一月十一日だとするものもある。野村實氏は一九八八年に上梓した「天皇・伏見宮と日本海軍」（文藝春秋）のなかで、堀宛ての書簡の日付を十一月十一日としている。だが、山本が乗っていた長門は九月九日から十月三日まで横須賀に入泊していた。書簡のはじめに、「出発の際は色々ご迷惑をかけ多謝」とあるところから判断すれば、呉に向かう長門が横須賀を出港して二週間足らずあとの十月十一日にだした手紙であろう。

たしかに十一月七日にも山本五十六は東京に行き、軍令部総長から大海令第一号を伝達されている。だが、かれが十一月十一日に柱島の長門に「帰艦」して手紙を書いたときには、「出発の際は」とは言わないのではないか。

（2）高木惣吉「山本五十六と米内光政」文藝春秋新社　昭和二五年　八一頁

「戦史叢書　ハワイ作戦」五三五頁

（3）阿川弘之氏はその著書「山本五十六」（新潮社、昭和四〇年）のなかで「言葉を返す者は、一人もいなかったということである」と記した（二一九―二二〇頁）。

ところで、山本が戦争を回避したいとぎりぎり最後まで望んでいた事実に注意を向けることをなぜか忘れ、強気な主張であればお咎めなしとばかり、つまらない甘えの発言をした部下たちの肩を持った吉田俊雄氏と生出寿氏の山本五十六論を見ておこう。

吉田俊雄氏は「四人の聯合艦隊司令長官」（文藝春秋、昭和五六年）のなかでつぎのように述べている（四四―四五頁）

「山本は怒った。そんなに怒った山本を見たのは、みなはじめてだった」

「みな、水のように押し黙ったまま、反論するものはなかったという。

しかし、なぜここで南雲と『出かかった小便』氏が黙ってしまったのか、ふしぎである。

『実際問題として不可能』

というのがほんとうならば、辞表を書くのが筋ではないのか」

生出寿氏は「凡将・山本五十六」（徳間書店、昭和六一年）のなかで、つぎのように説いた。

「それは実際問題として実行できない無理な注文だという反対意見が出た。とたんに山本は、……高飛車にどなりつけた。ここで一人ぐらい辞表を出す指揮官がいるようなら、日本海軍もたいしたものだが、そういうのはいなかった。権力者が威嚇すれば、下の者がおしだまるのは、どこの社会でもおなじである。

山本は、自分でこうと思うことにぽんぽん反対されるのを、よほど嫌ったらしい。」（七九―八〇頁）

生出氏は山本五十六のすべての作戦を批判するだけで終わらず、なぜかかれがしたことのすべてを非難している。

ひとつ挙げよう。昭和十六年九月十一日から二十日まで、目黒の海軍大学校でハワイ作戦の図上演習がおこなわれた。生出氏はそのあいだの九月十二日に山本五十六は近衛文麿首相に会ったと記し、山本が語った言葉をつぎのように記している。

「ぜひ私にやれと言われれば、一年や一年半は存分に暴れてご覧に入れます。しかし、その先のことは、まったく保証できません」

生出氏はそのあと山本をつぎのように批判している。

「山本五十六は、弱い近衛の頼みの綱を、自分のメンツのためにぶっつり切ってしまったという感がする」(五六頁)

連合艦隊司令長官の地位にある者は部下の士気を高めるように努めなければならず、発言にはつねに注意しなければならない。軍令部総長と同じだ。いや、それ以上であろう。山本は首相に向かって、これ以上、どのように語ることができたのであろう。「自分のメンツのため」とは一体、なんのことなのか。

近衛は「この山本長官の歯に衣を着せない言葉」を聞いて、海軍の真意をはっきり理解できたというのが、妥当な解釈であろう。「歯に衣を着せない言葉」と形容したのは千早正隆氏である。優秀な海軍軍人であった千早氏は戦争末期、連合艦隊司令部の作戦乙参謀だった。なお、山本長官は近衛首相に向かって、「この上とも、日米戦争を回避するよう、極力ご尽力をお願いしたい」と最後に付け加えていたのである。

(4) のちに保科はつぎのように書いている。

「瀬戸内海警泊中の旗艦大和に山本長官をお訪ねした。其の時、長官は兵站がいかに重要かを力説され、艦隊の作戦に協力たのむと再三にわたって要請された」

「大和」と保科が書いたのは誤りだったが、長官から「再三にわたって要請された」のは、「兵站」のことだと書いたのは事実ではないと承知しての嘘だった。

保科がそのような嘘を記したのは、山本から自分の頼みごとは秘密にしてくれと言われた約束を生涯守り通そうとしてのことであったことに理由はあると思えるが、それでも仄めかしたい、わかる人にはわかってもらいたいという気持ちを抑えることができなかったことが、この昭和十六年十一月の長門訪問の記述となったのではないか。

もうひとつ、記しておかねばならない。保科善四郎氏は自分の回想録のなかで、長門に山本長官を尋ねた日をはっきり記していない。「(昭和十五年)十一月十五日をもって海軍少将に昇任、新設の兵備局長に補せられることとなった。それから一カ年後、……山本長官をお訪ねした」(五八頁)と綴っているだけなのである。

その日を十一月十五日としたのは私の推測である。なお付け加えれば、保科善四郎氏が十一月十五日とも、十一月十六日とも、はっきり日付を入れなかったのは、これも山本長官との約束を守ろうとしてのことだったのであろう。

(5)　高木惣吉氏はその著書「山本五十六と米内光政」のなかで、「山本提督は自ら短気者と自覚して、その座右の銘として、これを掲げていた」(一三六頁)という解釈をした。

山本が次官であったとき、大臣の米内光政とともに、陸軍が押し進めようとしていたドイツとの同盟締結に反対したことから、陸軍省軍務局軍務課は右翼にカネを渡し、米内や山本を非難させ、海軍を「重臣財閥の私兵」と罵倒させ、新設された陸軍省の秘密組織、調査部は山本の私生活を調べ上げ、アカ新聞で攻撃させていた。たしかに山本はそのとき毎日、「忍」を嚙みしめていた。だが、山本は不戦海軍の原則を守りつづけるのだと誓っていたからこそ、その書を掲げていたのだと私は理解している。

(6)　だれもが知るように高松宮日記は公刊されている。その「第三巻」の後記に、編纂者のひとり、阿川弘之氏はつぎのように記している。

「昭和十六年十一月十四日から三十日までの十七日間、御日記の記述が無い。開戦の最終決定が下される重要時期に該当しており、陛下が近衛、米内、岡田、若槻ら重臣八人の意見を聴取されるのは二十九日、高松宮が参内し、海軍は戦争遂行に不安あり出来れば日米戦争を避けたい意向と言上されるのが三十日である。編集会議の席上、何故この部分が欠落しているのか、誰かの手で機微にわたる記述が抹殺されたのではないかとの疑問が出た。よって、第十冊分第十一冊分の日記原本にあたり、再確認作業を行ったが、抹殺の跡も後年原本から切り取った痕跡も、全く見あたらなかった。要するに、事由は不明なるも、この年十一月の御日記は十三日で打ち切られ、以後二週間余、書かれていないのである。記述の無い日、記述のない月は、各巻随所に見られるが、ここは微妙な時期なので、特にそのことを明記しておく」（高松宮宣仁親王「高松宮日記第三巻」中央公論社　平成七年　四二二—四二三頁）

(7)　小林躋造「海軍大将　小林躋造覚書」山川出版社　昭和五六年　一二〇頁

(8)「戦史叢書　大本営陸軍部・大東亜戦争開戦経緯(4)」昭和四九年　三〇七—三〇九頁

(9)「高松宮日記　第三巻」三〇四、三一五頁

(10)「昭和二十年　第10巻」二二一—二四頁

(11)「昭和二十年　第8巻」三〇五—三〇六頁

(12)「昭和二十年　第11巻」一〇五頁

(13)　嶋田繁太郎の十一月三十日の日記のその部分を記しておこう。「午前十時三十分より十一時四十五分伏見宮殿下に拝謁。対米交渉の経過を報告申し上げ、明日の御前会議、昨日の重臣会議を言上。零時三十分より一時三十分、高松宮殿下に拝謁、右に同じ」（〈嶋田繁太郎大将　開戦日記〉「文藝春秋」昭和五一年十二月号）

(14)　ここで「直諫」について説明をしよう。普通には使われない。漢語である。現代中国語でもある。「直諫」という言葉を使ったのは、加瀬俊一氏である。初代の国連大使であり、有能な外交

官だった。そして加瀬氏の子息が加瀬英明氏であり、評論家だ。父子ともに高松宮に信頼されていた。そして英明氏と俊一氏が高松宮の「直諫」の背後にあったすべての事情を明らかにしたのである。

まずはこういう次第だ。加瀬英明氏が「文藝春秋」に寄稿した〈高松宮かく語りき〉（昭和五十年二月号）のなかで、昭和十六年十一月三十日に高松宮が天皇に向かって、海軍はアメリカとの戦争を避けたいと願っているのだと奏上した事実を明らかにした。そして英明氏はつぎのように記した。

「宮は海軍省兵備局長保科善四郎少将から、天皇にそう申し上げることを依頼されたのだった」

保科善四郎氏は一九五五（昭和三十）年から一九六七（昭和四十二）年まで衆議院議員を四期務めた。政界からは引退していたが、一九七五（昭和五十）年はじめには健在だった。保科氏は「文藝春秋」の〈高松宮かく語りき〉を読んだ多くの友人、知人から、保科さんは終戦工作をしただけではなかったのですねと問われたはずである。保科氏はなんと答えたのか。

〈高松宮かく語りき〉が「文藝春秋」に掲載されてから半年あと、保科氏は「大東亜戦争秘史」（原書房　昭和五〇年）という回想録を上梓した。だが、昭和十六年十一月末に私は高松宮に戦争回避を天皇に奏上して欲しいと申し上げたとは書いていないし、それを匂わせるようなことも記述していない。

ところで、加瀬英明氏は高松宮が昭和十六年十一月三十日の上奏は海軍省兵備局長保科善四郎少将に頼まれたのだと語るのを聞いて、それは表向きの口上だと思ったはずである。

昭和十六年十一月、保科氏が海軍の戦備についての知識、そして洞察力のあることを高松宮は認めていたにちがいない。だが、個人的にどのように優秀であっても、局長は、局長にしかすぎなかった。

すでに十一月十五日に御前兵棋演習は終わっていた。連合艦隊の全戦力はいまこそ最大の試練に挑もうとして、西太平洋の広大な水域に展開していた。ハワイ攻撃の機動部隊はすでにハワイ沖へと進撃しており、陸軍のフィリピン攻略兵団の進攻準備は整い、マレー上陸作戦、シンガポール攻略の全準備は終わり、南方作戦の全計画はいまや踏みだすだけとなっていた。重臣会議、御前会議、そしてその翌日には開戦の発令をする、すべての計画はしっかり決まっていた。

高松宮は一局長から、この戦争はしてはなりませぬと二時間、三時間説得され、その説得が三日つづいたとしても、よし、明日一日の余裕がある、明日の朝、お上に申し上げると保科に約束することになったであろうか。そんなことがありえたはずはない。

保科少将に頼まれて、お上に申し上げたのだと高松宮が説明して、加瀬英明氏はそれを信じるはずはなかった。かれは高松宮に尋ね、保科少将だけですかと問うたはずである。高松宮はなにも言わなかったのではなかったか。英明氏は自分が考えている人物の名前を口にしても、高松宮は黙ったままだったのではないか。

保科少将は海軍内のある人物の特使だった。そのある人物は保科を買っていたからこそ、その重大な秘密の任務をかれにやらせたのだし、当然ながら保科はその人物を尊敬していたはずである。

保科氏のどちらかと言えば無味乾燥な回想録、「大東亜戦争秘史」のなかにかれが尊敬した海軍軍人は登場する。間違えようにも、間違えることはできない、たったひとりしか出てこない。それも昭和十六年の記述のなかに出てくる。保科はその人物の特使だったのである。

本文のなかで記したとおり、それは連合艦隊司令長官、山本五十六だった。

高松宮は一九七七（昭和五十二）年二月三日に亡くなった。そのあとまもなく、加瀬俊一氏は「文藝春秋」四月号に〈高松宮の昭和史〉という文章を載せた。亡き宮への敬愛の情のこもった追悼文である。その末尾はつぎのとおりである。

「二月十日の本葬に先立ち、八日から宮邸で通夜が始まった。私は英明と第一夜に参列し、白木の柩を礼拝した。柩には皇族がたが一行ずつ筆写した般若心経とともに、英明が文藝春秋に寄稿した『高松宮かく語りき』（昭和五十年二月号）のコピィが収めてあった。珍しく、故殿下が戦争の回避と早期終結について、回想を語ったものである。この一文は特にお気に召していた。殿下としても、壮年時代の情熱を傾けた救国の行動だったのだ。とまれ、今日の日本の盛況は殿下の英知に負うところが少なくない」

ところで、五節まである〈高松宮の昭和史〉の第三節の見出しは「天皇に直諫」となっている。私が「直諫」と記したのは、ここからの借用である。この第三節につぎのくだりがある。

「当時、高松宮は海軍中佐で軍令部に勤務しておられた。聡明な殿下は海軍の本心が戦争を欲しないことを察知し、また、戦になれば勝算はないと判断していた。事実、連合艦隊司令長官・山本五十六大将は戦争に反対であり、同期の嶋田繁太郎海相に送った書翰（十月二十四日）には、「残されたるは尊き聖断の一途あるのみ」と記してある。私も同感であって、十二月一日の御前会議が開戦を決定する前に形勢を逆転させたいと焦慮していた。

かくて、十二月四日、海相官邸で山本長官の壮行会が内密におこなわれた時には開戦の廟議は既に決定していたのであって、壮行会に列席した高松宮の無念の心境が推察される」

一九七七（昭和五十二）年の早春にこの〈高松宮の昭和史〉を読んだ人びとは、山本大将と高松宮とのつながりがもうひとつはっきり理解できなかったにちがいない。加瀬俊一氏が筆を抑え、もう一歩踏み込むことを避けたからだ。だが、いまこれを読んだ人びとは、すべてを理解でき、つぎのような光景を描くことになるのではないか。

加瀬英明氏が〈高松宮かく語りき〉を発表してから二年ほどのあと、体の具合が悪い高松宮が入院していたときのことではなかったか。英明氏の父、俊一氏は高松宮を病院に見舞ったのであろう。昔話となったときに、加瀬氏は宮がそれまで明かすことのなかった最大の秘密について触れ、保科少将はだれの使者だったのですかと尋ねたにちがいない。

しばらく沈黙がつづいたあと、高松宮はつぎのように語ったのではないか。大使、あなたなら、私がこれから話すことをこのさき公けにすることになっても、お上を誹《そし》ることなどするはずはなく、お上の名誉を傷つけることのないように十二分の配慮をすると思う。保科少将もそれを懸念したからこそ、沈黙を守りつづけたのだと思うが、あなたに話すのなら、保科さんも許してくれると思う。

高松宮はこのように言ったあと、保科少将の背後にいた人物の名前を明かしたのではないか。高松宮の痩せた頰に伝わる涙が枕に落ちれば、加瀬氏の目にも涙があふれでたのであろう。（初出、「Ｗｅｂ草思」連載〈書冊の山より〉平成一九年六月―八月号）

ここで終わりにしたいのだが、二つの文章をつぎに掲げる。

入江相政氏の一九七五（昭和五十）年二月十六日の日記の一節を記す。そのとき入江氏は侍従長だった。「文春の加瀬英明の高松宮を読んで寝る。高松さんをいい役にしただけのつまらぬもの」（「入江相政日記　第五巻」朝日新聞社　平成三年　一三七―一三八頁）

入江侍従長は事実を記したのではあるまい。入江氏は英明氏の〈高松宮かく語りき〉を読みはじめ、早速、二ページ目に昭和十六年十一月三十日のことがでてきたのを目にして、息を呑んだのではなかったか。昭和十六年十一月三十日、そのとき侍従だった入江氏はその日の日記を記していないが、天皇と高松宮の双方が大声を出し合うのを耳にしたのではなかったか。それともほかの侍従小倉庫次氏から大変なことが昨日の日曜日にあったのだと聞かされたのではないか。

そこで入江氏は加瀬英明氏が高松宮の語ったことをつぎのように綴っているのを読んだとき、

ほっと大きな息をついたのが真実だったのではないか。

「それで、その時、陛下のご様子はいかがでしたか？」

「陛下は、とても筋を大切にされるからね。筋違いのことは嫌われる。所管の大臣や軍の責任者が申し上げることだからね。あの時は、陛下はただ、聞いていられたな。他の者が申し上げても、おききにはならない」

……

「それでも殿下がいわれることは、おききになるのでしょうか？」

「いいや、その場では何もおっしゃらない。だけれども、ぼくのいうことは、お考えになったね」

入江氏が加瀬氏の文章を「つまらぬもの」と記したのは、敗戦から三十年もたつにもかかわらず、宮廷の高松宮にたいする感情がどのようなものであったかをうかがわせる。そして言ってしまうなら、その感情の齟齬のはじまりは昭和十六年十一月三十日にあったのではなかったか。

そこでもうひとつの文章である。保科善四郎氏の回想録、「大東亜戦争秘史」に昭和十六年十一月の高松宮の「直諫」についての記述がないことはすでに記した。しかし、保科氏はこれについてまったく沈黙を守ったわけでない。「水交」六十二巻四号が「高松宮殿下を偲んで」という特集を組んだ。そのなかに保科氏は「軍令部の殿下と軍務局の私」と題する文章を載せ、昭和十六年十一月末のことを記している。その部分をつぎに引用しよう。

「高松宮殿下は……十六年十一月末兵備局長室に来られて『いったい日本海軍の戦備はどうなっているのか、物資の調達、動員はどうなっているか、兵備局長から率直に説明してもらいたい』といってこられました。私は『日本の物資面の動員は大変遅れています。十年間も中国と戦争をしていて、これから新たにアメリカという強大な海洋国と戦争をするということは到底考えられません。まず、中国から撤兵するとして、もっと物資を豊富にし、飛行機なり軍艦なり武器を拡充するほうが先です。アメリカが中国から撤兵しろといっているのだから、とにかくある程度その言い分を聞いて、そして最後には総理大臣とアメリカの大統領とが話し合うとか、まだいろいろ途はあると思います。中国との十年間の戦いで物資が蕩尽されていることと、出師準備をやろうとしてもできなかったいまの状態で、三国同盟によってイギリスを本当に敵に回し、それに新たにアメリカと戦うというんでは、兵備局長としては非常にむずかしいと思います。いまの状態で海軍に戦さをしろといわれたら、これは大変に難渋する。しかし、それでもどうしてもやれということなら、それは方法はあるでしょうが』と申し上げた。

殿下は私の言葉に大変興味をお持ちになり、陛下にもそれを伝えられたのではないでしょうか。殿下は非常に先の見える方でしたから。軍令部の中で、指令する人たちはみんな戦争をやるほうに賛成だったのですから、殿下も非常にやりにくかったと思いますが、私の申し上げたことを陛下にお伝えになり、それで陛下は東条さんをお召しになり、さらに永野さん、嶋田さんを召されて、海軍の戦備の状況をお確かめになりました。……」

もちろん、保科氏のこの記述は真実から遠かった。そして前に記したことを繰り返すことになるが、保科氏は山本司令長官との約束を守り通したのである。

(15) 高松宮は十一月十四日から記述していなかった日記を十二月一日から再び書きはじめた。じつはその日に日記帳を取り替えた。三省堂発行の新しい日記帳に十二月一日からの日記を付けはじめたのである。

十二月一日からの日記なのだが、なぜか前日の十一月三十日午後からの出来事も記している。つぎの通りだ。

「十一月三十日、お姉様と同車して御殿場へ、一八二〇着。車中より胸心地悪く、一寸ハイテ見たら久し振りで乱脈になり、ヂギタリス錠二ツもらってのむ。それで夕食もチョットで止めた。

夜中二度下痢して、朝は『トースト』で我慢す。ヘンテコにつかれて、午後ウツウツして休む。三十七度九分」

(16) 〇八三五発、皈京、皈邸してすぐ寝込む。

野村實編「侍従武官　城英一郎日記」山川出版社　昭和五七年　一一六頁、〈小倉庫次侍従日記〉「文藝春秋」平成一九年四月号　一五四頁

(17) 「木戸幸一日記　下」九二八頁

(18) 「昭和二十年　第10巻」六二一―六九頁

(19) 「木戸幸一日記　下」九二八頁

(20) 〈嶋田繁太郎大将　開戦日記〉「文藝春秋」昭和五一年十二月号

(21) 「戦史叢書　大本営陸軍部・大東亜戦争開戦経緯(5)」五〇五頁

(22) 「木戸幸一日記　下」九二八頁

(23) 第8巻で、私はこの昭和十六年十一月三十日の出来事について触れたことがある。そのときには、高松宮の「直諫」の背後に山本五十六がいたとは気づいていなかった。それでもそれほど大きな間違いはしていなかったと思う。そのくだりをつぎに掲げる。

「横須賀海軍航空隊の教官だった高松宮が軍令部の作戦課に引き上げられたのは十一月二十日であり、その十日あとに高松宮が天皇に向かって、海軍はアメリカとの戦いの回避を望んでいると述べたということは、それが高松宮個人の意見表明であるはずはなく、避戦を明言できない海軍大臣、軍令部総長、次官、次長が直宮の口を借りようとしているのだと理解しなければいけないはずであった。

ところが、木戸はかれ個人にとってもっとも安全と思える道を躊躇なく選んでしまった。しきたりを重んじる信頼できる宮廷高官といった態度をとった。天皇の助言者として立派に自分の務

めを果たしている、なんらやましいことはないと思おうとした。ただちに海軍大臣、軍令部総長をお召しになり、海軍のほんとうの肚を確かめることが必要でございましょうと言上してしまった。

嶋田繁太郎と永野修身はこのさきも死ぬまでけっして口にはしないし、ほのめかすこともしないであろうが、あの土壇場の昭和十六年十一月三十日に望んでいたことは、天皇が、戦いはしない、戦いを回避するためのあらゆる努力をすると公に宣言することであった。だれよりも日本人をよく知る駐日大使のジョゼフ・グルーがそのとき予測していたことも、すでに戦死してしまった山本五十六がその同じとき、真珠湾攻撃を前にして密かに望んでいたことも同じであった」（「昭和二十年　第8巻」三二六―三二七頁）

(24)「木戸幸一日記　下」九一二頁

(25)一九四六年三月に木戸幸一は尋問者のヘンリー・サケットに向かって、「近衛公は私の話に耳を傾けましたが賛成はせず、私の提案に従うほどの関心は示しませんでした」と語っている。サケットは木戸に向かって、近衛文麿はその案のどこに賛成しなかったのかとは聞かなかった。すでに近衛は没していたから、サケットは尋ねる必要はないと思ったのかもしれないが、その時点でサケットには昭和十六年十月に木戸がしたこと、近衛がしようとしたことはなにひとつわかっていなかったのである。（粟屋憲太郎ほか編「東京裁判資料・木戸幸一　尋問調書」大月書店昭和六二年　四九四頁）

(26)（一九五頁(27)も出所同じ）「戦史叢書　大本営陸軍部・大東亜戦争開戦経緯(5)」一四二―一四四頁

(28)「戦史叢書　大本営陸軍部・大東亜戦争開戦経緯(5)」一四二―一四四頁

(29)「戦史叢書　大本営陸軍部・大東亜戦争開戦経緯(5)」一五〇頁

(30)「木戸幸一日記　下」九一六頁
(31)「戦史叢書　大本営陸軍部・大東亜戦争開戦経緯(5)」一五〇頁
(32)「木戸幸一関係文書」四八六頁
(33)「木戸幸一関係文書」四八三頁
(34)「昭和二十年　第1巻」一〇〇頁
(35)西浦進「昭和戦争史の証言」原書房　昭和五五年　一六二頁
(36)本文で木戸幸一の私心が日本を戦争に踏み込ませたのだと記した。これについては前の巻(「昭和二十年　第8巻」三二一―三二五頁)で説明したのでここに掲げる。

「いまから二十年あと、六十年あとの研究者も同じかもしれない。綴じ込まれた陸海軍の公文書、陸海軍幹部の日記、かれらの往復書簡、そしてこの人たちが生き延びていつか執筆することになるかもしれない回想録、このような書き残されたものを歴史の案内役として、昭和十六年に指導的役割を果たした将軍、提督たちが考えていたこと、どうしてそういう選択をしたのかを探ろうとする研究者は、かれらが文字にはけっして残さなかったこと、残したとしても日記の欄外に心覚えの略号で記すだけのこと、語るときには、口には出さず、眉を動かして知らせ、目くばせで告げたであろうこと、要するに、もっとも重大なことはなにもわからないであろうから、かれらが実際にはどんなことを考えていたのか、なぜ、そういうことをしたのかは、気づかないままに終わることになるにちがいない。

だが、昭和十六年の六月から七月、八月から九月、十月、木戸幸一は陸軍首脳の考えていたことは見当がついていたはずだし、海軍中枢の胸中はわかっていたはずであった。

海軍首脳はアメリカとの戦いは避けたいと願っていながら、それが口に出せないのだと木戸はどうして天皇に言上しなかったのか。

陸軍が負うべき中国撤兵の責任を海軍が負わされることになり、国民から侮蔑嘲笑され、陸軍に陸主海従の原則を呑まされることになるのが海軍首脳は我慢できないのだと木戸幸一はどうして天皇に言上しなかったのか。

木戸の態度決定に、国民の生命、財産、なによりも国の存亡がかかっていたのだ。祖父孝允《たかよし》の肖像画を書斎に掲げる幸一は、祖父がつくったこの日本が滅びるかもしれないと考えなかったのか。

前にも述べたことだが、お前は坊門清忠だといった悪罵、辻政信あたりが過激分子を使って殺すぞと脅しをかけてくること、そこでテロが起きるのではないかという一種異様な雰囲気、そして陸軍はソ連と戦わず、海軍はアメリカと戦おうとせず、この弱気で、退嬰的な日本はどうなってしまうのだろうかという底知れぬ不安が相乗して、国内を分裂に導くことになるのではないか。木戸はこのようになることを恐れたのか。

かれがアメリカとの戦いはどうあっても避けねばならないと言上できなかったほんとうの理由はべつにあったのであろう。陸軍首脳、海軍幹部と同じだった。中国撤兵の問題だった。

どういうことだったのか。

昭和十一年二月の一千人の陸軍部隊蜂起の後始末をどのようにするか、天皇の支持を得ることになる基本原則を定めたのは、陸軍将官たちを並べた軍事参議官の会議や陸軍大臣の川島義之ではなく、殺害リストに入っていなかった元老の西園寺公望でもなく、殺害から逃げのびた前内大臣の牧野伸顕でもなく、危地を脱した首相の岡田啓介でもなく、逃げ隠れしていた内務大臣の後藤文夫でもなかった。ずっと地位の低い内大臣秘書官長の木戸だった。このことは前に述べた。

木戸幸一の考えと同じことをはっきり表明したのは、勝ち馬はどれなのか、もう少し様子を見ようと曖昧な態度をとりつづけていた弘前から熊本までの師団長たちのなかでただひとり、仙台の第二師団長の梅津美治郎だった。木戸の考えと同じことをやろうとしていたのが、中央機関の軍幹部のなかではただひとり、参謀次長の杉山元だった。だからこそ、梅津美治郎は陸軍次官となり、杉山元は陸軍大臣となり、この二人がクーデター後の陸軍の支配者となったのである。

ところが、クーデターの起きたつぎの年に北平《ペイピン》郊外で起きた小競り合いはずるずると拡大した。参謀本部が反対したにもかかわらず、戦いを全中国にひろげ、戦いを収束させることができなかった責任は参謀本部の首脳部ではなく、陸軍大臣と次官、杉山と梅津の二人だった。

そこで、中国からの撤兵をアメリカに約束する事態になれば、中国と戦ってはいけないと主張した将官こそが正しかったのだと衆議院議員たちが語り、新聞の論説委員が説くようになり、真崎甚三郎や小畑敏四郎といった現役を逐われた皇道派の将軍たちの再登場を望む声、それとはべつに、これも現役を逐われた石原莞爾《かんじ》と多田駿の復活を期待する声が陸軍と国民のあいだに起きることになる。そして、多くの東京市民は五年前の大雪の日のことを懐かしく思いだすことにもなる。起《た》ちあがった歩兵第一連隊と歩兵第三連隊の士官と兵士たちに自分たちが熱烈な拍手を送ったのは、けっして間違ってはいなかったのだ、かれらは「叛乱部隊」なんかではなく、最初に呼ばれたとおり「蹶起《けっき》部隊」だったのだとうなずいて、はじめて胸のつかえがおりることにもなる。

当然、戦いをやめる決断がつかないまま、北支事変を支那事変に拡大してしまった杉山元と梅津美治郎の責任が問われることにならざるをえない。また、皇道派の将官と多田駿、石原莞爾といった将官を目の仇にし、かれらからも目の仇にされた東条英機とかれの部下たちも、現役を去るしか道はないことになる。

そして、木戸幸一はつぎのように考えたのであろう。

昭和十一年二月の事件をどのように解決するかを定め、叛乱部隊幹部の厳罰の方針と皇道派の将軍たちを表舞台から追いやるお膳立てをした私もまた、内大臣を辞任しなければならなくなるだろう。私の政治生命は終わり、私を盟主としてつくられつつある長州俊英メンバーによる長州中興体制も、うたかたの泡と消えてしまうことになる。

木戸はこのように考えたのだ」

(37)「木戸幸一日記　下」一二二〇頁
(38)「高木惣吉　日記と情報　下」八八五頁
(39)「昭和財政史――終戦から講和まで　第三巻」昭和五一年　九〇頁

第37章　大宮御所、そして日比谷公会堂

(1) 加瀬英明「天皇家の戦い」新潮社　昭和五〇年　四二頁
(2)「朝日新聞」昭和二〇年五月六日
(3)「木戸幸一日記　下」一二一〇頁
(4)「昭和二十年　第11巻」三〇一―三〇三頁
(5)「昭和二十年　第11巻」三〇〇―三〇一頁
(6)「高松宮日記　第八巻」平成九年　八四頁
(7) Josef C. Grew, *Ten Years in Japan*, p. 387
(8)「昭和二十年　第11巻」三〇五頁
(9)「高松宮日記　第八巻」九三頁
(10)「昭和史の天皇　5」読売新聞社　昭和四三年　二四頁
(11)「日本経済新聞」昭和五六年三月一六日

(12)「昭和二十年　第2巻」一五九―一六〇頁
(13)「昭和二十年　第7巻」二九四―二九九頁
(14) 22年文科の会編「東京女高師文科生の記録　女子学徒たちの敗戦」草莽社　昭和五三年　七九頁
(15)「昭和二十年　第7巻」二二三―二二四頁
(16)「東京女高師文科生の記録　女子学徒たちの敗戦」八四―八六頁
(17)「東京女高師文科生の記録　女子学徒たちの敗戦」一〇九頁
(18)「東京女高師文科生の記録　女子学徒たちの敗戦」一〇八頁
(19)「東京女高師文科生の記録　女子学徒たちの敗戦」一〇九頁
(20)「東京女高師文科生の記録　女子学徒たちの敗戦」一一〇頁
(21)「東京女高師文科生の記録　女子学徒たちの敗戦」一一〇頁
(22)「東京女高師文科生の記録　女子学徒たちの敗戦」一一〇―一一二頁
(23)「東京女高師文科生の記録　女子学徒たちの敗戦」一一六―一一七頁
(24)「昭和二十年　第5巻」三九六頁

＊本書は、二〇〇八年に当社より刊行した著作を文庫化したものです。

草思社文庫

昭和二十年
第12巻　木戸幸一の選択

2016年8月8日　第1刷発行

著　者　鳥居　民
発行者　藤田　博
発行所　株式会社 草思社
〒160-0022　東京都新宿区新宿5-3-15
電話　03(4580)7680(編集)
　　　03(4580)7676(営業)
　　　http://www.soshisha.com/

本文印刷　株式会社 三陽社
付物印刷　日経印刷 株式会社
製本所　大口製本印刷 株式会社
本体表紙デザイン　間村俊一

ISBN978-4-7942-2221-3　Printed in Japan

鳥居民著　昭和二十年　シリーズ13巻

第1巻　重臣たちの動き
☆　1月1日〜2月10日
米軍は比島を進撃、本土は空襲にさらされ、日本は風前の灯に。近衛、東条、木戸は正月をどう迎え、戦況をどう考えたか。

第2巻　崩壊の兆し
☆　2月13日〜3月19日
三菱の航空機工場への空襲と工場疎開、降雪に苦しむ東北の石炭輸送、本土決戦への陸軍の会議、忍び寄る崩壊の兆しを描く。

第3巻　小磯内閣の倒壊
☆　3月20日〜4月4日
内閣は繆斌工作をめぐり対立、倒閣へと向かう。マルクス主義者の動向、硫黄島の戦い、岸信介の暗躍等、転機の3月を描く。

第4巻　鈴木内閣の成立
☆　4月5日〜4月7日
誰もが徳川の滅亡と慶喜の運命を今の日本と重ね合わせる。開戦時の海軍の弱腰はなぜか。組閣人事で奔走する要人たちの4月を描く。

第5巻　女学生の勤労動員と学童疎開
☆　4月15日
戦争末期の高女生・国民学校生の工場や疎開地での日常を描く。風船爆弾、熱線追尾爆弾など特殊兵器の開発にも触れる。

第6巻　首都防空戦と新兵器の開発
☆　4月19日〜5月1日
厚木航空隊の若き飛行機乗りの奮戦。電波兵器、ロケット兵器、人造石油、松根油等の技術開発の状況も描く。

第7巻　東京の焼尽
☆　5月10日〜5月25日
対ソ工作をめぐり最高戦争指導会議で激論が交わされるなか帝都は無差別爆撃で焼き尽くされる。市民の恐怖の一夜を描く。

第8巻　横浜の壊滅
☆　5月26日〜5月30日
帝都に続き横浜も灰燼に帰す。木戸を内大臣の座から逐おうとするなど、戦争終結を見据えた政府・軍首脳の動きを描く。

第9巻　国力の現状と民心の動向
☆　5月31日〜6月8日
資源の危機的状況を明らかにした「国力の現状」の作成過程を詳細にたどる。木戸幸一は初めて終戦計画をつくる。

第10巻　天皇は決意する
☆　6月9日
天皇をめぐる問題に悩む要人たち。その天皇の日常と言動を通して、さらに態度決定の仕組みから、戦争終結への経緯の核心に迫る。

第11巻　本土決戦への特攻戦備
☆　6月9日〜6月13日
本土決戦に向けた特攻戦備の実情を明らかにする。グルーによる和平の動きに内閣、宮廷は応えることができるのか。

第12巻　木戸幸一の選択
☆　6月14日
ハワイ攻撃9日前、山本五十六と高松宮はアメリカとの戦いを避けようとした。隠されていた真実とこれまでの木戸の妨害を描く。

第13巻　さつま芋の恩恵
7月1日〜7月2日
高松宮邸で、南太平洋の島々で、飢えをしのぐためのさつま芋の栽培が行われている。対ソ交渉は遅々として進まない。

☆は既刊。以降、各偶数月に1巻ずつ刊行予定。

草思社文庫既刊

鳥居 民
日米開戦の謎

昭和十六年の日米開戦の決断はどのように下されたのか。避けなければならなかった戦いに、なぜ突き進んでいったのか。当時の政治機構や組織上の対立から、語られることのなかった日本の失敗の真因に迫る。

鳥居 民
原爆を投下するまで日本を降伏させるな

なぜ、トルーマン大統領は無警告の原爆投下を命じたのか。なぜ、あの日でなければならなかったのか。大統領と国務長官のひそかな計画の核心に大胆な推論を加え、真相に迫った話題の書。

鳥居 民
鳥居民評論集 昭和史を読み解く

シリーズ『昭和二十年』の著者の単行本未収録論考集。慧眼の近現代日本史家・中国研究家の無比かつ独自の史観によって、太平洋戦争、原爆投下、ゾルゲ事件、近衛文麿、昭和天皇などの通説が覆されていく。